U0929489

新时代社会保障机制研究书系

本书受教育部人文社会科学研究项目“弹性退休制下的社会养老保险隐性债务随机精算模型及应用研究”（课题编号：13XJC910001）、国家统计局全国统计科学研究项目“基于人口大数据的弹性退休制下社会养老保险精算模型与应用研究”（课题编号：2016LY28）等资助

弹性退休制度下社会养老保险精算问题研究

TANXING TUIXIU ZHIDU XIA SHEHUI YANGLAO BAOXIAN JINGSUAN WENTI YANJIU

孙荣 著

西南财经大学出版社
Southwestern University of Finance & Economics Press
中国 · 成都

图书在版编目(CIP)数据

弹性退休制度下社会养老保险精算问题研究/孙荣著.—成都:西南财经大学出版社,2020.8
ISBN 978-7-5504-4499-7

Ⅰ.①弹… Ⅱ.①孙… Ⅲ.①社会养老保险—养老保险制度—研究—中国
Ⅳ.①F842.67

中国版本图书馆 CIP 数据核字(2020)第 153207 号

弹性退休制度下社会养老保险精算问题研究
孙荣 著

责任编辑:周晓琬
封面设计:何东琳设计工作室 摘星辰·Diou
责任印制:朱曼丽

出版发行	西南财经大学出版社(四川省成都市光华村街 55 号)
网　　址	http://www.bookcj.com
电子邮件	bookcj@foxmail.com
邮政编码	610074
电　　话	028-87353785
照　　排	四川胜翔数码印务设计有限公司
印　　刷	四川五洲彩印有限责任公司
成品尺寸	170mm×240mm
印　　张	13
字　　数	244 千字
版　　次	2020 年 8 月第 1 版
印　　次	2020 年 8 月第 1 次印刷
书　　号	ISBN 978-7-5504-4499-7
定　　价	78.00 元

前　言

千百年来我国一直都是世界人口大国，在新中国成立初期，我国人口持续高速增长，并创造了三四十年的人口红利，为我国的经济增长做出了贡献。但从我国开始推行计划生育政策后，人口开始由“高出生、低死亡、高增长”向“低出生、低死亡、低增长”转变，伴随着人口增速放缓、人口红利即将结束，老龄化时代迅速到来。近年来，我国退休人员每年约增加 300 万人，养老保险“空账”以 25%左右的速度扩大。随着人口老龄化进程的加速，退休人员激增，养老金给付面临着巨大压力，正在对我国养老保险制度的可持续性形成严峻考验。当前，中国城镇职工基本养老保险基金收支失衡状况仍然严峻，当期收不抵支的省份从 2014 年的 3 个增加到 2015 年的 7 个。中国养老金融 50 人论坛 2016 年 2 月 27 日发布了《重构我国养老金体系的战略思考》的报告。该报告称，中国养老保险体系长期风险的核心问题是养老金缺口大，现行的法定退休制度已经渐渐不再适合我国的人口现状，难以应对老龄化挑战。从世界范围来看，延迟退休年龄主要是两个原因：缓解养老金支付压力和增加劳动力供给。而从我国实际情况来看，我国还处于劳动力无限供给阶段，我国延迟退休年龄主要是因为养老金支付的巨大压力。就目前世界范围来看，解决养老金巨大缺口最简便易行的方法就是提高退休年龄。我国现行的退休年龄政策是由《国务院关于工人退休、退职的暂行办法》（国发〔1978〕104 号）文件所规定的男年满六十周岁，女年满五十周岁，现行的退休制度属于明显的低龄退休，退休年龄偏低就好似倒置的漏斗，形成了逆漏斗效应，养老金进少出多，逆漏斗效应的大小是由退休年龄和平均剩余寿命决定的，这就标志着大批劳动者退出生产领域，一方面直接减少了养老金的缴费人数，使养老金的收入规模缩小；另一方面低龄退休者从缴费者变成养老金的领取者，导致养老金支出规模大大增加。因此现行的退休年龄所导致的少收多支，极大地加重了养老金的负担。相反地，如果延迟退休年龄就可以增加缴费人数和缴费年限从而增加养老金收入，与此同时，缩减养老金给付的年限也减少了养老金的支出，从而达到了一种收支平衡。

2018 年 5 月世界卫生组织（WHO）发布的数据显示，中国人口预期寿命约为 76.4 岁。其中男性为 75 岁，女性为 77.9 岁，与 2010 年第六次全国人口普查数据相比，男性提高了 2.62 岁，女性提高了 0.53 岁。因此，在预期寿命大幅提高的情况下，依旧按照较低人口预期寿命所制订的法定退休年龄，是不符合我国人口年龄及结构的发展趋势的。现行制度下，退休后平均剩余寿命极大增加，退休后的人群体现出很大的经济价值，而老年人也表现出强烈的再就业欲望。

养老退休政策事关人民群众的切身利益，具有较高的复杂性和敏感性，这就需要政府在不断完善社会保障体系总体框架的同时，积极探索符合中国国情的延迟退休政策方案。为了更好地应对人口老龄化对经济和社会带来的挑战和压力，人力资源和社会保障部发布了相关信息，加速了有关延长法定退休年龄的讨论。来自学术、政府和社会各界对退休年龄的研究和讨论日趋激烈。2013 年 11 月 12 日，中国共产党第十八届中央委员会第三次全体会议通过的《中共中央关于全面深化改革若干重大问题的决定》指出：研究制定渐进式延迟退休年龄政策。明确了顶层设计，延迟退休政策渐行渐近。虽然当前延迟退休方案还未公布，但是国家对延迟退休政策已经定调，预计 2022 年政策落地。

我国现行的退休年龄是在特殊的历史背景下建立的，与当时的国情和经济社会发展在一定程度上是配套的，在保护劳动者生产生活，维护社会稳定等方面起到了极大的作用。但随着社会的发展，人口结构和经济情况也在改变，以往的退休制度渐渐暴露出其缺点，这一问题也在引起国家和社会的重视。经济和社会的发展迫切要求对我国的退休年龄制度进行改革，改革的呼声也在不断出现。人均寿命的延长和医疗卫生条件的改善是必然趋势，目前来看，继续沿用以往的退休年龄政策标准，难以应对人口老龄化、养老保险基金支付等带来的压力；从整个国家和社会发展角度来看，延迟退休年龄制度改革利大于弊，成为一个必然的趋势。根据中国目前的经济和社会形势，逐步延迟退休年龄会减少在改革发展中的障碍，符合我国的现实国情。一方面，为了有效应对人口的老龄化，维持养老金的收支平衡，为老年劳动者提供收入保障，必须考虑适时延迟退休年龄。另一方面，延迟退休年龄，延长人均工作年限，劳动者创造的收入将会增加，养老金将增加资金积累和利息收入。因此，延迟退休年龄对于缓解养老金的给付压力，具有非常现实的意义。

退休制度的设计与整个社会保障的体系构建密切相关，特别是养老保险制度。在现有模式下，需进一步强化劳动者的退休待遇与工作时缴纳的保险费用挂钩关系，充分体现多缴多得的给付关系，避免企业逃避责任，产生道德风险。因此，养老保险的制度设计应考虑公平与效率的结合，针对不同的退休决策采取不同的给付标准。

在目前的养老金缴纳和支付体系下进行退休制度改革是必然趋势，但退休制度改革不等同于简单地延长退休年龄。从国际经验来看，增强灵活性是一个重要的改革方向，即引入弹性退休制度。弹性退休制的最大特点是有弹性空间，公民拥有选择权，即采取自愿的原则，让公民在制度框架内自行选择自己的退休年龄，与简单延长退休年龄的观点相比，弹性退休制度更符合我国实际。结合我国人口年龄结构、人口的教育水平、人口抚养比等因素的变化等实际情况来看，弹性退休制具有可行性，应当是未来我国社会养老保险制度改革的选项之一。对弹性退休制下的社会养老保险相关问题进行精算分析，是评价弹性退休制在中国的可行性、财务可持续性的理论基础，具有重要的理论意义，而理论界对这一领域的研究较少，这也体现出该研究的现实紧迫性。

保险精算是运用数学、统计学、金融学、保险学及人口学等学科的原理与方法，对保险经营进行定量分析，从而为保险业的风险管理决策提供科学依据的一门科学。人寿保险是以人的寿命为保险标的的人身保险。当被保险人死亡或达到保险合同约定的年龄或期限时，保险人承担给付保险金的责任。保险人对保额的支付责任是不确定的，它依赖于被保人自保单生效之日起的剩余寿命，而且保险人保险责任的支付时间是随机的，保额本身也是可以变动的，在此基础上形成的生命年金理论、保险金理论、保费及责任准备金理论等是寿险精算中的重要内容，它是产品定价、风险管理决策的基础。与商业养老保险精算原理类似，社会保险精算也需要首先认识保险项目的风险因素，并根据风险水平和承诺的给付水平确定总成本和分摊成本。但我国社会保险项目采用部分积累制，承诺的给付水平与工资水平相关，并随着通货膨胀或劳动生产率而调整，保险缴费通常也以工资的一定比例征收，因此需要预测未来劳动生产率和工资的变动、未来通货膨胀的变动情况等，这与社会、经济、人口发展密切相关。因此，社会保险精算比商业保险精算更为烦琐和复杂。

本书是受到教育部人文社会科学研究项目“弹性退休制下的社会养老保险隐性债务随机精算模型及应用研究”（课题编号：13XJC910001）、国家统计局全国统计科学研究项目“基于人口大数据的弹性退休制下社会养老保险精算模型与应用研究”（课题编号：2016LY28）、重庆市社会科学联合会社会科学规划项目“弹性退休制下重庆市企业职工基本养老保险账户支付能力的精算分析”（课题编号：2016YBJJ022）及重庆市教委科技项目“人口老龄化背景下的社会养老保险隐性债务随机精算模型与应用研究”（课题编号：KJ1400619）资助的研究成果。本书着力研究弹性退休制下社会养老保险精算的一些重大问题，包括弹性退休社会养老保险精算的年金理论、弹性退休城镇职工基本养老保险账户的隐性债务及偿付能力等问题的研究。具体而言主要包括：(1) 介绍了我国社会养老保险制度的演变历程，阐述了在我国实施弹性退休制的必要性与可行性。(2) 研究了弹性退休相关社会养老保险精算的基本问题，如生命年金、保险金、纯保费、多重衰减模型等相关精算问题。(3) 研究了弹性退休制下我国城镇职工基本养老保险账户的隐形债务与偿付能力的精算问题。本书的主要目的是希望通过对弹性退休制下我国基本养老保险账户财务状况进行精算分析，评价弹性退休制在我国财务上的可行性，为相关部门在弹性退休制下相应积累基金的建立、防范养老账户债务风险决策等提供有效的精算参考。退休制度改革涉及范围广、政策性较强，是事关民生的大事。在精算的基础上合理确定养老金待遇核定、领取机制，采取弹性退休制度逐步过渡，对不同人群采取差异化政策，为促进社会稳定、经济发展和提供就业岗位提供政策保障。

多年来，本人一直从事与弹性退休相关的养老保险精算问题研究，为此付出了许多努力，但社会养老保险精算问题涉及数学、统计学、金融学、人口学等多学科，由于本人水平有限，书中难免存在着缺点与错误，恳请广大读者批评指正。

孙荣

2020 年 5 月

目 录

1 社会养老保险制度的演变及研究现状

从历史发展来看，养老制度的演变过程与人类自身的发展史是一致的，研究养老制度可以感受到历史前进的脚步和沧桑巨变。养老从个人和家庭的需要逐步转变成了一种社会的需要，由个人和家庭的行为演变成社会制度。人类社会已经进入 21 世纪，社会经济得到空前发展，包括养老制度在内的社会保障制度已经成为国际社会的一种普遍的社会经济制度。研究养老问题的方法有两种：一是定性方法，二是精算方法。前者是我国学者普遍使用的方法，但由于缺乏基本数据支持，研究结论的可信度不高；后者是现代研究养老保险的根本方法，逻辑严密，测算精确，结论可信。

1.1 社会养老保险制度在国外的发展与改革

社会保险最早出现在德国。早在 1854 年，德国就建立了疾病保险，是社会保险中历史最长的国家。德国的“铁血宰相”俾斯麦执政期间，对工人阶级实行“鞭子加糖果”的政策，社会保险在工人阶级不断举行暴动的背景下出台。然而，对西方国家影响最大的还是英国著名学者的《贝弗里奇报告》。1964 年，伦敦经济学院教授贝弗里奇受政府委托，负责制订一个战后实行社会保障的计划。该计划于 1942 年年底以《社会保险及有关服务》为题发表，对西欧各国产生了深远影响，各国纷纷效仿英国，建立自己的社会保障体系。

崇尚个人自由主义的美国建立社会保障体制的时间则大大落后于西欧国家，直到 1935 年，其正式的社会保障法案才开始生效。但美国社会保障发展很快，现已形成一整套保障体系，并且由于避免了西欧国家建立“福利国家”所带来的弊端，注重强调个人责任，正确地兼顾了“公平”与“效率”的原则，被证明是一套十分有效的体制。美国社会保障的主要部分就是所谓

OASDHI（old age，survivor，disability and health insurance，OASDHI）体系。

日本的养老保险则是以年金制度为特征的，它开始于 1947 年日本宪法中的规定：国家必须在一切生活部门努力提高和增进社会福利、社会保障和公共卫生。1950 年提出的“关于社会保障制度的建议”，又对社会保障的概念下了更广泛的定义。日本的年金制度有两大系统：一是以一般就业者为对象的厚生年金；二是以个体营业者和农民为对象的国民年金保险。其他西方国家如瑞典、法国、荷兰、加拿大、澳大利亚等国都有一套所谓完整的养老保险制度。

目前，西方国家的福利制度受到严重挑战，社会保障制度发生危机。各国政府官员和学者都在对传统体制进行反思，探索新的途径。总体来说，造成西方国家福利危机的原因有四个方面：

第一，西方各国经济增长放缓，高速增长时期已过。经济停滞不前造成政府收支困难，福利支出的能力下降。

第二，人口结构，特别是年龄结构发生了极大的变化。西方国家在经历了第二次世界大战后的“婴儿潮”阶段后，人口出生率大幅度下降，人口的死亡率也在不断下降，平均预期寿命延长，家庭规模缩小，逐步发展为老龄化社会，整个社会的老年抚养问题越来越突出。

第三，社会伦理道德发生转变，社会财富的代际交换由从青年一代流向老年一代，转变成从老年一代流向青年一代，越加刺激了低生育率选择。老年人倾向于更多地向社会寻求收入保障。并且由于妇女社会角色的转变，家庭养老服务的主要承担者逐渐消失了。这样，政府的责任就越来越大。

第四，以“社会福利最大化”的社会保障项目的设计过于慷慨，给现在造成了无穷的后患。“福利刚性”的作用使得维持改革前的保障体制阻力重重。当初建立理想的“福利国家”的设想建立在不坚实的基础之上，当时的设计者也未预料到当今世界的经济形势变化、人口变动及社会环境变化如此巨大。

还有一些发达国家拥有自己独特的社会保障制度，例如新加坡的公积金制度，它是由雇主和雇员每月缴纳一定比例的工资作为公积金，参加这一公积金制度的成员日后可获得住房、退休养老及医疗保健等方面的社会保障。这是一种强制储蓄式的社会保障方法，国家承担管理和投资责任，而不承担任何费用。这种方法在新加坡等国家取得成功，是否适用于其他国家是有争议的。

发达国家是在对旧的社会保障体制进行改革，而发展中国家由于社会经济发展相对落后，养老保险发展缓慢，多数仍停留在社会救济阶段。以智利为代表的拉丁美洲国家实行养老保险私营化改革，鼓励各部门竞争，雇员自愿选择养老保险的承办机构。此外，东欧国家及苏联解体后的原各加盟国则纷纷对原有的社会保障制度进行改革，以适应变化了的经济与政治体制。

1.2 我国社会养老保险制度的发展历程及其改革的目的

1.2.1 我国社会养老保险制度的发展历程

自1949年中华人民共和国成立以来，中国城镇职工退休制度大致经历了四个发展阶段：

第一阶段（1949—1957年）是养老保险制度建立阶段。1951年2月，劳动部和全国总工会拟定了《中华人民共和国劳动保险条例（草案）》，该条例首先在部分地区和行业实行试点，然后扩大到部分地区和行业部门。该条例规定在企业中采取退休制。1953年1月，政务院又颁布了《政务院关于中华人民共和国劳动保险条例若干修正的决定（1953）》。该规定提出：凡工人职员在100人以上的国营、公私合营、私营及合作社经营的工厂、矿场及其附属单位等对职工实行劳动保险。实行劳动保险的企业，提取全部职员工资的3%作为保险金由全国总工会统筹使用。在此期间，同时确立了国家工作人员退休费用由国家财政负担。

第二阶段（1958—1965年）是养老保险的完善与发展阶段。将企业职工与国家机关、事业单位和党派团体工作人员的退休办法合而为一。同时，适当放宽了退休条件，适当调整了退休待遇。

以上两个阶段中，养老保险资金由全国统一使用，由全国及地方工会管理。各参保单位按工资总额的3%提交保险费，其中的30%上缴工会，70%留给企业。养老保险基金平衡方式为年内时期平衡，并且是社会统筹。

第三阶段（1966—1977年）是养老保险的倒退阶段。之所以称为倒退阶段，是因为该时期受“文化大革命”的干扰，养老保险基金筹集模式由社会统筹回到了“企业保险阶段”。1969年2月，财政部颁发《关于国营企业财务工作中几项制度的改革意见（草案）》。该文件规定：国营企业一律停办提取劳动保险金。执行该办法的严重后果：一是社会保险基金的统筹调剂工作停止；二是社会保险停止基金积累，实行实报实销，重新以企业为单位实行“现收现付制”。这时的养老保险基金平衡方式是以企业为单位的年内时期平衡。

第四阶段（1978年以后）为恢复和改革阶段。1978—1984年，我国城镇职工养老保险基金平衡方式仍然是以企业为单位的年内时期平衡。在养老保险方面还没有真正实行改革，只是将被“文化大革命”所破坏了的退休金制度逐步恢复起来。1978 年 6 月，国务院颁布了《关于安置老弱病残干部的暂行办法》和《关于工人退休、退职暂行办法》。这两个办法的实施，使养老保险制度有了很大改善，为以后的深化改革奠定了基础。1984—1995 年为实行养老保险的社会统筹阶段，社会养老保险改革有了实质性进展。1984 年起，我国开始在国营企业中实行退休费社会统筹。社会统筹是指由专门机构统一筹划、统一管理、统一调剂使用退休费用。实行退休费用社会统筹，首先，解决了企业退休费用负担畸轻畸重的问题；其次，根据以支定筹、略有结余的原则统筹退休费用，各地积累了一部分基金。但各地统筹的范围不同，有的实行市、地级统筹，有的实行了省级统筹。并仅限于城市国营企业和部分集体所有制企业，国家机关、事业单位职工的退休费仍由行政事业费解决。这一时期，养老金支付办法发生了很大变化。原来是根据工作年限，以退休前最后一个月工资的一定百分比计发，退休费由两部分组成：第一部分是社会养老金，为上年社会平均工资的 20%~25%，每个人所得数额相同。第二部分为缴费性养老金，按职工本人在职期间缴费年限的长短和缴费的多少来计发。缴费满 15 年的，每月发给指数化月平均工资的 1.5%；缴费满 10 年不满 15 年的，每月发给比例为 1.3%；缴费满 5 年不满 10 年的，每月发给比例为 1.1%。社会性养老与缴费性养老体现了社会公平与效率相结合的原则。在养老费的负担方面，提出由国家、企业和个人三方共同负担的方法。一般来说，企业按工资总额的 20%左右提交养老保险费，其中个人提交工资的 3%（也有的地方按 5%提交，如北京市），国家财政不直接投资，国家的支持体现在税收上，即养老保险费在税前列支。这一时期改革的另一重要方面是提出建立多层次的养老保险体制，即有国家资助的基本养老保险、企业补充养老保险和个人储蓄性养老保险（包括向保险公司投保）。养老保险的覆盖范围有所扩大：不但包括国营企业和集体企业，也逐渐吸收合资、独资企业、个体经营者；不但吸收永久性居民，也有外来流动人口，但各地差别较大，覆盖面并未统一。

由于职工中年轻人比例高，退休人员少，在纯粹的代际转移支付养老保险模式下，个人储蓄性养老保险的缴费积极性差。几种因素结合在一起，个人账户制引起了学者和政策制定者的兴趣。但社会统筹又不能放弃，因为存在数量巨大的已退休和将要退休者，他们的退休费用只能由社会统筹来解决。1995 年开始，社会统筹与个人账户相结合的养老保险模式被正式提出。这一模式的出发点就是考虑到中国人口老龄化程度越来越高，原先设想的“以支定筹，略有结余”的半基金制筹资模式易受人口老龄化影响。而个人账户是一种缴费限定型资金筹集方式，不涉及代际转移支付，所以不受人口老龄化的影响。个人账户制还可以刺激企业和职工缴费的积极性，因为它可以产生“自己缴费完全用在自己身上”的感觉。

1997 年 7 月，国务院颁布了《国务院关于建立统一的企业职工基本养老保险制度改革的决定》（以下简称《决定》）。《决定》按照社会统筹与个人账户相结合的原则，从三个方面统一了企业职工基本养老保险制度：统一企业和职工个人的缴费比例；统一个人账户的规模；统一基本养老金计发方法。《决定》归纳和总结了多年来改革的实践经验和教训，勾画出了具有中国特色的企业职工养老保险制度的基本轮廓，标志着我国社会养老保险制度进入了一个新的发展阶段。

1.2.2 我国社会养老保险制度改革的目的

我国城镇职工养老保险制度改革虽然形式上不断变化，但要解决的问题是相同的。要对养老保险制度进行深入改革，实际是要解决以下问题：

1. 要实现过去的“承诺”

在旧的退休制度下的“承诺”的总量巨大。这里所指的“承诺”，简单地说，是指改革开始时已经退休的人员或即将退休的人员，在其余生要领取的一笔退休金。这笔退休金的数量是旧的退休金制度或劳动就业制度所规定或承诺的。无论改革怎样进行，这笔承诺必须兑现，这是问题的实质所在。养老保险形式上的变化只是以不同的方式来偿还这笔“应付未付款”。这笔款的“偿还期”是已退休或将要退休者的平均剩余寿命。从该意义上说，我们改革的实质是两个问题：第一，如何兑现旧体制下已做出的“承诺”；第二，对新的就业者做出新的“承诺”，因为以往的“承诺”方式在新情况下变得不太合理了。在做出新的“承诺”时，就要参考以往的经验教训和未来经济、人口因素的变化，使新的“承诺”保持在合理的范围之内。

2. 要应对所谓的人口老龄化问题

人口老龄化是一个全球人口结构变化的趋势，人口老龄化的直接后果便是负担老年系数的上升，在职职工的养老负担加重。当前，大多数学者认为，中国人口老龄化趋势已十分明显且速度比发达国家快，如果情况是这样，那么，社会统筹虽然比“企业保险”前进了一步，但仍然不理想。因为社会统筹的本质是在社会范围内的代际转移支付，这种形式受人口年龄结构的影响：人口老龄化的结果使后续代际转移支付规模下降，可以支付上一代承诺的保险金的人数减少。西方国家已遇到类似问题。有研究认为，现在还不是中国人口老龄化程度最高的时期，最严重的是到21世纪中叶，那时，即使经济水平大大提高了，仍难以断定代际转移支付这种形式是否能够承受，这是由于社会保障的周期很长，受人口、经济变量的制约程度很大的缘故。

3. 建立与经济社会发展相适宜的社会保障体系，消除地区间养老保险的差异，有利于劳动力流动

新中国成立以来，中国已形成一套包括养老、失业、生育、工伤保险及社会救济、社会福利在内的社会保障体系。但在传统的计划经济体制下产生的社会保障体制，已完全不适应市场经济的需要了。中国经济体制改革的重要方面就是建立现代企业制度、建立人才市场、劳动力市场、建立正常的企业倒闭处理机制。没有统一的养老、失业保障作为配套措施，现代企业制度的建立就会缺乏社会基础。因此必须积极探索建立与经济社会发展相适宜的社会保障体系，消除地区间养老保险的差异，为劳动力的自由流动扫除制度障碍。

1.3 弹性退休制度

1.3.1 弹性退休制度提出的背景

千百年来我国一直都是世界人口大国，在新中国成立初期我国人口持续高速增长，并创造了三四十年的人口红利，为我国的经济增长做出了贡献。但1973年我国开始全面推行计划生育政策，人口开始由“高出生、低死亡、高增长”向“低出生、低死亡、低增长”转变，伴随着人口增速放缓，到如今人口红利即将结束，老龄化时代迅速到来，我国进入不可逆转的老龄化社会。2001—2100年，我国的人口老龄化进程预计大致分为三个阶段。

第一，2001—2020年为快速老龄化阶段。我国以年增长596万的老年人口发展，增速为3.28%，超过世界人口增长水平的0.66%标准，人口老龄化进程明显加快。

第二，2021—2050年为加速老龄化阶段。由于计划生育政策的实施，我国老年人口加速增长，计划生育时期的生育人口在此时进入老年期，年均增长620万老年人口。预计到2050年，老年人口总量约4亿。

第三，2051—2100年为稳定老龄化阶段。这一阶段，老年人口规模稳定在3亿~4亿。

从以上分析可以看出，2030—2050年我国人口老龄化将达到最严峻的时期，表现为：老年人口达到高峰、人口抚养将随老年人口抚养比大幅提高。届

时，我国将面临人口老龄化、总人口过多的双重困境，这一切将会给我国的经济、社会带来严峻挑战。

另外，我国养老金给付也面临巨大压力。目前，我国退休人员每年约增加300万人，而我国的养老保险“空账”却以25%左右的速度扩大，因此，我国现行的法定退休制度已经渐渐不再适用我国的人口现状。在目前的养老金缴纳和支付体系下，进行退休制度改革是我国发展的必然趋势。但退休制度改革又不等同于简单地延长退休年龄。从国际经验来看，增强灵活性是一个重要的改革方向，即引入弹性退休制度。目前我国是世界上老龄化程度最高的国家之一，2018年我国65岁以上的老年人口已超过1.6亿人，而到2050年，这一数字将会达到3.32亿人，超过总人口的23%。不仅如此，中国人口的预期寿命已经呈现稳步上升的趋势。1980—2010年，平均每五年上升约1岁，如果退休年龄政策不变，则意味着老年人口退休后的剩余寿命不断增加，给养老金支付带来的压力可想而知。对于我国养老金隐形债务，社科院编撰的《中国养老金发展报告2011》显示，从1997年各级财政开始对养老保险转移支付算起，补贴规模迅速扩大。2000年各级财政补贴金额为338亿元，2006年为971亿元，2010年为1 954亿元，2011年新增补贴高达2 272亿元，财政累计补贴金额达1.252 6万亿元，按此发展必不能解决老龄化高峰期的养老金危机。人口老龄化挑战是全世界面对的共同课题，欧美国家提高退休年龄已经成为趋势，而与其他国家相比，中国的法定退休年龄（男性60岁，女性50岁）过低，与预期寿命严重不符。有专家指出，到2035年，中国将面临两名纳税人供养1名养老金领取者的情况，这种情况被称为“老龄社会峰值点”，欧美国家一般提前30到35年制定养老战略，因此，鉴于中国人口寿命延长的实际情况和养老保险基金压力，应当适当灵活地延迟退休年龄。弹性退休制度的最大特点是有弹性空间，公民拥有选择权，即采取自愿的原则，让公民在制度框架内自行选择自己的退休年龄，相比较简单延长退休年龄的观点，弹性退休制度更符合我国实际。

1.3.2 我国实施弹性退休制度的可行性

1. 人口平均预期寿命的延长

根据2010年第六次全国人口普查公布的数据，我国总人口为13.397亿人（数据未含港、澳、台地区），其中60岁及以上人口为1.776 4亿人，占13.26%，而65岁及以上人口为1.188亿人，占8.87%。同2000年第五次人口普查相比，60岁及以上人口比重上升2.93%，65岁及以上人口比重上升

1.91%。另外，20世纪50年代制定法定退休年龄时的人口平均预期寿命仅50岁左右。2000年第五次人口普查，我国人口平均预期寿命达到71.4岁。2010年的普查结果为74.83岁，其中男性人口平均预期寿命72.38岁，较2000年提高2.75岁，女性人口平均预期寿命77.37岁，较2000年提高4.04岁。显然，女性寿命提高速度比男性更快，且女性寿命较男性更长。因此，在预期寿命大幅提高的情况下，依旧维持按照较低人口预期寿命所制定出的法定退休年龄，是不符合我国人口年龄及结构的发展趋势的。

2. 中国高学历群体的初始就业年龄偏大

根据2010年第六次全国人口普查公布的数据，我国省、自治区、直辖市及现役军人中（数据未含港、澳、台地区），大学（包括大专以上）文化程度人口约有1.1亿人；高中（含中专）文化程度人口约有1.879亿人；初中文化程度人口约有5.196亿人；小学文化程度人口约有3.587亿人。并且，我国的文盲人口（15岁及以上不识字的人）为5 465.7万人，文盲率为6.72%，比2000年减少2.64%。我国人口受教育文化程度大幅提升的原因在于教育事业的蓬勃发展。自1999年全国教育工作会议以后，高等教育学校也开始大规模扩招，根据国际通用标准，高等学校的毛入学率达到15%的即为大众化的高等教育。经过多年的扩招，教育部发布的《2017年全国教育事业发展统计公报》显示，我国全国各类高等教育在学总规模达到3 779万人，高等教育毛入学率达到45.7%。新增劳动力平均受教育年限已超过13.3年，相当于大学一年级水平。劳动力进入劳动市场前受教育时间延长，初始就业年龄相应延后，通常本科应届毕业生、硕士、博士研究生毕业平均年龄为24、26、29周岁，甚至可能更晚。另外，女性在更高学历人群结构中占比越来越大，因此，高学历女性不仅面临更晚就业、更早退休的处境，更有甚者，她们在就业时往往还面临着年龄、性别及生育的歧视。这往往更容易造成人力资本的浪费以及社会生活的不公平，也对我国社会统筹基金的收支平衡形成冲击。

3. 从生命周期理论看，延迟退休具有合理性

根据美国经济学家莫迪利安尼的“生命周期消费理论”：个人的消费与其生命周期有关系，人们会在更长的时间范围以内来计划他们的生活消费及储蓄，以此来达到在整个生命周期内消费的最佳配置，并使其消费效用最大化。这一理论区别于凯恩斯的消费函数理论，强调的是当前消费支出与消费者一生的全部预期收入有关。从个人的人生发展阶段看，年轻时收入较少，但为购买耐用消费品等生活方面的支出更多，尤其是青年时代，消费与储蓄相比往往更高；进入中年时代后，收入增加，多余的部分往往成为储蓄，并且不断累加；

到退休后的老年时代，收入降低，消费增加并且成为“负储蓄”，历年储蓄也呈现出递减趋势。根据以上分析，人口的平均预期寿命增加，但进入工作的劳动者尤其是高学历劳动人群，他们进入劳动市场的时间更晚。这意味着在退休年龄不做调整的前提下，个人生命周期中工作年限缩短，个人的自我储蓄减少。相应的，退休后的生活时间延长，个人生命周期中“负储蓄”时间更长，并且领取社会保障退休金的时间也随之延长，同时，通货膨胀率不断攀升，个人生活水平可能得不到保障，晚年还有可能陷入贫困的境况。因此，在社会保障缴费率不变的情况下，延长退休年龄是可行且必要的。

4. 从年龄结构看，可降低老年人口抚养比，创造新的动态人口红利

人口抚养比作为衡量人口年龄结构变化对社会经济发展影响的重要统计指标，又称抚养系数，是指总体人口中非劳动年龄人口占劳动年龄人口的比重。其中老年人口抚养比是 65 岁以上的老年人口占 15～65 岁劳动年龄人口的比重，表明每一百名劳动年龄人口要负担多少老年人口，该比重可用 ODR 表示。

改革开放后，我国老年人口抚养比总体来看是上升的，原因在于我国老年人口不断增加。因此，我国劳动力减少是迟早的事，延迟退休可以为降低老年人口抚养比，减轻劳动年龄人口负担提供有利条件。

另外，人口红利的转变也为提高退休年龄，延迟退休提供了推力。在不考虑人口素质提高、寿命延长、劳动生产率提高和经济发展模式转变的动态指标的情况下，单以劳动年龄人口的比重作为衡量标准来界定的称之为静态人口红利，即第一人口红利。其核心在于无限供给的劳动力打破了新古典增长理论的劳动力短缺假设，从而保证不会出现资本报酬递减现象。第一人口红利源于人口转变所带来的劳动年龄人口比重在一定时期内上升，高生育阶段出生的人口到了劳动年龄后能补充劳动力供给，使其迅速增加。在生产要素等资本富足的情况下，这既使得劳动力成本很低，又能为经济增长提供富足的劳动力。但伴随着人口年龄结构及人口红利的动态变化，经济体内不再富有生产力，经济增长率又将回落到较低的稳态水平。相关的文献中也已经证明了总和生育率与 GDP 增长间的倒 U 型关系：总和生育率下降，GDP 增长率上升；反之则下降。

但在 21 世纪，老年人口抚养比处于较低水平上的人口转变时间较短，随后随着老年人口抚养比的上升，总体人口抚养比将出现较大回升，其结果是社会总体养老负担加重，即第一人口红利开始消失。但未来可能伴随老年人口比重提高形成新的储蓄动机及新的人力资本供给，从而出现第二次人口红利，即人口预期寿命的提高，延长了的平均剩余寿命可以成为新的源泉。第一，养老保障需求能在多层养老保障体系下增加劳动者的储蓄率；第二，教育和培训的

扩大能提高人力资本的集中度，劳动年龄人口生产能力提高；第三，扩大劳动参与率，缓解养老负担。以上三点作为新的源泉开发能为我国创造第二次人口红利，但它对于政策的依赖性更强，实施的关键在于延迟退休政策的推行，以及在延迟退休劳动者的人力资本存量偏低的情况下，更需要根据配套条件的成熟度来实施。

5. 延迟退休与就业无绝对的替代关系

自 20 世纪 90 年代以来，国内外关于实施延迟退休政策对就业有无影响的研究就一直存在。有学者试着用奥肯定律来解释延迟退休与失业间的联系，并以美国 2004 年的数据加以说明。其观点认为将退休年龄延迟后，更多的劳动者停留在劳动领域的时间变长，劳动参与率上升，而劳动参与率与失业率相关，因此失业率上升。国内学者的观点也不尽相同。有学者认为中国每年的新生劳动力约 2 000 万~2 400 万，但新增工作岗位只有 1 000 万~1 200 万，新增的工作岗位有 30%为“自然更新”，大部分则由退休者替代产生，因此延迟退休会增加失业率。也有学者认为就业与否取决于劳动力市场的供求，居民过早退休，一方面确实让出工作岗位，但另一方面收入下降后，从宏观上也使劳动力市场的需求下降，并且社会养老压力增大后，国家可能提高缴费率及税率从而增加企业运营成本，导致失业率上升。可能出现的情况甚至还有退休过早将使退休后再就业率提高。

1.4 社会养老保险精算研究的现状

社会养老保险基金不仅关系到保险人和投保人的利益，而且关系到职工年老退休所造成的经济损失能否得到及时的足额的补偿。在我国还关系到经济制度改革的成败，因此，社会养老保险制度的健全和完善具有十分重要的社会意义。多年来，我国许多学者已经致力于这方面的研究，并有诸多建树。笔者考察了已有的诸多研究，认为不足之处不在于研究的范围上，而在于研究所运用的方法和技术比较落后，即绝大多数文章都是以定性研究为主，而忽略了定量研究，忽略了精算分析，从而出现人云亦云的情况，所得出的结论缺乏基础数据的支持，可信度低。社会养老保险的性质决定了精算技术在社会养老保险研究中的重要地位。社会保险是国家或政府运用商业保险的某些手段来实现社会保险的目的，主要是运用风险理论和精算学方法，针对公民在劳动和生活中可能遇到的某些风险，运用精算学的方法预测风险损失的大小，建立保险基金，待风险损失发生时给予经济补偿，从而实现社会保障的目的。社会养老保险是社会保险的主要项目，主要借鉴人寿保险的基本理论和精算方法，目的在于处理参加保险者的寿命风险和保险基金运营中的利率风险。

社会养老保险从其萌芽发展至今，已有百余年的历史。其在发展过程中经历了多次创新，每一次创新都离不开精算师们的辛勤劳动。可以说，社会养老保险的重大决策都是以精算师们提供的稳健可靠的精算数据为基础的。而每一个既定的养老保险制度又必须通过精算使它得到具体展现，形成具体方案。由此可见，对社会养老保险的精算技术和方法的运用已成为社会养老保险研究的一项核心内容。

一种行之有效的社会养老保险制度，必须设计出不同的方案，经过精密的计算和预测，最后从中挑选一种作为实施方案，并且，还得定期检验、补充和完善此项方案。作为一般原则，实行任何模式的社会养老保险，第一，必须测算未来几十年对养老金的需要总额，然后，据以测算需要收缴的养老保险总额，以及国家、企业和个人的保险费率。第二，必须对影响养老保险未来的经营过程中的不确定因素进行详细分析，并对未来面临的各种风险，如筹资不足、人口老化、通货膨胀、投资风险等做出准确的评估，从而提供信息，使该计划无论是现在还是将来都建立在合理的财力基础之上。第三，运用精算技术将社会养老制度具体化、量化。可见，对社会养老计划费用及其可能的变化和面临的风险做长期预测是精算师们的主要工作，而其结果是否准确和有效首先取决于精算模型的构建及精算方法的采用是否合理和正确。随着社会养老保险经营经验的积累和对其风险的认识的不断深化，保险人对保险方案的制定更趋合理化、复杂化。而用于社会养老保险测算的精算技术和方法，也从简单的推算和简洁的表达形式变得复杂和难懂。

精算科学和精算师职业在国外已有150余年的发展历史。作为人寿保险经营的科学基础的寿险精算学也得到了很大发展，在保险业中发挥着十分重要的作用。虽然社会养老保险在精算方面采用了人寿保险的原理，但由于社会养老保险与商业的人寿保险有着根本的不同，故不能简单套用寿险精算模型，需要根据社会养老保险的特点，对寿险精算模型进行修正或重新推导。北美精算师鲍尔斯等著的《精算数学》从两个方面介绍了退休金计划的精算原理并推导出一些基本精算模型：一是退休金计划估价理论，论述了退休金计划的特点，推导出醵出金、退休受益等指标的精算基本函数；二是退休基金累积理论，推导了用于描述精算成本方法的有用的函数。布朗在《人口数学》中论述和推导了人口统计的一些方法和模型，并介绍了人口普查数据在美国退休金保障上应用的思路和方法。凯利森在《利息理论》中论述了利率变动情况下如何测算每年一元的年金现值和终值，对本书中研究社会养老保险的利率风险具有启发作用。另外，鲍尔斯等著的《风险理论》和伦敦著的《生存模型》都为本书的研究奠定了扎实的理论基础。

由于我国引进精算高等教育才10余年的历史，故从精算角度研究社会养老保险的学者很少，有关这方面的专著和文章所见不多。目前，现有的国内社会养老保险精算主要是对现有退休制度下利率确定与连续随机条件下的精算问题进行研究。其他大部分只是定性方面的研究。对确定利率条件下的研究主要有：钱文浩、黄洁纲（1995）建立了固定缴款养老金计划和固定给付的保险费缴纳与养老金给付的精算公式；王晓军（1996）通过建立多减因子模型、工资变动子模型、退休年金精算现值子模型等建立了养老金的给付精算现值；邱菀华和高建伟（2002）、高建伟和丁克诠（2005）、张文慧和吴君民（2007）等分析了个人账户养老金给付及发放标准精算模型；王茶香（2005）利用养老保险平衡原理对个人账户和社会统筹账户职工在岗期间养老金缴纳的终值和退休后养老金领取的现值建立了精算模型，这些模型为我国养老账户核算提供了精算基础。由于养老金计划时间上的长期性，确定利率不能够反映利率变动的风险性，所以理论上对随机利率下的社会养老保险精算研究是大趋势，这方面的研究主要有：高建伟和李春杰（2004）对利率分别以AR（p）与广义的AR（p）建模分析了缴费预定型企业年金保险生存年金的精算现值模型；东明、郭亚军和杨怀东（2005）对利率以Wiener过程建模得到了养老金给付现值的期望值和方差的具体表达式；高建伟和丁克诠（2006）以及高建伟、张兴平和高明（2006）对利率分别以MA（q）、ARMA（q）建模分析了缴费预定型企业年金精算函数；孙荣（2010）以利息力服从Vasicek变化过程建立了养老金计划的多重衰减模型。这些模型对利率进行了随机化处理，反映了利率变动的风险性，但这些利率模型多是连续的或平稳的随机模型，不能够反映利率在时间上的非稳定性。为了弥补这一不足，尚勤和秦学志（2009）等引入了带跳的非连续随机微分方程生存模型及连续的CIR随机微分方程利率模型，对随机条件下的退休年金进行了讨论，用统计模拟的方法分析了长寿风险对年金成本的影响，该模型可以保证死力恒正、死亡率发生的跳跃及利率的均值回复特征，具有一定的理论与实践意义。上述模型虽然对利率进行了随机化处理，但均没有考虑利率时间上突变性的特征，没有考虑退休年龄变化对年金的影响，不适用于弹性退休制。孙荣（2016）研究了运用二项分布拟合退休年龄，带跳的非连续随机微分方程拟合利率，带跳Feller过程拟合死力强度的弹性退休制下生命年金、退休年金、退休年金二阶矩精算现值与均衡净保费的多随机精算模型，并利用模型对相关精算函数进行了模拟测算，这些理论为弹性退休制下的社会养老保险精算奠定了一定基础。

1.5 居民延长退休方式意愿调查

目前我国是世界上老龄化程度最高的国家之一，截至 2017 年年底，我国 65 岁以上老年人口占比飙升至 11.4%，处于快速老龄化阶段，而 2021—2050 年，我国将处于加速老龄化阶段，这一阶段老龄人口将稳定在 3 亿~4 亿，超过总人口的 23%，老年人口数量达到峰值，老年人口抚养比大幅提高。届时，我国将面临人口老龄化、总人口过多的双重困境，这将会给我国的经济、社会带来严峻挑战。不仅如此，中国人口的预期寿命已经呈现稳步上升的趋势，国家卫生健康委员会发布的《2017 年我国卫生健康事业发展统计公报》显示，至 2017 年年底，我国居民人均预期寿命已由 2016 年的 76.5 岁提高到 76.7 岁，如果退休年龄政策不变，则意味着老年人口退休后的剩余寿命不断增加，同时我国退休人员每年约增加 300 万人，这给养老金支付带来的压力可想而知。我国现有退休制度在人口老龄化背景下导致了退休年龄低龄化、退休人口赡养率提高、退休制度缺乏弹性导致人力资本浪费、由于出生率与死亡率的变化导致劳动力短缺等问题的出现，这些问题的出现使得延迟退休成了我们的必然选择。从较早进入老龄化社会的西方国家的退休制度来看，为应对老龄化对养老保障制度的冲击，西方国家延迟退休的方式主要是两种：固定年龄延迟退休与弹性年龄延迟退休。比如：法国是最先进入老龄化社会的国家，从 2004 年开始，其法定的退休年龄从 60 岁延长到 65 岁，企业职工在 14~16 岁参加工作、保险年限达 40~42 年时间，允许其在 56~59 岁间申请提前退休。在瑞典，职工可以在 65 岁的时候退休，也可以在 70 岁的时候退休，每推迟一个月退休，其养老金就增加 0.6%；在 60~64 岁退休的，每提前一个月退休，其养老金就减少 0.5%；在 60~70 岁之间退休的，可以部分地领取养老金而从事非全日制的工作。英国领取国民养老金的年龄分别为男性 65 岁、女性 60 岁。女性的退休年龄将在 2010—2020 年逐步提高至 65 岁，男性公民国民年金缴费满 44 年，女性缴费满 39 年即可获得全额养老金。女性的缴费期限也将在 2010—2020 年间逐步延长为 44 年。美国的退休年龄为 62 岁，每提前一个月退休的，其养老金水平减少法定退休年龄养老金的 0.56%，推迟一年退休，其养老金水平增加

3%，到2027年时，每推迟一年，其养老金增加8%。弹性年龄延迟退休，即弹性退休制的最大特点是有弹性空间，公民拥有选择权，采取自愿的原则，让公民在制度框架内自行选择自己的退休年龄。现有的涉及退休意愿调查的文献主要是对是否愿意延迟退休的意愿调查。魏征宇（2009）对城镇居民延长退休年龄意愿进行了调查研究，其结论显示经济发展水平、受教育程度等因素会影响延迟退休意愿。张乐川（2013）分析了上海市在职职工的延迟退休意愿，发现劳动者工作单位的属性是决定其延长退休年龄意愿最为重要的影响因素。刘晗等（2014）研究了天津市居民延迟退休意愿，其结论显示年龄、健康状况、工作单位类型、收入因素对居民的延退意愿有统计学意义。徐露琴（2015）调查了江西省基层公务员的延迟退休意愿，其主要结论包括：个人特征中性别、年龄和受教育程度与之正相关；家庭特征中有需要负担的上一代是负向影响，有需要负担的下一代是正向影响；家庭经济状况也显著影响延迟退休意愿；工作特征中行政级别和月均收入与基层公务员延迟退休意愿呈现正相关；其他特征中工资政策和养老保险政策与其延迟退休意愿呈现正相关。田立法等（2017）研究了渐进式延迟退休的居民意愿，结果发现：年龄越大、受教育程度越高、身体越健康、收入越高的居民更易于接受渐进式延迟退休年龄政策，身处管理岗的居民要比非管理岗的居民更易于接受该政策，与民营、私营企业职员相比，政府机关、事业单位、国企、外企单位的职员更易于接受该政策。而对固定延迟与弹性延迟的意愿比较的相关研究还没有。当前弹性退休制度已成为众多国家应对人口老龄化、劳动力市场结构调整的重要政策主张。从西方较早进入老龄化国家的实际情况来看，弹性退休制具有可行性，应当是未来我国社会养老保险制度改革的选项之一，由于我国具体的国情原因，社会养老保障制度假设相对滞后，对国民的退休方式意愿进行调查，可以为我国进行养老保险制度改革顶层的延迟方式设计提供重要的民意基础，具有重要的现实意义。

1.5.1 影响选择延迟退休方式的因素

（1）居民的个人状况

①性别。通常情况下，由于生理及心理等方面的原因，女性与男性在延迟退休方式选择上会有差异。

②年龄。通常随着年龄的增长，个人对选择延迟退休的方式会有变化。

③接受教育情况。依据教育耗时耗钱这一不可避免的属性，接受教育程度越高，则需要花更长时间收回投入的资本，所以受教育程度越高者更倾向于延长工作年限来获取资本收益。

④身体状况。通常来说，身体素质较差的人更倾向于依据实际的身体状况选择弹性年龄延迟退休。

（2）居民的家庭状况

①婚姻状态。通常来说，已婚人士的家庭观念更强，未婚人士对家的概念比较薄弱。处于不同婚姻状态的个人对其延迟退休方式的选择不同。

②家庭经济条件。许多研究者认为经济条件是影响延迟退休的决定因素。通常来说，大家会觉得经济条件富裕的人会更倾向于尽早退休。

③抚养与赡养压力。需要承担的家庭责任越重的人群，会希望尽可能延长工作年限来获取更多的报酬，而通常认为有需要照顾的长辈的人群可能更希望尽早退休以照顾老人。

（3）居民的工作情况

①职业类型。通常来说，工作单位对在职员工提供的福利越高、保障越全面，或工作职位处于领导层的人越倾向于尽可能地延长工作年限。

②月均收入。工资是一个人付出劳动而应得的报酬，一般认为，平均每月工资收入越高的人，越倾向于尽可能地延长工作年限。

③工作满意程度。从工作中获得的满足感会影响一个人对待工作的态度。当心理满足感较低时，人们会消极对待工作，因此工作效率降低；相反，如果在工作中得到较大的满足，则会增加工作的激情，愿意为工作而努力。对工作的满意程度也会影响个人延迟退休方式的选择。

（4）居民的其他情况

①工资变动。通常来说，工资的预期变动会影响居民对延迟退休方式的选择。

②养老金保险的缴费比例。通常来说，如果职工负担的养老保险比例变化会影响其延迟退休方式的选择。

1.5.2 样本特征

（1）数据来源

本次调查的目的是研究在可预期的延迟退休政策的条件下影响居民选择延迟退休方式的主要影响因素。本次调查在 2017 年 12 月份进行，为了保证样本的代表性，本次调查通过电子问卷调查形式，对重庆市都市区的渝中区、南岸区、渝北区，渝东北的万州区，渝东南的黔江区、秀山县、彭水县，渝西的合川区等区县进行调研。最终收回问卷共 2 247 份，通过整理研究分析，最后具有研究价值问卷为 2 089 份。此次问卷内容可以概括为四个方面：第一个方面是对受访者的个人情况的调查，主要有性别、年龄、受教育水平、健康状况等；第二个方面是对受访者的家庭状况的调查，主要有是否有配偶、工资收入、是否有较重的赡养和抚养责任等；第三个方面是对受访者的工作条件的调查，主要有工作时间、工作单位类型、工作满意程度等；第四个方面是了解受访者对当前退休政策的看法。

（2）变量的选取及定义

本研究主要是分析重庆市居民对延迟退休方式的意愿调查，因变量为支持弹性延迟退休或支持固定年龄延迟。通过调查样本的数据对延迟退休方式意愿进行统计描述，更加可以直接体现居民对延迟退休的看法，见表1-1。

表1-1 因变量的描述统计分析

因变量	频数	百分比（%）
支持固定年龄延迟	824	39.45
支持弹性年龄延迟	1 265	60.55
合计	2 089	100.00

由表1-1可以看出，居民中同意固定年龄延迟的人数比例只有39.45%，处于较低水平。据此，需将各种因素对延迟退休意愿的影响程度进行量化分析并建立回归模型。在张乐川（2013）与刘晗等人（2014）的分析成果的基础上，本研究从四个方面取出了16个指标来对回归模型进行实证检验，自变量的具体概念如表1-2。

表1-2 变量的定义及符号

变量	符号	定义
因变量		
是否支持弹性年龄延迟退休	a	是=1，否=0
自变量		
个人因素		
性别	b_1	男=1，女=0
年龄	b_2	受访者真实年龄
文化程度	b_3	高中、中专及以下=1，大专=2，本科=3，研究生及以上=4
身体状况	b_4	非常不健康=1，比较不健康=2，一般=3，健康=4

表1-2(续)

变量	符号	定义
家庭因素		
是否有抚养压力	b_5	是=1，否=0
是否有赡养压力	b_6	是=1，否=0
婚姻情况	b_7	已婚=1，未婚=0
家庭经济条件	b_8	非常不宽裕=1，比较不宽裕=2，一般=3，比较宽裕=4，宽裕=5
工作因素		
职业类型	b_9	公务员=1，事业单位人员=2，企业管人员=3，企业普通职员=4，其他职业=5
平均每月收入	b_{10}	2 000元及以下=1，2 001~3 000元=2，3 001~4 000元=3，4 001~5 000元=4，5 001元及以上=5
工作满意情况	b_{11}	非常不满意=1，比较不满意=2，一般=3，比较满意=4，满意=5
其他因素		
工资调整	b_{12}	是=1，否=0
养老金调整	b_{13}	是=1，否=0
当前退休年龄	b_{14}	过早=1，适当=2，过晚=3，无所谓=4

(3) 变量的统计描述

①调查对象个体因素描述。表1-3是对调查对象的个人情况进行的统计描述分析。

表1-3 样本的个体因素

因素	选项	频数	百分比(%)	有效百分比(%)	累计百分比(%)
性别	男	1 105	52.9	52.9	54.8
	女	984	47.1	47.1	100.0
年龄	20~30岁	87	28.9	28.9	28.9
	31~40岁	42	20.6	20.6	49.5
	41~50岁	73	25.5	25.5	75
	51岁以上	28	12.8	12.8	100.0

表1-3(续)

因素	选项	频数	百分比（%）	有效百分比（%）	累计百分比（%）
受教育程度	高中、中专及以下	355	17.0	17.0	17.0
	大专	345	16.5	16.5	33.5
	本科	1 080	51.7	61.7	95.2
	研究生及以上	300	14.8	4.8	100.0
身体状况	非常不健康	8	0.3	0.3	0.3
	比较不健康	21	9.1	9.1	9.4
	一般	96	41.7	41.7	51.1
	健康	108	48.9	48.9	100.0

由表1-3可以看出，参加调查的男性有1 105人，占样本总量的52.9%；女性有984人，占样本总量的47.1%。在调查总样本中，20~30岁的居民最多，占样本总量的28.9%；接下来是41~50岁及51岁以上的人，其占比为25.5%；最少的是51岁以上的人，其占比为12.8%。从文化程度来看，本科文凭占比最高，达51.7%；其次是高中、中专及以下，其占比为17.0%；再次是大专学历，其占比为16.5%；研究生所占比例最低，为14.8%。从身体状况分析，调查数据显示健康占比最高，达48.9%，可以得出该地区居民身体素质偏好。

②调查对象家庭因素描述。

表1-4体现了调查对象的家庭情况。

表1-4 样本的家庭因素

因素	选项	频数	百分比（%）	有效百分比（%）	累计百分比（%）
需要抚养晚辈	是	790	37.8	37.8	37.8
	否	1 299	62.2	62.2	100.0
需要赡养长辈	是	508	39.9	39.9	39.9
	否	1 581	60.1	60.1	100.0
婚姻状态	已婚	1 249	59.8	59.8	59.8
	未婚	840	40.2	40.2	100.0

表1-4(续)

因素	选项	频数	百分比(%)	有效百分比(%)	累计百分比(%)
家庭经济条件	非常不宽裕	169	8.1	8.1	8.1
	比较不宽裕	399	19.1	19.1	27.2
	一般	1 228	58.8	58.8	86.0
	比较宽裕	196	9.4	9.4	95.4
	宽裕	97	4.6	4.6	100.0

从表 1-4 可以看出，调查人群中已婚人数占比较未婚人数占比高 19.8 个百分点。从家庭条件来看，认为家庭经济条件一般的人数占比最高，为 58.8%；宽裕人数最少，为 4.6%；比较不宽裕与非常不宽裕分别占 19.1%和 8.1%。再从家庭负担来看，抚养情况占比 37.8%，赡养情况占比 39.9%。

③调查对象工作因素描述。

调查对象工作情况详见表 1-5。

表 1-5　样本的工作因素

因素	选项	频数	百分比(%)	有效百分比(%)	累计百分比(%)
职业类型	公务员	207	9.9	9.9	9.9
	事业单位人员	474	22.7	22.7	32.6
	企业管理人员	403	19.3	19.3	51.9
	企业普通职员	449	21.5	21.5	73.4
	其他职业	556	26.6	26.6	100.0
月均收入	2 000 元及以下	79	3.8	3.8	3.8
	2 001~3 000 元	221	10.6	10.6	14.4
	3 001~4 000 元	520	24.9	24.9	39.3
	4 001~5 000 元	765	36.6	36.6	75.9
	5 001 元及以上	504	24.1	24.1	100.0

表1-5(续)

因素	选项	频数	百分比（%）	有效百分比（%）	累计百分比（%）
工作满意度	非常不满意	86	4.1	4.1	4.1
	比较不满意	224	10.7	10.7	14.8
	一般	1 076	51.5	51.5	66.3
	比较满意	470	22.5	22.5	88.8
	满意	233	11.2	11.2	100.0

从表1-5得出，调查人群从事其他职业的占比26.6%，其中包括个体工商户、退休职工、在校大学生等。除此之外，占比由低到高分别为公务员(9.9%)、企业管理人员（19.3%）、企业普通职员（21.5%）和事业单位人员(27.8%)。工资在4 000~5 000元的占比最高，为36.6%，这反映了重庆市居民的收入水平。调查人群中对工作的满意程度一般的人数占比超过50%，证明被调查人群目前比较满足于当前工作环境。

④调查对象其他因素描述。

表1-6主要讨论了各方面政策对居民延迟退休方式意愿的影响。一方面，工资政策的变化会导致72.5%的人改变对延迟退休方式的选择；另一方面，再次对上缴养老金比例的变动也导致70.6%的人改变延迟退休方式的选择。

表1-6　样本的其他因素

因素	选项	频数	百分比（%）	有效百分比（%）	累计百分比（%）
工资变化	是	1 515	72.5	72.5	72.5
	否	574	27.5	27.5	100.0
养老金比例	是	1 262	70.6	70.6	70.6
	否	827	29.4	29.4	100.0

1.5.3　实证分析

1. 变量间的相关分析及验证

变量间的相关分析及验证见表1-7。

表 1-7　变量间的相关分析

	是否愿意弹性年龄延迟退休	
性别	Pearson 相关性	0.012
	显著性（双侧）	0.589
年龄	Pearson 相关性	0.687**
	显著性（双侧）	0
文化水平	Pearson 相关性	0.824**
	显著性（双侧）	0.000
是否有抚养压力	Pearson 相关性	0.859**
	显著性（双侧）	0
是否有赡养压力	Pearson 相关性	0.061
	显著性（双侧）	0.432
职业类型	Pearson 相关性	-0.642**
	显著性（双侧）	0.000
月均收入	Pearson 相关性	0.712**
	显著性（双侧）	0.000

从表 1-7 可以看出，首先，个人因素中的年龄、文化水平与是否愿意选择弹性年龄延迟退休在 0.01 的双侧置信水平下显著，相关系数分别为 0.687（p=0.000<0.01）和 0.824（p=0.004<0.01），表明年龄、文化水平与是否愿意弹性延迟退休有显著的相关性。其次，家庭因素中的抚养压力与是否愿意选择弹性年龄延迟退休在 0.01 的双侧置信水平下显著，相关系数为 0.859（p=0.000<0.01），表明家庭抚养压力与是否愿意弹性延迟退休有显著的相关性。最后，工作因素中的职业类型、月均收入与是否愿意选择延迟退休在 0.01 的双侧置信水平下显著，相关系数分别为-0.642（p=0.000<0.01）和 0.712（p=0.000<0.01），表明职业类型、月收入与是否愿意弹性延迟退休有显著的相关性。通过分析发现，其他因素对居民是否愿意选择弹性年龄延迟退休没有显著相关性。

2. 二元 Logistic 模型构建与回归分析

（1）二元 Logistic 模型构建

为了整体分析影响居民延迟退休态度的因素，又因为被解释变量延迟退休方式意愿是一个二元变量，所以本研究选择了采用二元 Logistic 回归模型进行研究，其中对被解释变量取 0 和 1 两个值。将被解释变量——居民延迟退休方式意愿设为 A，结果为 1 表示居民愿意弹性年龄延迟退休，结果为 0 表示居民愿意固定年龄延迟退休。导致 A 的结果不同的 j 个解释变量分别记为 b_1，b_2，……，b_j假设居民 i 愿意弹性年龄延迟退休的概率为 p，$1-p_i$ 则表示居民愿意固定年龄延迟退休的概率，它们都是解释变量 B（b_1，b_2，……，b_j）组成的非线性函数：

$$p_i = F(a) = F(\beta_0 + \sum_{k=1}^{j} \beta_k b_k) = 1/\left\{1 + \exp\left[-(\beta_0 + \sum_{k=1}^{j} \beta_k b_k)\right]\right\}$$

对 $p_i/(1-p_i)$ 进行对数转换，将 Logistic 方程写成

$$\ln(p_i/1 - p_i) = \beta_0 + \sum_{k=1}^{j} \beta_k b_k$$

上两式中，β_0 为常数项，j 为解释变量个数，此处的 β_k 为解释变量对居民延迟退休意愿的影响程度和变化方向。

（2）二元 Logistic 模型分析

运用 SPSS 软件对样本数据采用二元 Logistic 回归分析。在进行二元 Logistic 回归分析时，第一步是对被解释变量进行编码，支持弹性年龄延迟退休用 1 表示，支持固定年龄延迟退休用 0 表示，见表 1-8。

表 1-8　因变量编码

初始值	内部值
否	0
是	1

由表 1-9 可知，在没有解释变量参与时，假设认为所有重庆市居民都支持弹性年龄延迟退休，那么调查样本的分类百分比的准确率为 65.2%。此次回归模型以最大似然为原则，强行进入的方法，加快迭代过程收敛。

表 1-9　无解释变量参与的分类百分比

	已观测		已预测		
			是否愿意弹性年龄延迟退休		百分比校正（%）
			是	否	
步骤 0	是否愿意弹性年龄延迟退休	是	1 363	0	100.0
		否	726	0	0.0
	总计百分比（%）				65.2

a. 模型中包括常量。

b. 切割值为 0.500。

表 1-10 主要是对模型系数进行的综合性检验。从表 1-10 中的自由度和卡方值和 Sig 值。选取显著性水平为 0.05，查表卡方检验临界值为 14.067，表中卡方值为 214.589 大于临界值，而且对应的 Sig 值小于 0.05，因此得出结果在 0.05 的显著性水平下，通过显著性检验，模型整体显著。

表 1-10　模型系数的综合检验

	卡方	df	Sig.
模型	214.589	7	0.000

从表 1-11 可知最大似然平方的对数值为 187.765，以此来检验回归模型正整体的拟合程度，明显大于卡方临界值 14.067，可以得出模型通过验证。Cox & Snell 拟合程度和 Nagelkerke 的拟合程度分别为 0.619 和 0.861，表示回归模型拟合效果较好。

表 1-11　模型汇总

步骤	-2 对数似然值	Cox & Snell R 方	Nagelkerke R 方
1	187.765[a]	0.619	0.861

a. 因为参数估计的更改范围小于 0.001，所以估计在迭代次数 7 处终止。

从表 1-12 的 Hosmer 和 Lemeshow 检验结果可知，选取显著性水平为 0.05，自由度为 8，计算得出卡方检验临界值为 15.507。然而，Hosmer 和 Lemeshow 检验的卡方值为 7.084<15.507，同时 Sig 值 0.792 大于 0.05，通过验证，表示模型拟合程度比较好。

表 1-12　Hosmer 和 Lemeshow 检验

步骤	卡方	df	Sig.
1	7.084	8	0.792

表 1-13 是对调查的样本进行分类，从表中可以看出支持弹性延迟退休的分类准确性是 89.9%，支持固定年龄延迟退休的分类准确性是 70.5%，总的分类准确性是 83.1%，相对于表 1-9 中步骤 0 的 65.2%，提高了 17.9%，说明回归模型的预测结果比较理想。

表 1-13　解释变量参与后的分类百分比

<table>
<tr><td rowspan="3" colspan="3">已观测</td><td colspan="3">已预测</td></tr>
<tr><td colspan="2">是否愿意弹性年龄延迟退休</td><td rowspan="2">百分比校正（%）</td></tr>
<tr><td>是</td><td>否</td></tr>
<tr><td rowspan="3">步骤 1</td><td rowspan="2">是否愿意弹性年龄延迟退休</td><td>是</td><td>1 225</td><td>118</td><td>89.9</td></tr>
<tr><td>否</td><td>214</td><td>512</td><td>70.5</td></tr>
<tr><td colspan="2">总计百分比（%）</td><td></td><td></td><td>83.1</td></tr>
</table>

a. 切割值为 0.500。

从表 1-14 中可以看出：个人因素中，性别对重庆市居民对延迟退休的意愿的影响系数为 0.432 而且显著，表示女性较男性而言，支持弹性年龄延迟退休的意愿强。年龄对重庆市居民延迟退休意愿的影响系数为 0.356，在 0.05 的显著性水平下显著且符号为正，表示年龄越大的居民越愿意选择弹性年龄延迟退休，同时年龄每向上提高一个层级，其中支持弹性年龄延迟退休的发生比就会增加 1.428 倍。文化程度对重庆市居民弹性年龄延迟退休的意愿的影响系数为 0.119，且在 0.05 的显著性水平下显著，表明文化程度越高的重庆市居民支持弹性年龄延迟退休的意愿更强，同时文化程度每向上提高一个层级，支持弹性年龄延迟退休的发生比就会增加 1.226 倍。家庭因素中，抚养压力对重庆市居民延迟退休意愿的影响系数为-0.286 且不显著，说明有无需要负担的下一代对居民是否选择弹性年龄延迟退休的意愿影响较弱。赡养压力对重庆市居民延迟退休意愿的影响系数为 0.248 且显著，说明有需要赡养老人的居民选择弹性年龄延迟退休的意愿较强，具有赡养压力的人支持延迟退休的发生比是没有赡养压力的 1.281 倍。工作因素中，职业类型和月均收入的系数分别为 0.391 和-0.474 且显著，说明体制外的比体制内的更愿意弹性延迟退休，其发生比体制外的是体制内的 1.478 倍，收入低的更愿意弹性退休。

表 1-14　方程中的变量

	变量	B	S. E,	Wals	df	Sig.	Exp（B）
步骤 1	性别	0.432	0.081	20.175	1	0.042 4	1.540
	年龄	0.356	0.154	32.123	1	0.000	1.428
	文化水平	0.119	0.294	6.019	1	0.015	1.226
	是否有抚养压力	-0.286	0.893	1.820	1	0.180	0.751
	是否有赡养压力	0.248	0.072	22.891	1	0.047	1.281
	职业类型	0.391	0.132	7.422	1	0.000	1.478
	月均收入	-0.474	0.513	6.234	1	0.041	0.623
	常量	2.285	0.879	22.714	1	0.000	9.826

1.5.4 结论

通过对重庆市居民的数据调查，在 2 089 名调查对象中，有 65.2%的调查者表示支持弹性延迟退休. 在给出的自变量中，有 4 个变量体现出显著性。

①个人因素中，年龄对居民延迟退休意愿有显著影响，年龄越大的居民，越愿意选择弹性年龄延迟退休。同时，文化程度对居民的延迟退休意愿也有显著影响，文化程度越高，越愿意选择弹性年龄延迟退休。

②家庭因素中，有赡养压力的人更倾向于弹性年龄延迟退休。

③工作因素中，企业工作人员这些体制外的居民更愿意弹性年龄延迟退休，原因在于体制外的就业安全保障、工资福利等待遇不确定因素高，弹性退休更具有灵活性。

④其他因素中的工资调整政策和养老金调整政策对居民延迟退休有显著影响。原因在于这些政策的调整对未来在岗在预期收入及退休以后的养老保障有影响。

通过本文对调查样本数据的分析结论可以看出运用 Logit 回归模型拟合效果是好的，弹性年龄延迟退休具有一定的民意基础，当然在中国这样一个人口大国进行养老保障制度改革是一项特别重大的改革，对弹性退休政策可采用先试点后推广的做法，这是我国推进改革过程的一个成功做法，先在局部试点探索，取得经验、达成共识后，再把试点的经验和做法推广开来，这样的改革比较稳当。可以在弹性退休意愿比较高的人群或城市先进行弹性退休制度的试点，再根据试点的效果逐步推广，实现我国养老退休制度的平稳过渡。同时完善我国的工资调整及养老金制度在体制外与体制内的差异，体现社会保障制度的公平性，也有利于我国养老退休制度改革的顺利推进。

2 社会养老保险精算相关基础问题研究

精算学是运用数学、统计学、金融学、保险学及人口学等学科的原理与方法，对保险经营进行定量分析，从而为保险业的风险管理决策提供科学依据的一门科学，是一门涉及多门学科的交叉科学。本章将对社会养老保险所涉及的相关基础理论知识进行分析。具体而言包括利息理论、生命表技术、随机过程理论、年金理论及人口预测理论等内容。

由于养老保险产品的期限通常较长，因此，养老保险产品的定价必须考虑利率变化的影响，必须考虑货币的时间价值，因此利息理论构成社会养老保险精算的一项重要理论基础。由于利率变动的过程非常复杂，一般具有随机性和非连续性，所以在现代精算理论中，利率的变动常常需要运用随机过程来描述，随机过程理论在现代精算理论的重要性就越来越突出。

社会养老保险精算是建立在被保险人的生存情况的基础上的。被保险人的寿命分布状况，也就是被保险人能够存活多久，他在各个年龄段的死亡率情况是保险人关心的问题。事实上，在养老保险精算中，从保险费的厘定，责任准备金的计提，保单现金价值的计算到保单红利的分配，等等，都必须考虑一个重要的因素——死亡率。而各个年龄段的死亡率就构成了一个生命表。因此，精算学的发展始于对生存分布和生命表的研究。所以生命表的构成方法的研究是社会养老保险精算研究必须解决的问题。

在人寿保险中由于投保人保险费的交付往往不是一次全部缴清，而是依时间不同分批交付的，所以要求对投保人的保险费的计算除了必须考虑到生存率、死亡率及利息的息率等因素之外，还必须考虑年金因素，它也是构成人寿保险精算的重要基础。

寿险产品的价格表现为保费，即投保人转移风险所付出的代价，是保险人进行经营活动的物质基础，也是社会养老保险精算中必须确定保费精算的基本原理。

参保人口数量的变化影响社会养老保险账户的收入与支出水平，所以人口预测也构成社会养老保险精算的基础。人口预测是通过采集基础资料、建立预测模型和确定预测参数等基本环节来最后完成的，所以，建立体现预测基本方法的预测模型，在人口预测中占有十分重要的地位。人口预测的基本方法和模型较多，一般较为流行和实用的有人口发展方程、年龄移算法、矩阵方程和指数方程等几类。本章的人口测算方法是后面研究弹性社会基本养老保险账户退休隐性债务与支付能力的人口测算基础。它的理论基础是人口数学。

在养老金计划中，对于一个已经生效的保单，除了死亡因素之外，还有其他影响保单失效的因素，以企业年金为例，引起合同失效的因素可以是死亡，也可以是员工的残疾、退休和辞职等，考虑这些因素（衰减原因，或称减因）对养老金计划的影响是编制养老金计划的健康保险及伤残保险等精算的基础，在保险精算中把这种同批人受两个或者两个以上的减因影响陆续减少过程规律的数学模型称为多重衰减模型。本章中讨论了多重衰减模型的研究背景，对多重衰减模型的衰减力度、概率分布的计算以及多重衰减愿意概率表进行了分析，给出了利率确定条件下与随机条件下的生命年金、保险金精算现值、均衡净保费及保险损失的表达式。这些精算函数也是分析弹性延迟退休养老保险精算的重要理论基础。

2.1 利率与生命表

人寿保险的保险标的是以人的生存和死亡为保险事故的保险，被保险人在保险期内死亡或生存到一定年龄，保险人依照契约规定支付保险金。在人寿保险上，由于保险费的交付在前而保险金的给付在后以及其他的原因，这就要求对投保人的保险费的计算必须考虑到生存率、死亡率及利息的息率等因素。这些是人寿保险精算的重要基础。

2.1.1 精算现值

根据大数定律，保险人所收取的纯保费的总额应与保额支出的总额相等。也就是说，为了计算保费，需要比较纯保费与保额，但因保费与保额的发生并不同时，且在其中涉及被保人的生死状况，所以对二者的比较应在同一时间点上，一般选择在保单生效之时。这样，对保费和保额的比较就不单纯是看其数额的大小，而且需要考虑货币的时间价值、被保人的生死状况以及保险人可能发生的费用，还有可能存在的风险等因素的影响。也就是说，人寿保险的保险人对保额的支付不仅与预定的利息率和费用率有关，还与被保人的生死概率密切相关，即保费与保额要在精算现值的意义上相等。

所谓精算现值是指现值的期望值，又称期望现值。精算现值与现值不同的地方在于：精算现值考虑了人的生死概率，是从一个概率的角度来讨论生存、死亡保险的。保额的精算现值是保单的趸缴保费，不过，这一保费不能以任何一种方式反映出由保险公司承担的风险，因此，为了评估这一风险，还需了解它的分布的其他特征，如方差等。

2.1.2 利息的度量

利息是使用资本的代价或报酬。资本使用者不一定拥有资本的所有权，他可借入资本来使用。对资本借入者来说，利息就是因他使用资本借出者的资本而支付给后者的代价，对资本借出者来说，利息就是他暂时转让资本的使用权而从资本借入者处得到的报酬。

影响利息的因素主要有本金、时期、通货膨胀和风险四个方面。

1. 本金

用来生息的资本以货币计量时，就称作本金。过了一定时期后收到的总金额称为积累值或终值。终值和本金的差额就是投资期间内的利息金额。在其他因素不变的情况下，本金越多，可得到的利息也越多。通常称时刻 0 时的 1 单位货币到时刻 t 时的积累值为积累函数，记为 $a(t)$ 。显然，$a(0) = 0$，$a(t)$ 通常是递增函数。如果原始投资额不是 1，则称时刻 0 时的初始投资到时刻 t 时的积累值为金额函数，记为 $A(t)$ 。若初始投资为 C，则 $A(0) = C$，并且 $A(t) = Ca(t)$ 。

2. 时期

在理论上，投资的时间可用许多不同的单位来度量，如日、月、年等，最常用的是 1 年。在其他因素不变的情况下，使用资本的时间越长，可得到的利息就越多。若用 $I(t)$ 表示时间段 $(t-1, t)$ 内的利息额，则 $I(t) = A(t) - A(t-1)$ 。

3. 通货膨胀

通货膨胀越严重，货币的贬值就越厉害。此时对资本的使用就应得到较高的利息。一般所说的利息率实际上是单纯由时间因素引起的资本增值和由通货膨胀因素引起的资本增值的共同作用的结果。

4. 风险

在经济生活中，存在着各种各样的风险，如国家经济政策的变化，资本市场的波动等，这些因素都将影响使用资本得到的收益。

从投资的角度来看，利息率（投资回报率）= 无风险利息率+风险利息率+通货膨胀利息率。

支付利息的方式通常有两种，期末支付和期初支付。期末支付利息的方式又称滞后利息。设在期初投入1单位货币资本，则在期末可回收资本 $1+i$，i 就是这一期的利息率，简称利率。以 $i(t)$ 表示时间段 $(t-1, t)$ 上的有效利率，则

$$i(t)=\frac{a(t)-a(t-1)}{a(t-1)}=\frac{A(t)-A(t-1)}{A(t-1)}$$

滞后利息按期初的资本额计算，但在期末支付。期初支付利息的方式又称预付利息。它是在投入资本之时即获得利息。设在期初投入1单位货币资本，以 d 表示该方式下获得的预付利息率（又称贴现率），则投资者期初实际投入的资本为 $1-d$。到期末时，该投资者可回收资本1。以 $d(t)$ 表示时间段 $(t-1, t)$ 上的有效贴现率，则

$$d(t)=\frac{a(t)-a(t-1)}{a(t)}=\frac{A(t)-A(t-1)}{A(t)}$$

预付利息按期末的资本额计算，但在期初支付。利息率 i 与贴现率 d 之间的关系为

$$d=\frac{i}{1+i}$$

计算利息的方法有单利法和复利法。单利法是仅对本金生息，而对产生的利息不再生息。复利法不仅对本金生息，还对产生的利息生息。单利偶尔在短期业务中使用，寿险精算中都采用复利法。设第一年年初的本金为 $A(0)$，第 t 年的有效利率为 $i(t)$，如果按单利法计算，n 年内的利息总额为 $A(0)[i(1)+i(2)+\cdots i(n)]$；按复利法计算，$n$ 年内的利息总额为 $A(0)\{[1+i(1)][1+i(2)]\cdots[1+i(n)-1]\}$。

如果计算利息的期间与基本的时间单位一致，则资本在该段时间内获得利息的能力就是有效利率，又称实际利率或实质利率。即某时期内有效利率是该时期内得到的利息金额与此时期开始时投资的本金金额之比，它体现了在一个度量时期内的利息。当计算利息的期间与基本的时间单位不一致时，则称为名义利率。设利息在每 $h(h>0)$ 长的时间内支付一次，称 $i_h(t)$ 为时刻 t 时的每单位时间内的名义利率。显然

$$i_h(t) = \frac{a(t+h) - a(t)}{ha(t)}$$

当 $h=1$ 时，$i_h(t)$ 就是每单位时间内的有效利率。当 $h=1/p$（p 为正整数）时，记 $i^{(p)} = i_{1/p}$ 此时在基本的时间单位内计息 p 次，$i^{(p)}$ 是单位时间内的名义利率，假设在单位时间的期初投入单位货币，本单位时间内的有效利率为 i，则

$$1 + i = (1 + \frac{i^{(p)}}{p})^p$$

$$即\ i^{(p)} = p[(1+i)^{1/p} - 1]$$

称 $\delta(t) = \lim\limits_{h \to 0^+} i_h(t)$ 为时刻 t 时每单位时间的利息力。利息力是时刻 t 时瞬时获取利息的能力。由利息力的定义可得

$$\delta(t) = \lim_{h \to 0^+} i_h(t) = \lim_{h \to 0^+} \frac{a(t+h) - a(t)}{ha(t)} = \frac{a'(t)}{a(t)} = \frac{A'(t)}{A(t)}$$

从而

$$a(t) = e^{\int_0^t \delta(s)\mathrm{d}s} \quad A(t) = A(0)e^{\int_0^t \delta(s)\mathrm{d}s}$$

称 $e^{\int_0^t \delta(s)\mathrm{d}s}$ 为积累因子，即原始投资 1 到时刻 t 时的值为 $e^{\int_0^t \delta(s)\mathrm{d}s}$。设时刻 t 时的资本额为 1，则 0 时需投资 $e^{-\int_0^t \delta(s)\mathrm{d}s}$ 才能够保证在时刻 t 的资本额为 1，故称为贴现因子，记为 $v(t)$，即

$$v(t) = e^{-\int_0^t \delta(s)\mathrm{d}s}$$

当利息力为常数时，$\delta(t) = \delta$ 时，$v(t) = 1/(1+i)$。

2.1.3 生命表函数与生命表构造

2.1.3.1 生命表函数

对于新生儿，死亡年龄 X 是一个连续型随机变量。用 $F(x)$ 记 X 的分布函数。

(1) 生存函数

定义：$S(x) = Pr(X \geqslant x)$

意义：新生儿能活到 x 岁的概率。

与分布函数的关系：$S(x) = 1 - F(x)$

与密度函数的关系：$f(x) = -S'(x)$

由分布函数性质可得到生存函数的一些性质：

① $S(0) = 1$，$\lim\limits_{x \to \infty} S(x) = 1$

② $S(x)$ 是单调递减函数

新生儿将在 x 岁至 z 岁之间死亡的概率：

$$\Pr(x < X \leqslant z) = s(x) - s(z)$$

（2）剩余寿命

定义：已经活到 x 岁的人（简记 x），还能继续存活的时间，称为剩余寿命，记作 $T(x)$ 。

可以推出：

$${}_tp_x = \Pr[T(x) > t] = \Pr(X > x + t \mid X > t) = \frac{s(x+t)}{s(x)}$$

$${}_tq_x = \Pr[T(x) \leqslant t] = \Pr(x < X < x + t \mid X > t) = 1 - \frac{s(x+t)}{s(x)} = \frac{F(x+t) - F(x)}{F(x)}$$

其中：${}_tq_x$ 表示（x）将在 t 年内死亡的概率，它是 $T(x)$ 的分布函数，${}_tp_x$ 表示至少还能够活 t 年的概率，它是 $T(x)$ 的生存函数。

当 $x = 0$ 时，$T(0) = X$ ，且 ${}_xp_0 = S(x)$

x 岁的人在 $x + t$ 岁和 $x + t + u$ 岁之间死亡的概率为

$${}_{t|u}p_x = \Pr[t < T(x) \leqslant t + u] = {}_{t+u}q_x - {}_tq_x = {}_tp_x - {}_{t+u}p_x = {}_tp_{x\,u}q_{t+x}$$

记 $K(x) = [T(x)]$ 表示（x）未来存活的整数年，则

$$P[K(x) = k] = P\{k \leqslant T(x) < k + 1\} = {}_{k+1}q_x - {}_kq_x = {}_kp_x - {}_{k+1}p_x = {}_kp_{x\,u}q_{x+k} = {}_{k|}q_x$$

（3）死亡力度

定义：是指在达到 x 岁的人当中，在此瞬间里死亡的所占比率。死亡力度（简称死力）也称瞬间死亡率或死亡密度用 μ_x 表示：

$$\mu_x = \frac{s'(x)}{s(x)} = \frac{f(x)}{s(x)} = -\ln[s(x)]'$$

死力与生存函数的关系：

$$s(x) = \exp\{-\int_0^x \mu_s \mathrm{d}s\}$$

$${}_tp_x = \exp\{-\int_x^{x+t} \mu_s \mathrm{d}s\}$$

死力与密度函数的关系：

$$f(x) = \mu_x \cdot s(x) = \mu_x \cdot \exp\{-\int_0^x \mu_s \mathrm{d}s\}$$

死力表示剩余寿命的密度函数 $g(t)$ ：

$$G(t)=1-{}_tp_x=\frac{s(x)-s(x+t)}{s(x)}$$

$$g(t)=\frac{\mathrm{d}}{\mathrm{d}t}G(t)=\frac{\mathrm{d}}{\mathrm{d}t}\left[\frac{s(x)-s(x+t)}{s(x)}\right]=\frac{s(x+t)\mu_{x+t}}{s(x)}={}_tp_x\cdot\mu_{x+t}$$

（4）期望剩余寿命：(x) 剩余寿命的期望值（均值），简记 $\mathring{e}_x$

$$\mathring{e}=E[T(x)]=\int_0^{\infty}t\mathrm{d}(1-{}_tp_x)=\int_0^{\infty}{}_tp_x dt$$

剩余寿命的方差

$$\mathrm{Var}[T(x)]=E[T(x)^2]-E[T(x)]^2=2\int_0^{\infty}\cdot{}_tp_x dt-\mathring{e}_x^2$$

2.1.3.2　生命表的构造

1. 有关寿命分布的参数模型

（1）de Moivre 模型（1729）

$$\mu_x=\frac{1}{\omega-x}$$

$$s(x)=1-\frac{x}{\omega},\ 0\leqslant x\leqslant\omega$$

（2）Gompertz 模型（1825）

$\mu_x=Bc^x$

$s(x)=\exp\{-B(c^x-1)/\ln c\},\ B>0,\ c>1,\ x\geqslant 0$

（3）Makeham 模型（1860）

$\mu_x=A+Bc^x$

$s(x)=\exp\{-Ax-B(c^x-1)/\ln c\},\ B>0,\ A\geqslant -B,\ c>1,\ x\geqslant 0$

（4）Weibull 模型（1939）

$\mu_x=kx^n$

$s(x)=\exp\{-kx^{n+1}/(n+1)\},\ k>0,\ n>0,\ x\geqslant 0$

（4）参数模型的缺点

①至今为止找不到非常合适的寿命分布拟合模型。这四个常用模型的拟合效果不太令人满意。

②使用这些参数模型推测未来的寿命状况会产生很大的误差。

③寿险中通常不使用参数模型拟合寿命分布，而是使用非参数方法确定的生命表拟合人类寿命的分布。

④在非寿险领域，常用参数模型拟合物体寿命的分布。

2. 生命表的起源

（1）生命表的定义

根据已往一定时期内各种年龄的死亡统计资料编制成的由每个年龄死亡率所组成的汇总表。

（2）生命表的发展历史

1662 年，Jone Graunt 根据伦敦瘟疫时期的洗礼和死亡名单，写下《关于死亡率的自然观察和政治观察》。这是生命表的最早起源。

1693 年，Edmund Halley 著有《根据 Breslau 城出生与下葬统计表对人类死亡程度的估计》，生命表的年龄是：文中第一次使用生命表的形式给出人类死亡年龄的分布。人们因而把 Halley 称为生命表的创始人。

3. 生命表的特点

生命表的特点是：构造原理简单、数据准确（大样本场合）、不依赖总体分布假定（非参数方法）。

4. 生命表的构造

（1）原理

在大数定理的基础上，用观察数据计算各年龄人群的生存概率（用频数估计频率）。

（2）常用符号

①新生生命组个体数：l_0

②年龄：x

③极限年龄：ω

④ l_0 个新生生命能生存到年龄 x 的期望个数：l_x

$$l_x = l_0 \cdot s(x)$$

⑤ l_0 个新生生命中在年龄 x 与 $x+n$ 之间死亡的期望个数 ${}_nd_x$：特别，当 $n=1$ 时，记作 d_x

$${}_nd_x = l_x - l_{x+n} = l_x \cdot {}_nq_x$$

$$d_x = l_x - l_{x+1} = l_x \cdot q_x$$

⑥ l_0 个新生生命在年龄 x 与 $x+t$ 区间共存活年数：${}_tL_x$

$${}_tL_x = \int_x^{x+t} l_y \mathrm{d}y$$

⑦ l_0 个新生生命中能活到年龄 x 的个体的剩余寿命总数：

$$T_x = \int_x^{\varpi} l_y \mathrm{d}y$$

$$\Rightarrow \overset{o}{e}_x = \frac{T_x}{l_x}$$

在人寿保险中，保险公司所承担的责任，就是在被保险人生存或死亡时，对其受益人支付保险金。因此，保险公司首先必须掌握各个年龄段人群的生存或死亡的规律，作为计算纯保费的基础，这个规律就是生命表。生命表又称死亡表，它是对一定数量的人口自出生直至全部死亡这段时间内的生存和死亡情况的记录。生命表通常包含年龄 x 、死亡率 q_x 、生存人数 l_x 、死亡人数 d_x 的数值，按各年龄列成表格，可能的话还会增加一些衍生函数。假设新生生命组成的群体的个数为 l_0，则生命表各栏目间有如下的关系：

$$l_x - l_{x+1} = d_x \ , p_x = l_{x+1}/l_x \ , q_x = d_x/l_x \ , l_x = l_0 S(x) = \sum_{k=0}^{\infty} d_{x+k}$$

作为表格生存模型，生命表反映在封闭人口条件（没有人口迁移）下，这些人从出生到死亡全过程的一种统计表。在这一封闭人口中，只有人口的出生与死亡变动。它包括一群生存到某一个特定年龄的人，在一年内死亡的人数以及一定年龄的人在一年内的生存率和死亡率。编制人口生命表的资料来源主要有两个：一是在人口调查时所做的人口统计和死亡登记记载，根据这个资料编制的生命表称为国民生命表；二是根据实际的被保险人中的死亡人数编制的生命表称为经验生命表。人口统计学家的一项重要任务就是定期构造生命表，作为一个群体在一定时期死亡概况的写照，但因为生活习惯和医疗水平的发展，生命表会随着地区和时期的不同而改变，这会对保险公司的定价产生很大的影响。

生命表提供了整数年龄上的寿命分布，但有时我们需要分数年龄上的生存状况，于是我们通常依靠相邻两个整数生存数据，选择某种分数年龄的生存分布假定，估计分数年龄的生存状况。基本原理是插值法，常用方法有：

①均匀分布假定（线性插值）

$$s(x+t) = (1-t)s(x) + ts(x+1), \ 0 < t < 1$$

②常数死亡力假定（几何插值）

$$s(x+t) = s(x)^{1-t} \cdot s(x+1)^t, \ 0 < t < 1$$

③Balducci 假定（调和插值）

$$\frac{1}{s(x+t)} = \frac{1-t}{s(x)} + \frac{t}{s(x+1)}, \ 0 < t < 1$$

2.2 随机过程理论

由于寿险的投保时间一般都较长，利率与死亡率等变量常常会受到许多因素的影响，与传统的寿险精算不同，在现代寿险精算中，死亡率与利率等因素常常都会做随机化处理，因此随机过程理论在现代寿险精算中有着重要的地位。

本节将分析一些后面的模搭建中运用到的随机过程理论，这也是在寿险精算中常用到的。

2.2.1 布朗运动（Brownian motion）

被分子撞击的悬浮微粒做无规则运动的现象叫作布朗运动。看起来连成一片的液体，在高倍显微镜下看其实是由许许多多分子组成的。液体分子不停地做无规则的运动，不断地随机撞击悬浮微粒。当悬浮的微粒足够小的时候，由于受到的来自各个方向的液体分子的撞击作用是不平衡的。在某一瞬间，微粒在另一个方向受到的撞击作用超强的时候，致使微粒又向其他方向运动，这样就引起了微粒的无规则的运动，即布朗运动。

称实过程 $\{B(t),\ t \geqslant 0)\}$ 是参数为 σ^2 的布朗运动，也称为维纳过程，如果满足以下性质：

① $B(0)=0$。

②独立的增量（independence of increments）：对于任意的 $t > s$, $B(t) - B(s)$ 独立于之前的过程 $B(u)$: $0 \leqslant u \leqslant s$ 。

③正态的增量（normal increments），即 $\forall 0 \leqslant s \leqslant t$, $B(t) - B(s) \sim N[0, \sigma^2(t-s)]$ 。$\sigma^2=1$ 时称为标准布朗运动。

在保险精算中，布朗运动常常用来描述利率与死亡率变化的随机过程。

设 $\mu \in R$，$\sigma > 0$，定义 $B_t^\sigma = \mu t + \sigma B_t$, $\forall t \geqslant 0$。$\{B_t^\sigma,\ t \geqslant 0)\}$ 为 $(\mu,\ \sigma^2)$ 布朗运动。其均值函数为：

$$EB_t^\sigma = \mu t$$

其自相关函数为

$$R_{B_t^\sigma}(s,\ t) = \mu^2 st + \sigma^2 \min(s,\ t)$$

若 $B_t^{ge} = \exp(B_t^\sigma)$, $\forall t \geqslant 0$，称 B_t^{ge} 为几何布朗运动。

其均值函数为

$$
\begin{aligned}
EB_t^{ge} &= E\exp(B_t^{\sigma}) \\
&= \int_{-\infty}^{+\infty} e^{\mu t+\sigma x}\frac{1}{\sqrt{2\pi t}}e^{-\frac{x^2}{2t}}\mathrm{d}x \\
&= e^{\mu t}\int_{-\infty}^{+\infty}\frac{1}{\sqrt{2\pi t}}e^{-\frac{x^2-2t\sigma x}{2t}}\mathrm{d}x \\
&= \exp\left\{(\mu+\frac{\sigma^2}{2})t\right\}
\end{aligned}
$$

其自相关函数为

$$
\begin{aligned}
R_{B^{ge}}(s,\ t) &= Ee^{\mu s+\sigma B(s)}e^{\mu t+\sigma B(t)} \\
&= Ee^{\mu(s+t)+\sigma(B(s)+B(t))} \\
&= e^{\mu(s+t)}Ee^{\sigma(B(s)+B(t)-B(s)+B(s))} \\
&= e^{\mu(s+t)+}Ee^{2\sigma B(s)}Ee^{\sigma(B(t)-B(s))}
\end{aligned}
$$

若 $B_t^{re}=|B(t)|$，$\forall t\geqslant 0$，称 B_t^{re} 为反射布朗运动。

其均值函数为

$$
\begin{aligned}
EB_t^{ge} &= E(|B(t)|) \\
&= \int_{-\infty}^{+\infty}|x|\frac{1}{\sqrt{2\pi t}}e^{-\frac{x^2}{2t}}\mathrm{d}x \\
&= \frac{2t}{\sqrt{2\pi t}}(-e^{-\frac{x^2}{2t}}\Big|_0^{+\infty}) \\
&= \sqrt{\frac{2t}{\pi}}
\end{aligned}
$$

方差函数为

$$
\begin{aligned}
D_{B^{re}}(t) &= E(|B(t)|)^2-(E|B(t)|)^2 \\
&= E(|B(t)|)^2-\frac{2t}{\pi} \\
&= t-\frac{2t}{\pi}
\end{aligned}
$$

2.2.2 泊松（Passion）过程

在离散随机过程中，计数过程在可靠性工程中运用很广泛，可以用于描述失效、完全修复数等。在保险精算中常用于死亡率与利率的描述中。所谓计数过程是非负且取值为整数的随机过程 $\{N(t),\ t\geqslant 0)\}$，如果 $N(t)$ 表示时间间隔 $[0,\ t]$ 内事件发生的总数，并满足如下两条特性，

①若 $t_1 < t_2$，则 $N(t_1) \leqslant N(t_2)$：

②若 $t_1 < t_2$，则 $N(t_1) \leqslant N(t_2)$ 为时间间隔 $[t_1, t_2]$ 间事件发生的总数。

泊松过程是计数过程最重要的类型，泊松过程具有如下性质：

① $N(0)=0$；

②过程具有独立增量；

③在任一长度为 t 的区间中事件的个数服从均值为 λt 的泊松分布。即对于一切 s，$t \geqslant 0$，有

$$P[N(t+s)-N(t)=n]=e^{-\lambda t}\frac{\lambda t^m}{m!}$$

根据泊松过程与标准布朗运动的性质，可以得到结论：

结论一：$Ee^{-\gamma N(t)}=\exp\{\lambda t(e^{-\gamma}-1)\}$

证明：由于 $N(t)$ 服从参数为 λ 的泊松分布，故

$$P[N(t)=k]=e^{-\lambda t}\frac{(\lambda t)^k}{k!}$$

$$\begin{aligned}Ee^{-\gamma N(t)}&=\sum_{k=0}^{\infty}e^{-\lambda t}\frac{(\lambda t)^k}{k!}\\&=e^{-\lambda t}e^{-\gamma\lambda t}\sum_{k=0}^{\infty}\frac{(e^{-\gamma\lambda t}\lambda t)^k}{k!}e^{-\gamma\lambda t}\\&=\exp\{\lambda t(e^{-\gamma}-1)\}\end{aligned}$$

证毕。

结论二：$Ee^{\gamma[N(t)+N(s)]}=\exp\{\lambda(e^{-\gamma}-1)(t+se^{-\gamma})\}$

证明：$Ee^{\gamma[N(t)+N(s)]}=Ee^{\gamma[N(t)-N(s)+2N(s)]}=Ee^{2\gamma N(s)}Ee^{\gamma[N(t)-N(s)]}$

由性质②可知，过程具有独立增量，$N(t)-N(s)$ 服从均值为 $\lambda(t-s)$ 的泊松分布。

$$\begin{aligned}\text{故有：}Ee^{\gamma[N(t)-N(s)]}&=\sum_{k=0}^{\infty}e^{-\lambda k}\frac{[\lambda(t-s)]^k}{k!}e^{-\lambda(t-s)}\\&=e^{-\lambda(t-s)}e^{-\gamma\lambda(t-s)}\sum_{k=0}^{\infty}\frac{[e^{-\gamma}\lambda(t-s)]^k}{k!}e^{-\gamma\lambda(t-s)}\\&=\exp\{\lambda(t-s)(e^{-\gamma}-1)\}\end{aligned}$$

$$\begin{aligned}Ee^{\gamma[N(t)+N(s)]}&=\exp\{\lambda(t-s)(e^{-\gamma}-1)\}\cdot\exp\{\lambda s(e^{-2\gamma}-1)\}\\&=\exp\{\lambda(e^{-\gamma}-1)\}\cdot\exp\{t-s+s(e^{-\gamma}-1)\}\\&=\exp\{\lambda(e^{-\gamma}-1)(t+se^{-\gamma})\}\end{aligned}$$

2.2.3 关于布朗运动的积分

本节定义关于布朗运动的积分 $\int_0^T X(t)\mathrm{d}B(t)$ 或简记为 $\int X(t)\mathrm{d}B(t)$ 。首先考虑一个非随机的简单过程 $X(t)$ ，即 $X(t)$ 是一个简单函数（不依赖于 $B(t)$ ）。由简单函数的定义，存在 $[0, T]$ 的分割 $0 < t_0 < \cdots < t_n = T$ 及常数 $c_0, c_1, \cdots, c_{n-1}$ ，使得

$$X(t) = \begin{cases} c_0 & 当\ t = 0 \\ c_i & 当\ t_i < t < t_{i+1},\ i = 0, 1, \cdots, n-1 \end{cases}$$

于是，可定义其积分为

$$\int_0^T X(t)\mathrm{d}B(t) = \sum_{i=0}^{n-1} c_i[B(t_{i+1}) - B(t_i)]$$

由布朗运动的独立增量性可知，上式所定义的积分是高斯分布的随机变量，其均值为0，方差为

$$\begin{aligned} \mathrm{Var}\left[\int X(t)\mathrm{d}B(t)\right] &= E\left\{\sum_{i=0}^{n-1} c_i[B(t_{i+1}) - B(t_i)]\right\}^2 \\ &= E\left\{\sum_{i=0}^{n-1}\sum_{j=0}^{n-1} c_i c_j[B(t_{i+1}) - B(t_i)][B(t_{i+1}) - B(t_i)]\right\} \\ &= \sum_{i=0}^{n-1} c_i^2(t_{i+1} - t_i) \end{aligned}$$

用取极限的方法可以将这一定义推广到一般的非随机函数 $X(t)$ 。但是要定义的是随机过程的积分，因此将简单函数中的常数 c_i 用随机变量 ζ_i 来代替，并要求 ζ_i 是 F_{t_i} 可测的。这里 $F_{t_i} = \sigma\{B(u), 0 \leqslant u \leqslant t\}$ 。于是，由布朗运动的鞅性质得

$$E[\zeta_i[B(t_{i+1}) - B(t_i) \mid F_{t_i}] = \zeta E[{}_i[B(t_{i+1}) - B(t_i) \mid F_{t_i}] = 0$$

因此

$$E[\zeta_i[B(t_{i+1}) - B(t_i)] = 0$$

定义一：设 $\{X(t), 0 \leqslant t \leqslant T\}$ 是一个简单随机过程，即存在 $[0, T]$ 的分割 $0 < t_0 < \cdots < t_n = T$ ，随机变量 $\zeta_0, \zeta_1, \cdots, \zeta_{n-1}$ 使得 ζ_0 是常数 ζ_i 依赖于 $B(t), t \leqslant t_i$，但不依赖于 $B(t), t > t_i$, $i = 0, 1, \cdots, n-1$。

此时，Ito 积分 $\int_0^T X(t)\mathrm{d}B(t)$ 定义为

$$\int_0^T X(t)\mathrm{d}B(t) = \sum_{i=0}^{n-1} \zeta_i[B(t_{i+1}) - B(t_i)]$$

简单过程的积分是一个随机变量，满足下述性质：

①线性。如果 $X(t)$，$Y(t)$ 是简单过程，则

$$\int_0^T [\alpha X(t) + \beta Y(t)]\mathrm{d}B(t) = \alpha \int_0^T X(t)\mathrm{d}B(t) + \beta \int_0^T Y(t)\mathrm{d}B(t)$$

② $\int_0^T I_{[a,\ b]}(t)\mathrm{d}B(t) = B(b) - B(a)$

其中 $I_{[a,\ b]}$ 是区间 $[a,\ b]$ 的示性函数。

③零均值性。如果 $E(\zeta_i^2) < \infty$ $(i = 0,\ 1,\ \cdots,\ n-1)$，则

$$E[\int_0^T X(t)\mathrm{d}B(t)] = 0$$

④等距性。如果 $E(\zeta_i^2) < \infty$ $(i = 0,\ 1,\ \cdots,\ n-1)$，则

$$E[\int_0^T X(t)\mathrm{d}B(t)]^2 = \int_0^T E[X(t)^2]\mathrm{d}t$$

证明性质①②③是简单的，读者可自行证之，这里只证明性质④。利用 Cauchy-Schwarz 不等式，得到

$$E\{|\zeta_i[B(t_{i+1}) - B(t_i)]|\} \leqslant \sqrt{E(\zeta_i)E[B(t_{i+1}) - B(t_i)]}$$

于是，

$$\begin{aligned}\mathrm{Var}[\int X(t)\mathrm{d}B(t)] &= E\left\{\sum_{i=0}^{n-1}\zeta_i[B(t_{i+1}) - B(t_i)]\right\}^2 \\ &= E\left\{\sum_{i=0}^{n-1}\zeta_i[B(t_{i+1}) - B(t_i)]\cdot\sum_{j=0}^{n-1}\zeta_j[B(t_{j+1}) - B(t_j)]\right\} \\ &= \sum_{i=0}^{n-1}E\{\zeta_i^2[W(t_{i+1}) - W(t_i)]^2\} + 2\sum_{i<j}E\{\zeta_i\zeta_j[B(t_{i+1}) - \\ &\quad B(t_i)][B(t_{j+1}) - B(t_j)]\}\end{aligned}$$

由布朗运动的独立增量性以及关于 ζ_i 的假定，有

$$E\{\zeta_i\zeta_j[B(t_{i+1}) - B(t_i)][B(t_{j+1}) - B(t_j)]\} = 0$$

所以，由布朗运动的鞅性质，

$$\begin{aligned}\mathrm{Var}[\int X(t)\mathrm{d}B(t)] &= \sum_{i=0}^{n-1}E\{\zeta_i^2[B(t_{i+1}) - B(t_i)]^2\} \\ &= \sum_{i=0}^{n-1}E(E\{\zeta_i^2[B(t_{i+1}) - B(t_i)]^2\}|F_{t_i}) \\ &= \sum_{i=0}^{n-1}E(\zeta_i^2 E\{[B(t_{i+1}) - B(t_i)]^2\}|F_{t_i}) \\ &= \sum_{i=0}^{n-1}E(\zeta_i^2)(t_{i+1} - t_i) \\ &= \int_0^T E[X(t)^2]\mathrm{d}t\end{aligned}$$

定义二：设 $\{X(t),\ t \geqslant 0\}$ 是随机过程，$\{F_t,\ t \geqslant 0\}$ 是 σ 代数流，如果

对任何 t , $X(t)$ 是 F_t 可测的，则称 $\{X(t)\}$ 是 $\{F_t\}$ 适应的。

记 B 为 $[0, \infty)$ 上的 Borel σ 代数，

$V = \{h$: $\{h\}$ 是定义在 $[0, \infty)$ 上的 $B \times F$ 可测的适应过程，满足 $E[\int_0^T h^2(s)\mathrm{d}s] < \infty\}$ 。可以将随机积分的定义按下述步聚扩展到 V 。

定义三：设 $f \in V(0, T)$ ，则 f 的 Ito 积分定义为

$$\int_0^T f(t, \varpi)\mathrm{d}B(t, \varpi) = \lim_{n\to\infty}\int_0^T \varphi_n(t, \varpi)\mathrm{d}B(t, \varpi) \qquad [L^2(P)\text{ 中极限}]$$

这里 φ_n 是初等随机过程的序列，使得当 $n \to \infty$ 时，

$$E\{\int_0^T [f(t, \varpi) - \varphi_n(t, \varpi)]^2\}\mathrm{d}s \to 0$$

在实际问题中，常常会遇到的过程并不满足 V 中的可积性条件而仅仅满足下述的 V^* 中的条件。事实上，Ito 积分的定义可以推广到更广泛的过程 $\{h(s): s \geqslant 0\}$ 类：$V^* = \{h$: $\{h\}$ 是 $B \times F$ 可测的适应过程，且 $T > 0$ 满足 $E[\int_0^T h^2(s)\mathrm{d}s] < \infty$, a. s. 。

2.2.4 Ito 积分过程

设对任何实数 $T > 0$, $X \in V*$ ，则对任何 $t \leqslant T$，积分 $\int_0^t X(s)\mathrm{d}B(s)$ 是适定的。因为对任何固定的 t , $\int_0^t X(s)\mathrm{d}B(s)$ 是一个随机变量，所以作为上限 t 的函数，它定义了一个随机过程 $\{Y(t)\}$ ，其中 $Y(t) = \int_0^t X(s)\mathrm{d}B(s)$ ，可以证明，Ito 积分 $Y(t)$ 存在连续的样本路径，即存在一个连续随机过程 $\{Z(t)\}$ ，使得对所有的 t 有 $Y(t) = Z(t)$, a. s. 。因此，积分都假定是其连续的样本路径。

Ito 公式，随机分析中的变量替换公式或链锁法则，是随机分析中的一个主要工具，许多重要的公式，例如 Dynkin 公式、Feynman-Kac 公式以及分部积分公式，都是由 Ito 公式公式导出的。

因为布朗运动在 $[0, t]$ 上的二次变差为 t ，即在依概率收敛的意义下

$$\lim_{\delta_n\to 0}\sum_{i=0}^{n-1}[B(t_{i+1}^n) - B(t_i^n)]^2 = t,$$

这里 $\{t_i^n\}$ 是 $[0, t]$ 的分割，$\delta_n = \max_{0\leqslant i\leqslant n-1}(t_{i+1}^n - t_i^n)$ 形式上，上式可表示为

$$\int_0^t [\mathrm{d}B(s)]^2 = \int_0^t \mathrm{d}s = t$$

或

$$[\mathrm{d}B(s)]^2 = \mathrm{d}t \text{。}$$

更一般地，我们有下面的定理一。

定理一：设 g 是有界连续函数，$\{t_i^n\}$ 是 $[0, t]$ 的分割，则对任何 $\theta_i^n \in [B(t_{i+1}^n), B(t_i^n)]$ 依概率收敛意义下的极限

$$\lim_{\delta_n \to 0} \sum_{i=0}^{n-1} g(\theta_i^n)[B(t_{i+1}^n) - B(t_i^n)]^2 = \int_0^t g[B(s)]\mathrm{d}s \text{。}$$

证明：首先取 $\theta_i^n = B(t_i^n)$，由 g 的连续性和积分的定义，有

$$\sum_{i=0}^{n-1} g[B(t_i^n)](t_{i+1}^n - t_i^n) \to \int_0^t g[B(s)]\mathrm{d}s$$

在 L^2 中成立。记 $\Delta B_i = B(t_{i+1}^n) - B(t_i^n)$，$\Delta t_i = t_{i+1}^n - t_i^n$，则布朗运动的独立增量性和取条件期望的方法得到

$$\begin{aligned}
&E\{\sum_{i=0}^{n-1} g[B(t_i^n)][(\Delta B_i)^2 - \Delta t_i]^2\}^2 \\
&= E(E\{\sum_{i=0}^{n-1} g^2[B(t_i^n)][(\Delta B_i)^2 - \Delta t_i]^2\} \mid F_{t_i}) \\
&= E\{\sum_{i=0}^{n-1} g^2[B(t_i^n)]E[(\Delta B_i)^2 - \Delta t_i]^2 \mid F_{t_i}\} \\
&= 2E\{\sum_{i=0}^{n-1} g^2[B(t_i^n)](\Delta t_i)^2\} \\
&\leqslant 2\delta E\sum_{i=0}^{n-1} g^2[B(t_i^n)]\Delta t_i \to 0 \quad (\text{当 } \delta_n \to 0 \text{ 时})
\end{aligned}$$

因此，在均方收敛的意义下

$$\sum_{i=0}^{n-1} g^2(B(t_i^n))[(\Delta B_i)^2 - \Delta t_i)^2] \to 0$$

这样 $\sum_{i=0}^{n-1} g[B(t_i^n)][B(t_{i+1}^n) - B(t_i^n)]^2$ 与 $\sum_{i=0}^{n-1} g[B(t_i^n)](t_{i+1}^n - t_i^n)$ 有相同的极限 $\int_0^t g[B(s)]\mathrm{d}s$。

对任意的 $\theta_i^n \in [B(t_{i+1}^n), B(t_i^n)]$，当 $\delta_n \to 0$ 时，

$$\begin{aligned}
&\sum_{i=0}^{n-1} \{g(\theta_i^n) - g[B(t_i^n)]\}(\Delta B_i)^2 \\
&\leqslant \max_i \{g(\theta_i^n) - g[B(t_i^n)]\} \sum_{i=0}^{n-1} [B(t_{i+1}^n) - B(t_i^n)]^2
\end{aligned}$$

由 g 和 B 的连续性，有 $\max[g(\theta_i^n) - g(B(t_i^n)] \to 0, a.\ s.$ 。由布朗运动二次变差的定义得 $\sum_{i=0}^{n-1} [B(t_{i+1}^n) - B(t_i^n)]^2 \to 0, a.\ s.$ ，于是当 $\delta_n \to 0$ 时，

$\sum_{i=0}^{n-1}\{g(\theta_i^n)-g[B(t_i^n)]\}(\Delta B_i)\to 0$。因此 $\sum_{i=0}^{n-1}[g(\theta_i^n)](\Delta B_i)^2$ 与 $\sum_{i=0}^{n-1}g[B(t_i^n)](\Delta B_i)^2\to 0$ 具有相同的依概率收敛意义的极限 $\int_0^t g[B(s)]\mathrm{d}s$ 。

定理二：如果f是二次连续可微函数，则对任何 t ，有

$$f[B(t)]=f(0)+\int_0^t f'[B(s)]\mathrm{d}B(s)+\frac{1}{2}\int_0^t f''[B(s)]\mathrm{d}s$$

证明：易见上式中的积分都是适定的。取 $[0,\ t]$ 的分割 $\{t_i^n\}$ ，有

$$f[B(t)]=f(0)+\sum_{i=0}^{n-1}\{f[B(t_{i+1}^n)]-f[B(t_i^n)]\}$$

对 $f[B(t_{i+1}^n)]-f[B(t_i^n)]$ 应用 Taylor 公式得

$$f[B(t_{i+1}^n)]-f[B(t_i^n)]=f'[B(t_i^n)][B(t_{i+1}^n)]-[B(t_i^n)]+\frac{1}{2}f''[B(\theta_i^n)][B(t_{i+1}^n)]-[B(t_i^n)]$$

其中 $\theta_i^n\in[B(t_{i+1}^n),\ B(t_i^n)]$ 。于是，

$$f[B(t)]=f(0)+\sum_{i=0}^{n-1}f'[B(t_i^n)][B(t_{i+1}^n)]-[B(t_i^n)]+\frac{1}{2}\sum_{i=0}^{n-1}f''[B(\theta_i^n)][B(t_{i+1}^n)]-[B(t_i^n)]$$

令 $\delta_n\to 0$ 取极限，则上式中的第一个和收敛于 Ito 积分 $\int_0^t f'[B(s)]\mathrm{d}B(s)$ 。利用定理一可知上式中的第二个和收敛于 $\frac{1}{2}\int_0^t f''[B(s)]\mathrm{d}s$。

上式称为布朗运动的 Ito 积分公式。由此看出布朗运动的函数可以表示为一个 Ito 积分加上一个具有有界变差的绝对连续过程，这类过程称为 Ito 过程。严格地，我们有定义一。

定义一：如果过程 $\{Y(t),\ 0\leqslant t\leqslant T\}$ 可以表示为

$$Y(t)=Y(0)+\int_0^t\mu(s)\mathrm{d}(s)+\int_0^t\sigma(s)\mathrm{d}B(s),\ 0\leqslant t\leqslant T,$$

其中过程 $\{\mu(t)\}$ 和 $\{\sigma(t)\}$ 满足：

①$\mu(t)$ 是适应的并且 $\int_0^t|\mu(s)|\mathrm{d}(s)$, $a.\ s.$

②$\sigma(t)\in V$

则称 $\{Y(t),\ 0\leqslant t\leqslant T\}$ 为 Ito 过程。

有时也将 Ito 过程记为微分的形式

$$\mathrm{d}Y(t)=\mu(t)\mathrm{d}(t)+\sigma(t)\mathrm{d}B(t),\ 0\leqslant t\leqslant T。$$

如果用微分形式表示定理二中的 Ito 公式则为

$$\mathrm{d}f[B(t)] = f'[B(t)]\mathrm{d}B(t) + \frac{1}{2}f''[B(t)]\mathrm{d}t$$

下面定理给出了关于 Ito 过程的 Ito 公式。

定理三：设 $\{X(t)\}$ 是由

$$\mathrm{d}X(t)) = \mu(t)\mathrm{d}(t) + \sigma(t)\mathrm{d}B(t)$$

给出的 Ito 过程，$g(t, x)$ 是 $[0, \infty) \times R$ 上的二次连续可微函数

$$\{Y(t)\} = \{g(t, x)\}$$

仍为 Ito 过程，并且

$$\mathrm{d}Y(t) = g'_t[t, X(t)]\mathrm{d}t + g'_x[t, X(t)]\mathrm{d}X(t) + \frac{1}{2}g''_x[t, X(t)] \cdot [\mathrm{d}X(t)]^2,$$

其中 $[\mathrm{d}X(t)]^2 = [\mathrm{d}X(t)] \cdot [\mathrm{d}X(t)]$，运算规则为

$$\mathrm{d}t \cdot \mathrm{d}t = \mathrm{d}t \cdot \mathrm{d}B(t) = \mathrm{d}B(t) \cdot \mathrm{d}t = 0, \mathrm{d}B(t) \cdot \mathrm{d}B(t) = \mathrm{d}t,$$

即上式可以改写为

$$\mathrm{d}Y(t) = \{g'_t[t, X(t)]\mathrm{d}t + g'_x[t, X(t)]\mu(t)\} + g'_x[t, X(t)]\sigma(t)\mathrm{d}B(t) + \frac{1}{2}g''_x[t, X(t)]\sigma(t)\mathrm{d}t。$$

特别地，如果 $g(t, x) = g(x)$ 只是 x 的函数，则可简化为

$$\mathrm{d}Y(t) = \{g'[X(t)]\mu(t) + \frac{1}{2}g''[X(t)]\sigma^2(t)\}\mathrm{d}t + g'[X(t)]\sigma(t)\mathrm{d}B(t)$$

2.2.5 连续仿射期限结构模型

定义一：假设 Y 是一个 n 维的状态向量，r 是短期利率，称一个模型是仿射的即状态向量是下面的发散的随机微分方程的解

$$\mathrm{d}Y = k(\theta - Y)\mathrm{d}t + \Sigma V\mathrm{d}B,$$
$$r = \delta_0 + \delta'_1 Y \tag{2.1}$$

其中 $k \in R^{n\times n}$，$\theta \in R^{n\times 1}$，$\Sigma \in R^{n\times n}$（常数矩阵），$\delta_0 \in R$，$\delta_1 \in R^{n\times 1}$，$V$ 是 $R^{n\times n}$ 的对角阵满足 $VV' = diag(\alpha_i + \beta'_i Y)$，$B \in R^{n\times 1}$ 是一个标准的维纳过程。假设等价鞅测度存在。随机微分方程（2.1）意味着状态向量 Y 的联合条件矩生成函数（CMGF）是指数仿射的，即

$$\varphi(u, t) = E_t[e^{u'Y(T)}] = e^{u_0(\tau)+u_1(\tau)'Y(t)}$$

其中 $\tau = T - t$。

引理一：假设状态向量 Y 满足方程（2.1）。下面的边界值问题：

$$\frac{\partial f}{\partial t}+[k(\theta-Y)]'\partial_Y f+\frac{1}{2}tr[V'\Sigma'\partial_{YY'}f\Sigma V]-\alpha r(t,\ Y)f=0 \quad (2.2)$$

$$f(T,\ Y)=e^{u'Y} \quad (2.3)$$

有随机解

$$f(t,\ Y)=E_t\{\exp(-\alpha\int_t^T r[s,\ Y(s)]\mathrm{d}s+u'Y(T)\}$$
$$=e^{\varphi_0(\tau)+\varphi_1(\tau)'Y(t)} \quad (2.4)$$

满足初始条件：$\varphi_0(0)=0$，$\varphi_1(0)=u$

证明：对函数

$$Z_w=f(w,\ Y)\exp\{-\alpha\int_t^w r[s,\ Y(s)]\mathrm{d}s\}$$

运用 Ito 公式可知，

$$Z_T=f[T,\ Y(T)]\exp\{-\alpha\int_t^T r[s,\ Y(s)]\mathrm{d}s\}$$
$$=f[t,\ Y(t)]+\int_0^T\partial_Y f\Sigma V\mathrm{d}B(s)[s,\ Y(s)]\mathrm{d}s+$$
$$\int_0^T\left\{\frac{\partial f}{\partial s}+[k(\theta-Y)]'\partial_Y f+\frac{1}{2}tr[V'\Sigma'\partial_{YY'}f\Sigma V]-\alpha r(s,\ Y)\right\}\mathrm{d}s$$

对两边取条件期望后，等式右边前两个积分为 0，则有

$$f(t,\ Y(t))=E_t(\exp\{-\alpha\int_t^T r[s,\ Y(s)]\mathrm{d}s\}f[T,\ Y(T)])$$
$$=E_t(\exp\{-\alpha\int_t^T r[s,\ Y(s)]\mathrm{d}s\}+u'Y(T)]$$

为了证明方程（2.2）的指数仿射形式解（2.4）。假设仿射形式解（2.4）成立，将 $f(t,\ Y)=e^{\varphi_0(\tau)+\varphi_1(\tau)'Y(t)}$ 代入方程（2.2）得到

$$\partial_t\varphi_0(\tau)+\partial_t\varphi_1(\tau)'Y+[k(\theta-Y)]'\varphi_1(\tau)'$$
$$+\frac{1}{2}r[V'\Sigma'\varphi_1(\tau)\varphi_1(\tau)'\Sigma V]-\alpha(\delta_0+\delta_1'Y)=0。$$

等式的左边是一个仿射函数。因为方程对任意的向量 Y 成立，故函数中的所有参数必须为 0。这个条件为 $\varphi_0(\tau)$ 和 $\varphi_0(\tau)$ 产生了两个 Riccati 常微分方程：

$$\partial_t\varphi_0(\tau)+k\theta\varphi_1(\tau)+\frac{1}{2}\varphi_1(\tau)'H_0\varphi_1(\tau)-\alpha\delta_0=0$$

$$\partial_t\varphi_1(\tau)-k\varphi_1(\tau)+\frac{1}{2}\varphi_1(\tau)'H_1\varphi_1(\tau)-\alpha\delta_1=0$$

其中 H_0 和 H_1 满足：

$$\Sigma VV'\Sigma' = \Sigma diag(\alpha_i)\Sigma' + \Sigma diag(\beta_i Y)\Sigma'$$
$$= H_0 + H_1 Y$$

由（2.3）可知初始值是

$$\varphi_0(0) = 0 \text{ , } \varphi_1(0) = u \text{ 。}$$

当 $\alpha = 0$ 时，上式恰为仿射发散过程的矩生成函数：

$$\varphi(u, t) = E_t[e^{u'Y(T)}] = e^{u_0(\tau) + u_1(\tau)'Y(t)}$$

其中的系数满足下列 Riccati 常微分方程：

$$\partial_t u_0(\tau) + k\theta u_1(\tau) + \frac{1}{2}u_1(\tau)'H_0 u_1(\tau) = 0 \text{ ,}$$

$$\partial_t u_1(\tau) - k u_1(\tau) + \frac{1}{2}u_1(\tau)'H_1 u_1(\tau) = 0 \text{ ,}$$

$$u_0(0) = 0 \text{ , } u_1(0) = u \text{ 。}$$

利用连续的仿射期限模型，在等价鞅测度存在的前提下，可以用一个发散的 Gauss-Markov 过程来描述无违约债券价格变化：

$$dr(t) = \mu(t)dt + \sigma(t)dB(t) \text{ ,}$$

其中 $\{B(t), 0 \leqslant t \leqslant T\}$ 是一个标准布朗运动过程，$\mu(t)$ 和 $\sigma(t)$ 是合适的 $F_t = \{B(u), 0 \leqslant u \leqslant t\}$ 适应过程。假设 $\mu(t)$ 和 $\sigma(t)$ 是 $r(t)$ 的简单函数，即 $\mu(t) = \mu(r(t), t)$，$\sigma(t) = \sigma(r(t), t)$。

定理一：对于 Hull-White 模型

$$dr(t) = [\alpha(t) - \beta(t)r(t)]dt + \sigma(t)dB(t) \tag{2.5}$$

其中 $\alpha(t)$、$\beta(t)$ 和 $\sigma(t)$ 是 t 的非随机函数，满足

$$\int_0^T [\,|\alpha(t)| + |\beta(t)| + \sigma^2(t)dt] < \infty \tag{2.6}$$

则在 T 时支付额为 1 的零息票无违约债券 t 时的价格为

$$D(t, T) = \exp[A(t, T)] - r(t)[C(t, T)] \text{ ,}$$

其中，

$$A(t, T) = \frac{1}{2}\int_t^T \left\{\int_s^T \frac{g(u)}{g(s)}\sigma(s)du\right\}^2 ds - \int_t^T \left\{\int_t^u \frac{g(u)}{g(s)}\sigma(s)ds\right\} duds$$

$$C(t, T) = \frac{1}{2}\int_t^T \frac{g(u)}{g(s)}du \text{ ，这里 } g(t) = \exp(-\int_0^t \beta(s)ds)$$

可见，Merton 模型、Vasicek 模型以及 Ho-Lee 模型都是式（2.5）的特例。

证明：在定理条件的假定下，式（2.5）有唯一的强解

$$r(t) = g(t)[r_0 + \int_0^t \frac{\alpha(s)}{g(s)}ds + \frac{\sigma(s)}{g(s)}dB(s)]$$

由于 $r = [r(t)]_{t\leq T}$ 是一个 Gauss-Markov 过程，因此有

$$D(t, T) = E[\exp(-\int_t^T r(s)\mathrm{d}s \mid r(t)]$$
$$= E[\exp(-I(t, T) \mid r(t)]$$

其中，$I(t, T) = \int_t^T r(s)\mathrm{d}s$ 是条件正态分布的，其条件均值、条件方差以及 Laplace 变化为

$$E[I(t, T) \mid r(t)]$$
$$= r(t)\int_t^T \frac{g(u)}{g(s)}\mathrm{d}u + \int_t^T \left\{\int_t^u \frac{g(u)}{g(s)}\alpha(s)\mathrm{d}s\right\}\mathrm{d}u,$$

$$\mathrm{Var}[I(t, T) \mid r(t)] = \int_t^T \left\{\int_s^T \frac{g(u)}{g(s)}\sigma(s)\mathrm{d}u\right\}^2 \mathrm{d}s$$

$$E\{\exp[-I(t, T)] \mid r(t)\} = \exp\{\frac{1}{2}\mathrm{Var}[I(t, T) \mid r(t)] - E[I(t, T) \mid r(t)]\}。$$

因此在 T 时支付额为 1 的零息票无违约债券 t 时的价格为

$$D(t, T) = \exp[A(t, T)] - r(t)[C(t, T)]。$$

注意：当 $\mu(t) = \alpha[\beta - r(t)]$，$\sigma(t) = \sigma(\alpha > 0)$，这样 $\alpha(t) = \alpha\beta$，$\beta(t) = \alpha$，$\sigma(t) = \sigma$ 模型（2.5）就变为 Vasicek 模型，由引理一可知

$$C(t, T) = e^{\alpha t}\int_t^T e^{-\alpha y}\mathrm{d}y = \frac{1}{\alpha}(1 - e^{-\alpha(T-t)})$$

$$A(t, T) = \int_t^T e^{\alpha t}\alpha\beta[\int_v^T e^{-\alpha y}\mathrm{d}y - \frac{1}{2}e^{2\alpha v}\sigma^2(\int_v^T e^{-\alpha y}\mathrm{d}y)^2]\mathrm{d}v$$

$$= \alpha\beta\int_t^T C(v, T)\mathrm{d}v - \frac{1}{2}\sigma^2\int_t^T C(v, T)^2\mathrm{d}v$$

$$= -\frac{[C(t, T) - T + t]}{\alpha^2} + \frac{\sigma^2 C(t, T)^2}{4\alpha}。$$

定理二：对于 Cox-Ingersoll-Ross（CIR）模型，利率过程为

$$\mathrm{d}r(t) = [\alpha - \beta r(t)]\mathrm{d}t + \sigma\sqrt{r(t)}\mathrm{d}B(t)$$

则在 T 时支付额为 1 的零息票无违约债券 t 时的价格为

$$D(t, T) = e^{-r(t)C(t, T) - A(t, T)}$$

其中，

$$C(t, T) = \frac{\sin(\gamma(T-t))}{\gamma\cos[\gamma(T-t)] + \frac{1}{2}\beta\sin[\gamma(T-t)]}$$

$$A(t, T) = -\frac{2\alpha}{\sigma^2}\log\left\{\frac{\gamma e^{\frac{1}{2}\beta(T-t)}}{\gamma\cosh[\gamma(T-t)] + \frac{1}{2}\beta\sinh[\gamma(T-t)]}\right\}$$

$$\gamma = \frac{1}{2}\sqrt{\beta^2 + 2\sigma^2}$$

证明：债券价格过程为

$$D(t, T) = E\{\exp[-\int_t^T r(u)\mathrm{d}u \mid F(t)]\}$$

$$\exp[-\int_0^t r(u)\mathrm{d}u]D(t, T) = E\{\exp[-\int_0^T r(u)\mathrm{d}u \mid F(t)]\}$$

这显示其为鞅。Markov 性质表明 $D(t, T) = D[r(t), t, T]$。由于 $\exp[-\int_0^t r(u)\mathrm{d}u]D[r(t), t, T]$ 是鞅，故其微分不存在飘移项。

同时由 Ito 公式可知

$$\mathrm{d}\{\exp[-\int_0^t r(u)\mathrm{d}u]D(r(t), t, T)]\}$$

$$= \exp[-\int_0^t r(u)\mathrm{d}u]\{-r(t)D[r(t), t, T]\mathrm{d}t + D'_r[r(t), t, T]\mathrm{d}r(t)$$

$$+ \frac{1}{2}D'_{rr}[r(t), t, T]\mathrm{d}r(t) + D'_t[r(t), t, T]\mathrm{d}t\}$$

$$= \exp[-\int_0^t r(u)\mathrm{d}u][-r(t)D\mathrm{d}t + D'_r(\alpha - \beta r)\mathrm{d}t$$

$$+ D'_r\sigma\sqrt{r}\mathrm{d}B + \frac{1}{2}D'_{rr}\sigma^2 r\mathrm{d}t + D'_t\mathrm{d}t]$$

因为飘移项是 0，故得偏微分方程

$$-rD(r, t, T) + D'_t(r, t, T) + (\alpha - \beta r)D'_r(r, t, T) + \frac{1}{2}\sigma^2 rD'_{rr}(r, t, T) = 0$$

终端条件是 $D(r, t, T) = 1$，$r \geqslant 0$. 我们寻找一个形式为 $D(r, t, T) = e^{-rC(t, T)-A(t, T)}$ 的解，其中 $C(T, T) = 0$，$A(T, T) = 0$. 这样可得到 $D'_t = (-rC_t, -A_t)D$，$D'_r = -CD$，偏微分方程变为

$$-rD(-1 - C_t + \beta C + \frac{1}{2}\sigma^2 C^2) - D(A_t + \alpha C) = 0$$

常微分方程变为

$$-1 - C_t(t, T) + \beta C(t, T) + \frac{1}{2}\sigma^2 C^2(t, T) = 0$$

其中 $C(T, T) = 0$，

$$A(t,\ T)=\alpha\int_t^T C(u,\ T)\mathrm{d}u$$

且 $A(T,\ T)=0,\ \ A'_t(t,\ T)=-\alpha C(t,\ T)$

这等同于求

$$\frac{\mathrm{d}C(s,\ T)}{\left[C(s,\ T)+\frac{\beta-\sqrt{\beta^2+2\sigma^2}}{\sigma^2}\right]\left[C(s,\ T)+\frac{\beta+\sqrt{\beta^2+2\sigma^2}}{\sigma^2}\right]}=\frac{\sigma^2}{2}\mathrm{d}s$$

对两边关于 s 分别积分得

$$\int_t^T\frac{\mathrm{d}C(s,\ T)}{C(s,\ T)+\frac{\beta-\sqrt{\beta^2+2\sigma^2}}{\sigma^2}}-\int_t^T\frac{\mathrm{d}C(s,\ T)}{C(s,\ T)+\frac{\beta+\sqrt{\beta^2+2\sigma^2}}{\sigma^2}}$$
$$=\sqrt{\beta^2+2\sigma^2}\,(T-t)$$

令 $\delta=\sqrt{\beta^2+2\sigma^2}$，则

$$\frac{\sigma^2C(t,\ T)+\beta+\delta}{\sigma^2C(t,\ T)+\beta-\delta}=e^{\delta(T-t)}\left(\frac{\beta+\delta}{\beta-\delta}\right)$$

因此

$$C(t,\ T)=\frac{(e^{\delta(T-t)}-1)(\beta+\delta)}{\sigma^2\left\{\left[1-e^{\delta(T-t)}\right]\left(\frac{\beta+\delta}{\beta-\delta}\right)\right\}}$$
$$=\frac{2(e^{\delta(T-t)}-1)}{(\beta+\delta)e^{\delta(T-t)}-(\beta-\delta)]}$$

因为 $\sigma^2=\dfrac{\delta^2-\beta^2}{2}$

$$=\frac{2(e^{2\gamma(T-t)}-1)}{2\gamma(e^{2\gamma(T-t)}+1)+\beta(e^{2\gamma(T-t)}-1)}$$

令 $\delta=2\gamma$

$$=\frac{\sin[\gamma(T-t)]}{\gamma\cos[\gamma(T-t)]+\frac{1}{2}\beta\sin[\gamma(T-t)]}$$

2.2.6 非连续（带跳）仿射期限结构模型

定义：假设 Y 是一个 n 维的状态向量，r 是短期利率，称一个模型是仿射的即状态向量是下面的发散的随机微分方程的解

$$\mathrm{d}Y=k(\theta-Y)\mathrm{d}t+\Sigma V\mathrm{d}B+J\mathrm{d}N, \tag{2.7}$$

其中 $k \in R^{n\times n}$，$\theta \in R^{n\times 1}$，$\Sigma \in R^{n\times n}$（常数矩阵），$\delta_0 \in R$，$\delta_1 \in R^{n\times 1}$，$V$是 $R^{n\times n}$ 的对角阵满足 $VV' = diag(\alpha_i + \beta_i'Y)$，$B \in R^{n\times 1}$ 是一标准的维纳过程。N是泊松计数过程具有状态相依强度，Y的一个正仿射函数 $(Y) = \lambda_0 + \lambda_1'Y$。$J$是跳的大小具有时齐的矩生成函数 $\varphi_J(u) = Ee^{u'J}$。假设跳到达时间与跳的大小与发散部分无关。

引理一：假设状态向量Y满足式（2.7），则过程Y的联合条件矩生成函数（CMGF）及积分为

$$f(t,\ Y) = E_t(\exp\{-\alpha\int_t^T r[s,\ Y(s)]\mathrm{d}s + u'Y(T)\})$$
$$= e^{\varphi_0(\tau)+\varphi_1(\tau)'Y(t)}$$

其中 $\tau = T - t$。CMGF 是如下边界问题的解

$$\frac{\partial f}{\partial t} + Af - r(t,\ Y)f = 0$$
$$f(T,\ Y) = e^{u'Y}$$

这里，

$$Af = [k(\theta - Y)]'\partial_Y f + \frac{1}{2}tr[V'\Sigma'\partial_{YY'}f\Sigma V] +$$
$$\lambda(Y)[E_J f(t,\ Y + J) - f(t,\ Y)]$$

是Y对于函数f的无穷小算子。系数 $\varphi_0(\tau)$ 与 $\varphi_1(\tau)$ 是下列常微分方程的解

$$\partial_t\varphi_0(\tau) + [k\theta]'\varphi_1(\tau) + \frac{1}{2}\varphi_1(\tau)'H_0\varphi_1(\tau) + \lambda_0\{\varphi_J[\varphi_1(\tau)] - 1\} - \delta_0 = 0$$

$$\partial_t\varphi_1(\tau) - k'\varphi_1(\tau) + \frac{1}{2}\varphi_1(\tau)'H_1\varphi_1(\tau) + \lambda_1\{\varphi_J[\varphi_1(\tau)] - 1\} - \delta_1 = 0$$

$$\varphi_0(0) = 0,\ \varphi_1(0) = u$$

证明：证明过程类似引理一。

2.3 年金理论

2.3.1 确定利率条件年金理论

年金是在相等的时间间隔上进行的一系列支付，两次年金付款之间的间隔称为支付期。年金并不局限于每隔一年支付一次，只要是每隔相等的区间提供

一次支付的就可称为年金。年金在经济生活中是常见的，如房屋的租金、抵押付款、定期存入银行的存款、分期偿还的债务及养老保险中按月支付的退休金等。

如果在固定的时期支付确定金额的款项，这种年金称为确定年金。确定年金是指只要事先约定，就会确定支付的年金，它与人的生死不发生关系，纯粹以预定利息率作为积累基础。如购买债券定期获得的利息就是确定年金，不管债权人的情况如何，债务人都要按约定的条件支付利息。生命年金是生存保险的范畴之一，是指以年金保险的被保险人的生存为条件，在保险有效期内按照年金方式支付保险金。年金受领人一旦死亡，则年金立即停止支付，这是与确定年金不一样的地方。

年金有多种分类，通常情况下的分类有：金额是在每一期的期末（如年末、月末等）支付的期末年金、金额是在每一期的期初（如年初、月初等）支付的初付年金、年金的给付在签约后即刻开始的即时年金、经过一段时间后才开始给付的延期年金、年金的给付限于一定期间的有限期年金与年金的给付无限期延续的无限期年金等。

生存年金在精算实务中的应用较为普遍。在保费缴纳期内，投保人缴纳保费的现金流就是一个支付年金的过程。在保费缴纳时刻如果被保险人还生存，则投保人缴纳保费；若被保险人死亡，则投保人不需要缴纳保费。这一生存年金的期限为保费缴纳期，支付的条件是被保险人生存。生存年金的一个例子是年金保险。年金保险是人寿保险的一个重要类别，是指在保险人约定的时间内，按照一定的周期给付年金领取者保险金的保险。在给付时刻只有当被保险人生存时，保险人才给付保险金。

2.3.2 年金现值的计算

1. 固定利率下的确定年金现值

假设在 n 年期年利率均为 j，则年贴现值为 $v = 1/(1+j)$，年贴现率为 $j/(1+j)$。若 $k < n$，则在 k 年内，每年年末支付额均为 1 的年金现值之和记为 $a_{\overline{k}|j}$，则

$$a_{\overline{k}|j} = v + v^2 + \cdots + v^k = \frac{1-v^k}{j} \quad k = 1, 2, \cdots, n$$

且

$$a_{\overline{k}|j} = v(1 + a_{\overline{k-1}|j}) \quad k = 2, 3, \cdots, n$$

若将 k 年内每年年初支付为 1 的年金现值之和记为 $\ddot{a}_{\overline{k}|j}$，则有

$$\ddot{a}_{\overline{k}|j} == 1 + v + v^2 + \cdots + v^{k-1} = \frac{1 - v^k}{d} \quad k = 1, 2, \cdots, n$$

$$\ddot{a}_{\overline{k}|j} = 1 + v\ddot{a}_{\overline{k-1}|j} \quad k = 2, 3, \cdots, n$$

若将 k 年内每年年末分别支付 1，2，…，k 的标准递增年金的现值之和记为 $(Ia)_{\overline{k}|j}$，则

$$(Ia)_{\overline{k}|j} = v + 2v^2 + \cdots + kv^k = (1 + \frac{1}{j} + k)a_{\overline{k}|j} - \frac{k}{j} \quad k = 1, 2, \cdots, n$$

且

$$(Ia)_{\overline{k}|j} = v + [1 + (Ia)_{\overline{k-1}|j} + a_{\overline{k-1}|j}] \quad k = 2, 3, \cdots, n$$

在 k 年内每年年初分别支付 1，2，…，k 的标准递增初付年金的现值之和记为 $(I\ddot{a})_{\overline{k}|j}$，则

$$(I\ddot{a})_{\overline{k}|j} = 1 + 2v + 3v^2 \cdots + kv^{k-1} = (\frac{1}{d} + k)\ \ddot{a}_{\overline{k}|j} - \frac{k}{d} \quad k = 1, 2, \cdots, n$$

且

$$(I\ddot{a})_{\overline{k}|j} = 1 + v[1 + (I\ddot{a})_{\overline{k-1}|j} + \ddot{a}_{\overline{k-1}|j}] \quad k = 2, 3, \cdots, n$$

若将 k 年内每年年末分别支付 n，$n-1$，$n-2$，…，$n-k+1$ 的标准递减延付年金的现值之和记为 $(Da)_{\overline{k}|j}$，则

$$\begin{aligned}(Da)_{\overline{k}|j} &= nv + (n-1)v^2 + \cdots + (n-k+1)v^k \\ &= (n - \frac{1}{j} - k)a_{\overline{k}|j} + \frac{k}{j} \quad k = 1, 2, \cdots, n\end{aligned}$$

且

$$(Da)_{\overline{k}|j} = v[n + (Da)_{\overline{k-1}|j} - a_{\overline{k-1}|j}] \quad k = 2, 3, \cdots, n$$

若将 k 年内每年年初分别支付 n，$n-1$，$n-2$，…，$n-k+1$ 的标准递减延付年金的现值之和记为 $(D\ddot{a})_{\overline{k}|j}$，则

$$\begin{aligned}(D\ddot{a})_{\overline{k}|j} &= n + (n-1)v + (n-2)v^2 + \cdots + (n-k+1)v^{k-1} \\ &= (n - \frac{1}{j} - k)\ddot{a}_{\overline{k}|j} + \frac{k}{d} \quad k = 1, 2, \cdots n\end{aligned}$$

且

$$(D\ddot{a})_{\overline{k}|j} = n + v[(D\ddot{a})_{\overline{k-1}|j} - \ddot{a}_{\overline{k-1}|j}] \quad k = 2, 3, \cdots, n$$

若年金的第一次收付款发生在 n 年后，这样的年金称为延期确定年金。用 ${}_{n|}a_{\overline{m}|}$ 表示延期 n 年的 m 期定期期末付每年 1 单位元的年金现值。

$$\begin{aligned}{}_{n|}a_{\overline{m}|} &= v^{n+1} + v^{n+2} + \cdots + v^{n+m} \\ &= v^n(v + v^2 + \cdots + v^m) \\ &= v^n a_{\overline{n}|}\end{aligned}$$

${}_{n|}\ddot{a}_{\overline{m}|}$ 表示延期 n 年的 m 期定期期首付每年 1 单位元的年金现值。

$$
\begin{aligned}
{}_{n|}\ddot{a}_{\overline{m}|} &= v^n + v^{n+1} + \cdots + v^{n+m-1} \\
&= v^n(1 + v + v^2 + \cdots + v^{m-1}) \\
&= v^n \ddot{a}_{\overline{m}|}
\end{aligned}
$$

若每年收付款 1 单位元，而收付款期间为永久的无确定期限的年金称为永久年金。用 $\ddot{a}_{\overline{\infty}|}$ 表示每年年初收付款 1 单位元的永久年金在初始时刻的现值。

$$
\begin{aligned}
\ddot{a}_{\overline{\infty}|} &= 1 + v + v^2 + \cdots \\
&= \frac{1}{1 - v} \\
&= \frac{1}{d}
\end{aligned}
$$

用 $a_{\overline{\infty}|}$ 表示每年年末收付款 1 单位元的永久年金在初始时刻的现值。

$$
\begin{aligned}
a_{\overline{\infty}|} &= v + v^2 + v^3 + \cdots \\
&= v\frac{1}{1 - v} \\
&= \frac{1}{i}
\end{aligned}
$$

且 $\ddot{a}_{\overline{\infty}|} = a_{\overline{\infty}|}(1 + i)$ 。

2. 固定利率下的生命年金现值

生命年金的主要种类有终身生命年金、n 年定期生命年金、n 年确定期终身生命年金、延期终身生命年金等。这些种类的生命年金也叫基本生命年金。按照以下三种方式给付，生命年金现值均有不同。

（1）方式一：连续生命年金

连续生命年金即以连续方式给付生存年金。

①终身生命年金：从个体 x 岁开始给付的终身生命年金，年金给付终止时间的为 $T(x)$ ，所以年金给付的现值可表示为 $\bar{a}_{\overline{T(x)}|}$ ，其精算现值为 $\bar{a}_x$ 。

结论一：$\bar{a}_x = \int_0^{\infty} v^t\ {}_t p_x \mathrm{d}t$

证明：由精算现值定义，

$$
\begin{aligned}
\bar{a}_x &= E\,\bar{a}_{\overline{T(x)}|} = E\left[\int_0^{T(x)} v^t \mathrm{d}t\right] = E\left\{\int_0^{\infty} v^t I_{[T(x)>t]} \mathrm{d}t\right\} \\
&= \int_0^{\infty} v^t P[T(x) > t]\mathrm{d}t = \int_0^{\infty} v^t\ {}_t p_x \mathrm{d}t
\end{aligned}
$$

结论二：$\frac{\mathrm{d}}{\mathrm{d}x}\bar{a}_x = [\mu(x) + \delta]\,\bar{a}_x - 1$

证明：由结论一可知，

$$\bar{a}_x = \int_0^\infty v^t \, {}_tp_x \mathrm{d}t = \int_0^\infty v^t \exp\left\{-\int_x^{x+t} \mu(s)\mathrm{d}s\right\} \mathrm{d}t$$

对两边求导数有

$$\begin{aligned}
\frac{\mathrm{d}}{\mathrm{d}x}\bar{a}_x &= \int_0^\infty v^t \frac{\mathrm{d}}{\mathrm{d}x}\left(\exp\left\{-\int_x^{x+t}\mu(s)\mathrm{d}s\right\}\right)\mathrm{d}t \\
&= \int_0^\infty v^t \exp\left\{-\int_x^{x+t}\mu(s)\mathrm{d}s\right\}[\mu(x) - \mu(x+t)]\mathrm{d}t \\
&= \mu(x)\int_0^\infty v^t \exp\left\{-\int_x^{x+t}\mu(s)\mathrm{d}s\right\}[-\mu(x+t)]\mathrm{d}t - \\
&\quad \int_0^\infty v^t \exp\left\{-\int_x^{x+t}\mu(s)\mathrm{d}s\right\}\mu(x+t)\mathrm{d}t \\
&= \mu(x)\bar{a}_x + \int_0^\infty v^t \mathrm{d}({}_tp_x)\mathrm{d}t \\
&= \mu(x)\bar{a}_x + v^t \, {}_tp_x \Big|_0^\infty - \int_0^\infty {}_tp_x \mathrm{d}(v^t) \\
&= \mu(x)\bar{a}_x - 1 + \delta\int_0^\infty {}_tp_x v^t \mathrm{d}(t) \\
&= [\mu(x) + \delta]\bar{a}_x - 1
\end{aligned}$$

证毕。

② n 年定期生命年金：从个体 x 岁开始给付的 n 年定期生命年金，年金给付时间的长短为 $T(x)$，其与 n 的最小值，即 $T(x) \wedge n = \min[T(x), n]$，所以年金给付的现值可表示为 $\bar{a}_{\overline{T(x) \wedge n}|}$，其精算现值为 $\bar{a}_{x:\overline{n}|}$。

结论三：$\bar{a}_{x:\overline{n}|} = \int_0^n v^t \, {}_tp_x \mathrm{d}t$

证明：

方法 1，由精算现值定义，

$$\begin{aligned}
\bar{a}_{x:\overline{n}|} &= E\,\bar{a}_{\overline{T(x) \wedge n}|} = E\,\bar{a}_{\overline{T(x) \wedge n}|} I_{(T(x) < n)} + E\,\bar{a}_{\overline{T(x) \wedge n}|} I_{(T(x) \geqslant n)} \\
&= \int_0^n v^t \, {}_tp_x \mathrm{d}t + \bar{a}_{\overline{n}|}\,{}_np_x \\
&= -\int_0^n \bar{a}_{\overline{t}|}\mathrm{d}({}_tp_x) + \bar{a}_{\overline{n}|}\,{}_np_x \\
&= \int_0^n v^t \, {}_tp_x \mathrm{d}t
\end{aligned}$$

方法 2，

$$\bar{a}_{x:\overline{n}|} = E\,\bar{a}_{\overline{T(x) \wedge n}|} = E\left[\int_0^{T(x) \wedge n} v^t \mathrm{d}t\right] = E\left\{\int_0^\infty v^t I_{[t \leqslant T(x) \wedge n]}\mathrm{d}t\right\}$$

$$= \int_0^{\infty} v^t P[T(x) \wedge n \geqslant t] \mathrm{d}t = \int_0^n v^t \ {}_tp_x \mathrm{d}t$$

证毕。

③n 年确定期终身生命年金：在 x 岁开始给付的 n 年确定期终身生命年金，在前 n 年内不论年金领取人 (x) 是否生存都给付年金，过了 n 年只有年金领取人 (x) 生存才能够领取年金。这种年金是前 n 年期确定年金与延期 n 年终身生命年金组合而成。

可分两种情况对年金的给付时间长度进行讨论：

a. 年金领取人 (x) 是在前 n 年内死亡，即未来的生存时间 $T(x) < n$；

b. 年金领取人 (x) 活过 n 年，即未来的生存时间 $T(x) \geqslant n$。

所以，(x) 领取年金的时间长度为 $T(x) \vee n = \max[T(x), n]$。

年金给付的现值可表示为 $\bar{a}_{\overline{T(x) \vee n}|}$，其精算现值为 $\bar{a}_{\overline{x:\overline{n}|}}$。

结论四：$\bar{a}_{\overline{x:\overline{n}|}} = \bar{a}_{\overline{n}|} + {}_{n|}\bar{a}_x$

证明：
$$\bar{a}_{\overline{T(x) \vee n}|} + \bar{a}_{\overline{T(x) \wedge n}|} = \bar{a}_{\overline{T(x)}|} + \bar{a}_{\overline{n}|}$$
$$\bar{a}_{\overline{T(x) \vee n}|} = \bar{a}_{\overline{T(x)}|} - \bar{a}_{\overline{T(x) \wedge n}|} + \bar{a}_{\overline{n}|}$$

两边取期望，

$$\bar{a}_{\overline{x:\overline{n}|}} = \bar{a}_x - \bar{a}_{x:\overline{n}|} + \bar{a}_{\overline{n}|} = \bar{a}_{\overline{n}|} + \int_n^{\infty} v^t \ {}_tp_x \mathrm{d}t = \bar{a}_{\overline{n}|} + {}_{n|}\bar{a}_x$$

证毕。

④延期终身生命年金：从个体 x 岁延期 n 年给付的终身生命年金，可以理解为从对个体 (x) 终生生存年金的给付中扣除对个体 n 年给付的终身生命年金，年金给付的现值可表示为 $\bar{a}_{\overline{T(x)}|} - \bar{a}_{\overline{T(x) \wedge n}|}$，其精算现值为 ${}_{n|}\bar{a}_x = \int_n^{\infty} v^t \ {}_tp_x \mathrm{d}t$。

结论五：${}_{n|}\bar{a}_x = \bar{a}_x - \bar{a}_{x:\overline{n}|}$

证明：由于延期 n 年的终身生命年金的现值可以表示为终身生命年金的现值减去对个体 n 年给付的终身生命年金的现值，所以

$${}_{n|}\bar{a}_x = E(\bar{a}_{\overline{T(x)}|} - \bar{a}_{\overline{T(x) \wedge n}|}) = \bar{a}_x - \bar{a}_{x:\overline{n}|}$$

又根据结论一和结论二的结论，有

$${}_{n|}\bar{a}_x = \bar{a}_x - \bar{a}_{x:\overline{n}|} = \int_0^{\infty} v^t \ {}_tp_x \mathrm{d}t - \int_0^n v^t \ {}_tp_x \mathrm{d}t = \int_n^{\infty} v^t \ {}_tp_x \mathrm{d}t$$

证毕。

（2）方式二：期初生命年金

从个体 x 岁开始的终身生命年金、n 年定期生命年金、n 年确定期终身生命年金及延期终身生命年金对应的支付次数分别为

$K(x) + 1 \quad [K(x) + 1] \wedge n \quad [K(x) + 1] \vee n \quad K(x) + 1 - [K(x) + 1] \wedge n$

对应年金的精算现值为 $\ddot{a}_x$ ，$\ddot{a}_{x:\overline{n}|}$ ，$\ddot{a}_{\overline{\overline{x:n}}|}$ ，${}_{n|}\ddot{a}_x$ 。

对应年金的现值表示为：

终身生命年金 $\ddot{a}_{\overline{K(x)+1}|}$ ，

n 年定期生命年金 $\ddot{a}_{\overline{[K(x)+1]\wedge n}|}$ ，

n 年确定期终身生命年金 $\ddot{a}_{\overline{[K(x)+1]\vee n}|}$ ，

延期终身生命年金 $\ddot{a}_{\overline{K(x)+1}|}-\ddot{a}_{\overline{[K(x)+1]\wedge n}|}$ 。

结论六：可采用下面的公式来计算个生命年金的精算现值：

$$\ddot{a}_{x:\overline{n}|}=\sum_{j=0}^{n-1}v^j\ {}_jp_x\ ,\ \ddot{a}_x=\sum_{j=0}^{\infty}v^j\ {}_jp_x$$

$${}_{n|}\ddot{a}_x=\sum_{j=n}^{\infty}v^j\ {}_jp_x\qquad \ddot{a}_{\overline{\overline{x:n}}|}=\ddot{a}_{\overline{n}|}+\sum_{j=n}^{\infty}v^j\ {}_jp_x$$

证明：

$$\begin{aligned}\ddot{a}_x&=E[\ddot{a}_{\overline{K(x)+1}|}]=E\{\sum_{j=0}^{\infty}v^jI_{[K(x)\geqslant j]}\}\\&=\sum_{j=0}^{\infty}v^jEI_{[K(x)\geqslant j]}=\sum_{j=0}^{\infty}v^j\ {}_jp_x\end{aligned}$$

其他可类似证明。

证毕。

（3）方式三：期末生命年金

从个体 x 岁开始给付，每年年末给付，每次给付金额为单位元。

终身生命年金、n 年定期生命年金、n 年确定期终身生命年金及延期终身生命年金对应的支付次数分别为

$K(x)\quad K(x)\wedge n\quad K(x)\vee n\quad K(x)-K(x)\wedge n$

对应年金的精算现值为 a_x ，$a_{x:\overline{n}|}$ ，$a_{\overline{\overline{x:n}}|}$ ，${}_{n|}a_x$ 。

对应年金的现值表示为：

终身生命年金 $a_{\overline{K(x)}|}$ ，

n 年定期生命年金 $a_{\overline{K(x)\wedge n}|}$ ，

n 年确定期终身生命年金 $a_{\overline{K(x)\vee n}|}$ ，

延期终身生命年金 $a_{\overline{K(x)}|}-a_{\overline{K(x)\wedge n}|}$ 。

结论七：可采用下面的公式来计算个生命年金的精算现值：

$$a_{x:\overline{n}|}=\sum_{j=1}^{n}v^j\ {}_jp_x\ ,\ a_x=\sum_{j=1}^{\infty}v^j\ {}_jp_x$$

$${}_{n|}\ddot{a}_x=\sum_{j=n+1}^{\infty}v^j\ {}_jp_x\qquad \ddot{a}_{\overline{\overline{x:n}}|}=\ddot{a}_{\overline{n}|}+\sum_{j=n+1}^{\infty}v^j\ {}_jp_x$$

证明：

$$a_x = E[a_{\overline{K(x)}|}] = E\{\sum_{j=1}^{\infty} v^j I_{[K(x) \geqslant j]}\}$$

$$= \sum_{j=1}^{\infty} v^j EI_{[K(x) \geqslant j]} = \sum_{j=1}^{\infty} v^j \, {}_j p_x$$

其他可类似证明。

证毕。

结论八：期初生命年金与期末生命年金之间的关系为

$$a_x = \ddot{a}_x - 1 \text{；} a_{x:\overline{n}|} = \ddot{a}_{x:\overline{n}|} - 1 + v^n \, {}_n p_x$$

$$a_{x:\overline{n}|} = \ddot{a}_{x:\overline{n+1}|} - 1$$

证明：个体（x）期初生命年金与期末生命年金现值的关系为

$$a_{\overline{K(x)}|} = \ddot{a}_{\overline{K(x)+1}|} - 1$$

$$a_{\overline{K(x) \wedge n}|} = \ddot{a}_{\overline{[K(x)+1] \wedge n}|} - 1 + v^n I_{[T(x) \geqslant n]}$$

$$= \ddot{a}_{\overline{[K(x)+1] \wedge (n+1)}|} - 1$$

两边取期望有，

$$a_x = \ddot{a}_x - 1$$

其他可类似证明。

证毕。

结论九：期初生命年金与期末生命年金之间的方差关系为

$$\mathrm{Var}[a_{\overline{K(x)}|}] = \mathrm{Var}[\ddot{a}_{\overline{K(x)+1}|}]$$

证明：由 $a_{\overline{K(x)}|} = \ddot{a}_{\overline{K(x)+1}|} - 1$ 可得，

$$\mathrm{Var}[a_{\overline{K(x)}|}] = \mathrm{Var}[\ddot{a}_{\overline{K(x)+1}|} - 1] = \mathrm{Var}[\ddot{a}_{\overline{K(x)+1}|}]$$

证毕。

2.3.2 随机利率下的年金理论

传统的精算理论假定利率是确定的，目的是为了简化计算。但人寿保险是一种长期性的经济行为，投保期间的政府政策、经济周期等因素都会造成不确定性，带来一定的风险，因此采用固定利率可能会造成预期与实际之间的较大偏差。同时，由于利率随机性产生的风险，对保险公司来说是相当大的。根据传统的精算原理，由死亡率随机性产生的风险可以通过出售大量的保单来分散。但如果保险公司出售的每张保单采用与实际十分接近的利率，这样利率的风险只单一存在于保险公司一方，一旦风险发生，可导致保险公司破产。保险公司为了减少因利率的调整而可能导致的损失，往往在费率计算时将保险中使用的年利率定得较实际低，这样势必增加投保人的保费负担，也会导致投保人数的增加，并未降低随机利率的风险。参加保险人数的减少。从而，减少利率不确定性的更好办法就是采用随机利率模型。在该模型中，利率不再被看作固定的常量，而是被视为随机变量，这种利率称为随机利率。吴金文和杨静平等（2001）针对随机利率寿险模型，考虑一保单组的平均给付额的性质，结果表明，投保人数的增加，并未降低随机利率的风险。随着精算理论研究的深入，利率随机性的研究在近20年来逐步受到重视，随机利率下的精算理论的研究已成为当前的重点与热点问题之一。

对寿险定价的利率风险研究开始于20世纪70年代，主要是利用各种随机模型分析利率对寿险产品定价的影响。1971年，J. H. Polland首次把利率视为随机变量，对精算函数进行了研究。随后一批学者开始采用各种随机模型来模拟随机利率。1976年，Boyel考虑了寿险与年金中死亡率与利率均为随机的情况，即所谓“双随机性”。相应的随机利息的一般理论由Panjer和Bellhouse在20世纪50年代初建立，随后Dhaene（1989）等进行了这方面的研究。对于随机利率，他们都是以时间序列方法建模的，例如白噪声过程、AR(2)过程和ARIMA过程等。20世纪90年代，一批学者利用摄动方法建模，得到了具有双随机性的某些年金及寿险的一系列结果。1994年，Gary Parke发表了在他博士论文中的一些结果。他研究了在死亡所在保单年度之末等额给付的定期寿险。当保单数目趋于无穷时，每张保单平均成本的极限，得到了这一极限随机变量的近似分布函数的递推公式，还得到了这一极限随机变量的前三阶矩。何文炯、蒋庆荣（1998）对随机利率采用Gauss过程建模，得到了一类即时给付的增额寿险的给付现值的各阶矩，并在死亡均匀分布的假设下得到了矩的简洁表达式。刘凌云、汪荣明（2001）则对随机利率采用Gauss过程与Poisson过程联合建模，也给出了即时给付的增额寿险的给付现值的各阶矩，发展了何文炯与蒋庆荣的结果。David Perry等在2001、2003年，将随机利率采用反射布朗运动（RBM）建模，得到确定年金的期望值公式。Abraham Zaks（2001）也论述了随机利率下的确定年金的计算问题。杨静平、吴岚（1997）讨论了n年期寿险的总体索赔量的极限分布。在利息力为白噪声条件下，得到了极限分布的密度函数的递推公式。郎艳怀（2001）将利息力用标准的Wiener过程建模，给出一类综合人寿保险模型的现值的前二阶矩。孙荣等（2012）采用Wiener过程对随机利率建模，分析了家庭联合保险年金模型。

2.3.2.1 随机利率下的年金现值

如果第k年的利率是随机变量i_k，则第k年的年贴现值是$v_k = \frac{1}{1 + i_k}$。假设i_1，i_2，…，i_n相互独立，并且对每个k，$E(i_k) = j$，记

$$E(v_k)=E(\frac{1}{1+i_k})=\mu=\frac{1}{1+i} \tag{2.8}$$

$$E(v_k^2)=E[(\frac{1}{1+i_k})^2]=\nu=\frac{1}{1+\lambda} \tag{2.9}$$

则 $\mathrm{Var}(v_k)=\nu-\mu$ 。定义 r 为

$$\frac{\nu}{\mu}=\frac{1+i}{1+\lambda}=\frac{1}{1+r}=R \tag{2.10}$$

若将 k 年内每年年末分别支付 b_1，b_2，…，b_k 的延付年金的现值之和记为 $B_{1,k}$，且嘉定 $b_1=1$。记

$$E(B_{1,k})=\mu_k \tag{2.11}$$

$$E(B_{1,k}^2)=\nu_k \tag{2.12}$$

则 $\mu_1=\mu$，$\nu_1=\nu$，且 $\mathrm{Var}(B_{1,k})=\nu_k-\mu_k^2$。

考虑 $b_1=b_2=\cdots=b_{k-1}=0$，$b_k=1$ 的情况，$B_{1,k}$ 是在 k 年年末一次性支付额为 1 的现值，于是

$$B_{1,k}=\frac{1}{1+i_1}\cdot\frac{1}{1+i_2}\cdots\frac{1}{1+i_k}=\frac{B_{2,k-1}}{1+i_1} \quad k=2,3,\cdots,n$$

同样地，若 $b_1=b_2=\cdots=b_{k-1}=0$，$b_k=1$ 的情况，$\ddot{B}_{1,k}$ 是在 k 年年初一次性支付额为 1 的现值，于是

$$\ddot{B}_{1,k}=\frac{1}{1+i_1}\cdot\frac{1}{1+i_2}\cdots\frac{1}{1+i_k}=\frac{\ddot{B}_{2,k-1}}{1+i_1} \quad k=2,3,\cdots,n$$

则：$\mu_k=\mu\mu_{k-1}$，$\nu_k=\nu\nu_{k-1}$，因此

$$\mu_k=\mu^k,\ \nu_k=\nu^k$$

$$E(B_{1,n})=\mu^n,\ Var(B_{1,n})=\nu^n-\mu^{2n} \tag{2.13}$$

考虑 $b_1=b_2=\cdots=b_{k-1}=b_k=1$ 的情况，$B_{1,k}$ 是在 k 年内每年年末支付额为 1 的现值之和，则

$$\begin{aligned}B_{1,k}&=\frac{1}{1+i_1}+\frac{1}{(1+i_1)(1+i_2)}+\cdots+\frac{1}{(1+i_1)(1+i_2)\cdots(1+i_k)}\\&=\frac{1}{1+i_1}[1+\frac{1}{((1+i_2)}+\cdots+\frac{1}{(1+i_2)(1+i_3)\cdots(1+i_k)}]\\&=\frac{1}{1+i_1}(1+B_{2,k-1}) \quad k=2,3,\cdots,n\end{aligned} \tag{2.14}$$

因此

$$\mu_k=\mu(1+\mu_{k-1}),\ \nu_k=\nu(1+2\mu_{k-1}+\nu_{k-1}) \tag{2.15}$$

假设 A_1：假设第 k 年的年利率是随机变量 i_k，第 k 年的年贴现值是 $v_k = \frac{1}{1+i_k}$。且 i_1，i_2，…，i_n 相互独立，并且对每个 k，$E(v_k)=\mu=\frac{1}{1+i}$，$E(v_k^2)=v=\frac{1}{1+\lambda}$。

定理一：在假设 A_1 下，如果 $B_{1,k}$ 是在 k 年内每年年末支付额为 1 的现值之和，则 $\mu_k = E(B_{1,k}) = a_{\overline{k}|i}$，$k=1, 2, \cdots, n$

引理一：在假设 A_1 下，有

$$E(B_{1,k}^2) = \nu_k = (\nu + \nu^2 + \cdots + \nu^k) + 2(\nu a_{\overline{k-1}|i} + \nu^2 a_{\overline{k-2}|i} + \cdots + \nu^{k-1} a_{\overline{1}|i}) \tag{2.16}$$

证明：因为

$$\nu_2 = \nu(1 + 2\mu_1 + \nu_1)$$

说明当 $k=2$ 时结论成立。

假设对 $k(2 \leqslant k \leqslant n-1)$ 结论成立，则

$$\begin{aligned}\nu_{k+1} &= \nu(1 + 2\mu_k + \nu_k) \\ &= \nu + 2\nu\mu_k + \nu\nu_k) \\ &= \nu + 2\nu a_{\overline{k-1}|i} + \nu[(\nu + \nu^2 + \cdots + \nu^k) + 2(\nu a_{\overline{k-1}|i} + \nu^2 a_{\overline{k-2}|i} + \cdots + \nu^{k-1} a_{\overline{1}|i})] \\ &= (\nu + \nu^2 + \cdots + \nu^{k+1}) + 2(\nu a_{\overline{k}|i} + \nu^2 a_{\overline{k-1}|i} + \cdots + \nu^k a_{\overline{1}|i})]\end{aligned}$$

说明当 $k+1$ 时结论亦成立。由数学归纳法知引理成立。

引理二：在假设 A_1 下，有

$$E(B_{1,k}^2) = \nu_k = a_{\overline{k}|\lambda} + 2\frac{a_{\overline{k-1}|\lambda} - \mu^k a_{\overline{k-1}|r}}{i} \quad k = 2, 3, \cdots, n$$

引理三：

$$(a_{\overline{k}|i})^2 = \frac{2a_{\overline{k}|i} - a_{\overline{2k}|i}}{i}$$

证明：因为

$$(a_{\overline{k}|i})^2 = \frac{1 - 2\mu^k + \mu^{2k}}{i^2} = \frac{2(1-\mu^k)/i - (1-\mu^{2k})/i}{i} = \frac{2a_{\overline{k}|i} - a_{\overline{2k}|i}}{i}$$

定理二：在假设 A_1 下，有 $E(B_{1,k}) = a_{\overline{k}|i}$，且

$$\mathrm{Var}(B_{1,k}) = a_{\overline{k}|\lambda} + \frac{2(a_{\overline{k-1}|\lambda} - \mu^k a_{\overline{k-1}|r} - a_{\overline{2k}|i}}{i} \quad k = 2, 3, \cdots, n$$

同理可得在假设 A_1 下，有

$E(\ddot{B}_{1,k}) = \ddot{a}_{\overline{k}|i}$，$k = 1, 2, 3, \cdots, n$

$$\mathrm{Var}(\ddot{B}_{1,k}) = \ddot{a}_{\overline{k}|\lambda} + \frac{2(\ddot{a}_{\overline{k-1}|\lambda} - \mu^{k-1}\ddot{a}_{\overline{k-1}|r})}{i} + (1+\frac{1}{i})(\ddot{a}_{\overline{2k}|i} - 2\ddot{a}_{\overline{k}|i})$$

$k = 2, 3, \cdots, n$

2.3.2.2 随机利率下按级数变化支付的年金的现值的期望和方差

若将第 l 年年末支付额为 l 的标准递增延付年金在 k 年内的现值之和记为 $(IB)_{1,k}$，这是 $b_l = l$，$l = 1, 2, \cdots, n$ 的标准递增年金的情况，则

$$(IB)_{1,k} = \frac{1}{1+i_1} + \frac{2}{(1+i_1)(1+i_2)} + \cdots + \frac{k}{(1+i_1)(1+i_2)\cdots(1+i_k)}$$

$$= \frac{1}{1+i_1}[1 + (IB)_{2,k-1} + B_{2,k-1}] \tag{2.17}$$

若记 $E(IB)_{1,k} = (I\mu)_k$，$E[(IB)^2_{1,k}] = (I\nu)_k$，则

$$(I\mu)_k = \mu[(1 + (I\mu)_{k-1} + \mu_{k-1}], \tag{2.18}$$

$$(I\nu)_k = \nu\{1 + (I\nu)_{k-1} + \nu_{k-1} + 2(I\mu)_{k-1} + 2\mu_{k-1} + 2E[(IB)_{2,k-1}B)_{2,k-1}]\} \tag{2.19}$$

且 $(I\mu)_1 = \mu$，$(I\nu)_1 = \nu$

定理三：在假设 A_1 下，如果 $(IB)_{1,k}$ 表第 l 年年末支付额为 l 的 k 年内延付年金的现值之和，则 $(I\mu)_k = E[((IB)_{1,k}] = a_{\overline{k}|i}$，$k = 1, 2, \cdots, n$

引理四：在假设 A_1 下，有 $E[(IB)^2_{1,k}] = (I\nu)_k = M_{1k} + 2M_{2k} + M_{3k} + 2M_{4k} + 2M_{5k}$ 成立。

其中：

$M_{1k} = \nu + \nu^2 + \cdots + \nu^k$

$M_{2k} = \nu\mu_{k-1} + \nu^2\mu_{k-2} + \cdots + \nu^k\mu_1$

$M_{3k} = \nu\nu_{k-1} + \nu^2\nu_{k-2} + \cdots + \nu^k\nu_1$

$M_{4k} = \nu(I\mu)_{k-1} + \nu^2(I\mu)_{k-2} + \cdots + \nu^k(I\mu)_1$

$M_{5k} = \nu E[(IB)_{2,k-1}B_{2,k-1}] + \nu^2 E[(IB)_{3,k-1}B_{3,k-2}] + \cdots + \nu^k E[(IB)_{k,1}B_{k,1}]$，

$E[(IB)_{i,k-i+1}B_{i,k-i+1}] = \nu + \nu\mu + \nu\mu^2 + \cdots + \nu\mu^{k-i}$

$+ 2(\nu\mu + \nu^2 + \nu^2\mu + \cdots + \nu^2\mu^{k-i-1})$

$+ 3(\nu\mu^2 + \nu^2\mu + \nu^3 + \cdots + \nu^3\mu^{k-i-2})$

$+ \cdots$

$+ (k-l+1)(\nu\mu^{k-l} + \nu^2\mu^{k-l-1} + \cdots + \nu^{k-l+1})$

由式（2.19）及数学归纳法，容易证明引理四的结论。

引理五：在假设 A_1 下，有

$$E[(IB)_{1,k}^{2}]=(I\nu)_{k}=a_{\overline{k}|\lambda}+[\frac{1}{\lambda}+\frac{2}{i}(2+\frac{1}{i})]a_{\overline{k-1}|\lambda}$$

$$+\frac{2}{i}(\frac{1}{r}-k-\frac{1}{i}-1)\mu^{k}a_{\overline{k-1}|r}+\frac{2}{i\lambda}a_{\overline{k-2}|\lambda}$$

$$-\frac{2\mu^{k}}{ir}a_{\overline{k-2}|r}+2M_{5k}-[\frac{k-1}{\lambda(1+\lambda)}+\frac{2(k-2)}{i\lambda}+\frac{2}{ir(1+i)})]\nu^{k-1}$$

引理六：

$$(Ia)_{\overline{k}|\lambda}^{2}=\frac{2}{i}(1+\frac{1}{i})(1+\frac{1}{i}+k)a_{\overline{k}|i}-\frac{1}{i}(1+\frac{1}{r}+k)^{2}a_{\overline{2k}|i}+\frac{k^{2}}{i^{2}}$$

证明：因为

$$(Ia)_{\overline{k}|\lambda}^{2}=[(1+\frac{1}{i}+k)a_{\overline{k}|i}-\frac{k}{i}]^{2}$$

$$=(1+\frac{1}{i}+k)a_{\overline{k}|i}^{2}-\frac{2k}{i}(1+\frac{1}{i}+k)a_{\overline{k}|i}^{2}+\frac{k^{2}}{i^{2}}$$

再利用确定年金现值的性质即可证得结论。

由引理三和引理四，可以得到如下的定理。

定理四：在假设 A_1 下，有

$$E[(IB)_{1,k}]=(Ia)_{\overline{k}|i},$$

且

$$\mathrm{Var}[(IB)_{1,k}^{2}]=a_{\overline{k}|\lambda}+[\frac{1}{\lambda}+\frac{2}{i}(2+\frac{1}{i})]a_{\overline{k-1}|\lambda}$$

$$+\frac{2}{i}(\frac{1}{r}-k-\frac{1}{i}-1)\mu^{k}a_{\overline{k-1}|r}+\frac{2}{i\lambda}a_{\overline{k-2}|\lambda}-\frac{2\mu^{k}}{ir}a_{\overline{k-2}|r}-$$

$$[\frac{k-1}{\lambda(1+\lambda)}+\frac{2(k-2)}{i\lambda}+\frac{2}{ir(1+i)})]\nu^{k-1}$$

$$-\frac{2}{i}(1+\frac{1}{i})(1+\frac{1}{i}+k)a_{\overline{k}|i}-\frac{1}{i}(1+\frac{1}{r}+k)^{2}a_{\overline{2k}|i}+\frac{k^{2}}{i^{2}}$$

$$+2\sum_{l=2}^{k}\sum_{H=1}^{k-l}H\nu^{l+H-1}[(1+r)^{H-1}(1+a_{\overline{H-1}|r}+a_{\overline{k-l-H+1}|i}]$$

$$k=2,3,\cdots,n$$

类似地可以给出，在假设 A_1 下，在第 l 年年初支付额为 l 的 k 年内标准递增初付年金在 k 年内的现值之和 $(I\ddot{B})_{1,k}$ 的期望和方差分别为

$$E[(I\ddot{B})_{1,k}]=(I\ddot{a})_{\overline{k}|i},k=1,2,\cdots,n$$

$$\mathrm{Var}[(IB)_{1,k}^{2}]=[\frac{1}{\lambda}+\frac{2}{i}(2+\frac{1}{i})]\ddot{a}_{\overline{k}|\lambda}+[1+\frac{2}{ir}-\frac{2(k-2)\lambda}{ir(1+r)(1+\lambda)}$$

$$+\frac{2(1+i^2+3i)}{i^2(1+i)}]\ddot{a}_{\overline{k-1}|\lambda}+[\frac{2}{ir}-\frac{i^2+i(1+r)+1}{i^2r(1+i)}\mu^k]\ddot{a}_{\overline{k-1}|r}$$

$$+\frac{2(k-1)}{i^2(1+i)}-\frac{4(k-1)}{i\lambda}+\frac{2(\mu^k-k+1)}{ir}-\frac{k}{\lambda}+k)a_{\overline{k}|i}-\frac{6}{i}(k-1)$$

$$+2\sum_{l=2}^{k}\sum_{H=1}^{k-l}\nu^l[\mu^{H-1}(I\ddot{a})_{\overline{H}|r}+\frac{1}{(1+r)^{H-1}}[(I\ddot{a})_{\overline{k-l}|i}-(I\ddot{a})_{\overline{H}|l}]$$

$$k=2,3,\cdots,n$$

2.3.2.3 年金的终值

1. 确定年金终值

确定年金的终值是以系列等额收付款在最后期的本金与利息之和。

用 $S_{\overline{k}|}$ 表示在 k 年内，每年年末支付额均为 1 的年金终值之和：

$$S_{\overline{k}|j}=1+(1+j)+(1+j)^2+\cdots+(1+j)^{k-3}+(1+j)^{k-2}+(1+j)^{k-1}$$

$$=\frac{(1+j)^k-1}{(1+j)-1}=\frac{(1+j)^k-1}{j}$$

且

$$S_{\overline{k}|j}=(1+j)S_{\overline{k-1}|j}+1$$

用 $\ddot{S}_{\overline{k}|j}$ 表示在 k 年内，每年年初支付额均为 1 的年金终值之和：

$$\ddot{S}_{\overline{k}|j}=(1+j)+(1+j)^2+\cdots+(1+j)^{k-1}+(1+j)^k$$

$$=\frac{(1+j)^k-1}{jv}=\frac{(1+j)^k-1}{d}$$

且

$$\ddot{S}_{\overline{k}|j}=(1+j)(\ddot{S}_{\overline{k-1}|j}+1)$$

$S_{\overline{k}|}$ 与 $\ddot{S}_{\overline{k}|}$ 满足如下关系：

$$S_{\overline{k}|j}=\frac{[(1+j)^k-1]\cdot d}{j\cdot d}=\ddot{S}_{\overline{k}|}\frac{d}{j}=\ddot{S}_{\overline{k}|}v\text{。}$$

若将 k 年内每年年末分别支付 1，2，…，k 的标准递增年金的终值之和记为 $(IS)_{\overline{k}|}$，则

$$(IS)_{\overline{k}|j}=\frac{S_{\overline{k+1}|j}-(k+1)}{j}$$

且

$$(IS)_{\overline{k}|j}=(1+j)(IS)_{\overline{k-1}|j}+k$$

若将 k 年内每年年初分别支付 1，2，…，k 的标准递增年金的终值之和记为 $(I\ddot{S})_{\overline{k}|}$，则

$$(IS)_{\overline{k}|j}=\frac{\ddot{S}_{\overline{k}|j}-k}{d}$$

且

$$(I\ddot{S})_{\overline{k}|j}=(1+j)[(I\ddot{S})_{\overline{k-1}|j}+k]$$

若将 k 年内每年年末分别支付 n，$n-1$，$n-2$，…，$n-k+1$ 的标准递减延付年金的终值之和记为 $(DS)_{\overline{k}|}$，则

$$\begin{aligned}(DS)_{\overline{k}|j}&=n(1+j)^{k-1}+(n-1)(1+j)^{k-2}+\cdots+(n-k+1)\\&=(n+1)S_{\overline{k}|j}-\frac{S_{\overline{k+1}|j}-(k+1)}{j}\end{aligned}$$

且

$$(DS)_{\overline{k}|j}=(1+j)(DS)_{\overline{k-1}|j}+n-k+1$$

若将 k 年内每年年初分别支付 n，$n-1$，$n-2$，…，$n-k+1$ 的标准递减延付年金的现终值之和记为 $(D\ddot{S})_{\overline{k}|}$，则

$$\begin{aligned}(D\ddot{S})_{\overline{k}|j}&=n(1+j)^{k}+(n-1)(1+j)^{k}+\cdots+(n-k+1)(1+j)\\&=(n-\frac{1}{j})\ddot{S}_{\overline{k}|j}+\frac{k}{d}\end{aligned}$$

且

$$(D\ddot{S})_{\overline{k}|j}=(1+j)[(D\ddot{S})_{\overline{k-1}|j}+n-k+1]$$

结论一：若将 k 年内每年年末分别支付 1^1，2^2，…，k^2 的递增递付年金在 k 年后的积累值记为 $(I^2S)_{\overline{k}|j}$，则

$$(I^2S)_{\overline{k}|j}=\frac{2(IS)_{\overline{k}|j}+S_{\overline{k+1}|j}-(k+1)^2}{j}。$$

证明：由于

$$(I^2S)_{\overline{k}|j}=(1+j)^{k-1}+2^2(1+j)^{k-2}+\cdots+(k-1)^2(1+j)+k^2$$

且

$$\begin{aligned}(1+j)(I^2S)_{\overline{k}|j}-(I^2S)_{\overline{k}|j}&=(1+j)^{k}+3(1+j)^{k-2}+\cdots+(2k-1)^2(1+j)-k^2\\&=2(IS)_{\overline{k}|j}+S)_{\overline{k+1}|j}-2k-k^2-1\end{aligned}$$

整理得

$$(I^2S)_{\overline{k}|j}=\frac{2(IS)_{\overline{k}|j}+S_{\overline{k+1}|j}-(k+1)^2}{j}$$

证毕。

类似将 k 年内每年年初分别支付 1^1，2^2，…，k^2 的递增递付年金在 k 年后的积累值记为 $(I^2\ddot{S})_{\overline{k}|j}$，则

$$(I^2\ddot{S})_{\overline{k}|j} = \frac{2(I\ddot{S})_{\overline{k}|j} + \ddot{S}_{\overline{k}|j} - k^2}{d}。$$

推论一：在结论一的条件下，有

$$(I^2\ddot{S})_{\overline{k}|j} = \frac{(1+v)(\ddot{S}_{\overline{k}|j} + k^2) - 2k - 2k^2}{d^2}。$$

2. 随机利率下一次性支付和多次同水平支付的年金终值的期望和方差

如果第 k 年的利率是随机变量 i_k，假设 i_1，i_2，…，i_n 相互独立，并且对每个 k，$E(i_k)=j$，$\mathrm{Var}(i_k)=s^2$ 记

$$E(1+i_k) = 1+j = \mu$$

$$E[(1+i_k)^2] = (1+j)^2 + s^2 = m$$

则

$$\mathrm{Var}(1+i_k) = m - \mu^2 = s^2。$$

若将 k 年内每年年末支付额分别为 c_1，c_2，…，c_k 的延付年金的终值之和记为 C_k，则

$$C_k = c_1(1+i_2)(1+i_3)\cdots(1+i_k) + c_2(1+i_3)(1+i_4)\cdots(1+i_k) + \cdots + c_{k-1}(1+i_k) + c_k。$$

若将 k 年内每年年初支付额分别为 c_1，c_2，…，c_k 的延付年金的终值之和记为 $\ddot{C}_k$，则

$$\ddot{C}_k = c_1(1+i_1)(1+i_2)\cdots(1+i_k) + c_2(1+i_2)(1+i_3)\cdots(1+i_k) + \cdots + c_k(1+i_k)$$

假设 $c_1=1$，并且记

$$E(C_k) = \mu_k,\ E(C_k^2) = m_k$$

显然 $\mu_1=1$，$m_1=1$，并且

$$\mathrm{Var}(C_k) = m_k - \mu_k^2。$$

特别地，当 $c_1=1$，$c_2=c_3=\cdots=c_k=0$ 即 C_k 是在第 1 年年末一次性支付额为 1 的延付年金在 k 年后的积累值，则

$$C_k = (1+i_2)(1+i_3)\cdots(1+i_k) = (1+i_k)C_{k-1} \quad k=2,3,\cdots,n$$

容易得到

$$\mu_k = E(C_k) = \mu\mu_{k-1} = \mu^{k-1},\ E(C_k^2) = mm_{k-1} = m^{k-1}$$

$$\mathrm{Var}(C_k) = m^{k-1} - \mu^{2(k-1)}$$

类似地可得在第 1 年年初一次性支付额为 1 的初付年金在 k 年后的积累值 $\ddot{C}_k$ 的期望和方差分别为

$$\ddot{\mu}_k = E(\ddot{C}_k) = \mu^k\ ,\ \mathrm{Var}(\ddot{C}_k) = m^k - \mu^{2k}$$

当 $c_1 = c_2 = c_3 = \cdots = c_k = 1$ 即 C_k 是在第 1 年年末一次性支付额为 1 的延付年金在 k 年后的积累值，则

$$C_k = (1 + i_k)C_{k-1} + 1\ ,\ k = 2,\ 3,\ \cdots,\ n$$

并且

$$\mu_k = E(C_k) = \mu\mu_{k-1} + 1$$

$$m_k = E(C_k^2) = 1 + mm_{k-1} + 2\mu\mu_{k-1}$$

$$\mu_k = E(C_k) = (1 + j)^{k-1} + (1 + j)^{k-2} + \cdots + (1 + j) + 1 = S_{\overline{k}|j}$$

由上式及数学归纳法，可以得到

$$m_k = 1 + m + \cdots + m^{k-1} + 2\mu(m^{k-2}S_{\overline{1}|j} + m^{k-3}S_{\overline{2}|j} + \cdots + S_{\overline{k-1}|j})\text{。}$$

如果记

$$M_{1k} = 1 + m + \cdots + m^{k-1}$$

$$M_{2k} = \mu(m^{k-2}S_{\overline{1}|j} + m^{k-3}S_{\overline{2}|j} + \cdots + S_{\overline{k-1}|j})$$

则：$m_k = M_{1k} + 2M_{2k}$

记 $f = m - 1$，有

$$M_{1k} = S_{\overline{k}|f}$$

由 $S_{\overline{k}|j} = \dfrac{(1 + j)^k - 1}{j}$ 和 $1 + r = \dfrac{1 + f}{1 + j}$，有

$$M_{2k} = (1 + j)\left[(1 + f)^{k-2}\frac{(1 + j) - 1}{j} + (1 + f)^{k-3}\frac{(1 + j)^2 - 1}{j} + \cdots + \frac{(1 + j)^{k-1} - 1}{j}\right]$$

$$= \frac{(1 + j)^k S_{\overline{k-1}|r} - (1 + j)S_{\overline{k-1}|f}}{j}$$

假设 A_2 第 k 年的年利率是随机变量 i_k，使得 $E(1 + i_k) = 1 + j = \mu$，$Var(1 + i_k) = s^2$，并且 i_1，i_2，$\cdots$，i_n 相互独立。

定理五：在假设 A_2 下，如果 C_k 表示在 k 年内每年年末支付额均为 1 的延付年金在 k 年后的终值之和，则 $E(C_k) = S_{\overline{k}|j}$，并且

$$\mathrm{Var}(C_k) = \frac{2(1 + j)^k S_{\overline{k-1}|r} + jS_{\overline{k}|f} - 2(1 + j)S_{\overline{k-1}|f} - S_{\overline{2k}|j} + 2S_{\overline{k}|j}}{j}\quad k = 2,\ 3,\ \cdots,\ n$$

类似地可以给出在假设 A_2 下，$\ddot{C}_k$ 表示在 k 年内每年年末支付额均为 1 的延付年金在 k 年后的终值之和，则

$$E(\ddot{C}_k) = \ddot{S}_{\overline{k}|j}\ ,$$

$$\mathrm{Var}(\ddot{C}_k)=\frac{2(1+j)^k\ddot{S}_{\overline{k-1}|r}+j\ddot{S}_{\overline{k}|f}-2(1+j)\ddot{S}_{\overline{k-1}|f}-\ddot{S}_{\overline{2k}|j}+2\ddot{S}_{\overline{k}|j}}{j}\quad k=1,2,\cdots,n$$

3. 随机利率下按级数变化支付的年金终值的期望和方差

如果，$c_l=l$，$l=1, 2, \cdots, n$，这是在 n 年内每年年末支付额为 1，2，…，n 的标准递增延付年金的情况，如果记这种情形的累积值为 $(IC)_k$，$E[(IC)_k^2]=(I\nu)_k$，$E(IC)_k=(I\mu)_k$，显然

$$\begin{aligned}(IC)_k&=(1+i_2)(1+i_3)\cdots(1+i_k)+2(1+i_3)(1+i_4)\cdots(1+i_k)+\\&\quad(k-1)(1+i_k)+k\\&=(1+i_k)(IC)_{k-1}+k\end{aligned}$$

可以得到

$$(I\mu)_k=\mu(I\mu)_{k-1}+k\quad k=2, 3, \cdots, n$$

$$(I\nu)_k=\nu(I\nu)_{k-1}+2k(I\mu)_{k-1}+k^2\quad k=2, 3, \cdots, n$$

由数学归纳法，可以得到

$$\begin{aligned}(I\nu)_k&=\nu^{k-1}+2^2\nu^{k-2}+\cdots+k^2+\\&\quad 2\mu[2\nu^{k-2}(IS)_{\overline{1}|j}+3\nu^{k-3}(IS)_{\overline{2}|j}+\cdots+k(IS)_{\overline{k-1}|j}]\text{。}\end{aligned}$$

如果记

$$M_{1k}=m^{k-1}+2^2m^{k-2}+\cdots+k^2$$

$$M_{2k}=\mu[2m^{k-2}(IS)_{\overline{1}|j}+3m^{k-3}(IS)_{\overline{2}|j}+\cdots+k(IS)_{\overline{k-1}|j})$$

记 $f=m-1$，有

$$M_{1k}=(IS)_{\overline{k}|f}^2$$

则

$$\begin{aligned}M_{2k}&=(1+j)\left[2(1+f)^{k-2}\frac{S_{\overline{2}|j}-2}{j}+3(1+f)^{k-3}\frac{S_{\overline{3}|j}-3}{j}+\cdots+k\frac{S_{\overline{k}|j}-k}{j}\right]\\&=\frac{1+j}{j}\left[2(1+f)^{k-2}\frac{(1+j)^2-1}{j}+3(1+f)^{k-3}\frac{(1+j)^3-1}{j}+\right.\\&\quad\left.\cdots+k\frac{(1+j)^k-1}{j}\right]\\&\quad-\frac{1+j}{j}[2^2(1+f)^{k-2}+3^2(1+f)^{k-3}+\cdots+k^2]\\&=\frac{1+j}{j^2}[2(1+f)^{k-2}(1+j)^2+3(1+f)^{k-3}(1+j)^3+\cdots+k(1+j)^k]\\&\quad-\frac{1+j}{j^2}[2(1+f)^{k-2}+3(1+f)^{k-3}+\cdots+k]\end{aligned}$$

$$-\frac{1+j}{j^2}[(1+f)^{k-1}+2^2(1+f)^{k-2}+3^2(1+f)^{k-3}\cdots+k^2-(1+f)^{k-1}]$$

$$=\frac{(1+j)^{k+1}(IS)_{\overline{k}|f}-(1+j)(IS)_{\overline{k}|f}-j(1+j)(I^2S)_{\overline{k}|f}}{j^2}$$

可得

$$(I\nu)_k=M_{1k}+M_{2k}$$

$$=\frac{2(1+j)^{k+1}(IS)_{\overline{k}|r}-2(1+j)(IS)_{\overline{k}|f}-j(2+j)(I^2S)_{\overline{k}|f}}{j^2}$$

有

$$(IS)^2_{\overline{k}|j}=\frac{S^2_{\overline{k}|r}-2(k+1)(IS)_{\overline{k+1}|j}+(k+1)^2}{j^2}$$

$$=\frac{\frac{\{[S_{\overline{2k+2}|j}-2(k+2)]-2[S_{\overline{k+1}|j}-(k+1)]\}}{j}-2(k+1)[(1+j)(IS)_{\overline{k}|j}+k+1]+(k+1)^2}{j^2}$$

$$=\frac{(IS)_{\overline{2k+1}|j}-2[1+(k+1)(1+j)](IS)_{\overline{k}|j}-(k+1)^2}{j^2}$$

定理六：在假设 A_2 下，如果 $(IC)_k$ 表示在 k 年内每年年末支付额均为 1，2，…，k 的延付年金在 k 年后的终值之和，则 $E(IC)_k=(IS)_{\overline{k}|j}$，并且

$$\mathrm{Var}[(IC)_k]=\frac{2(1+j)^{k+1}(IS)_{\overline{k}|r}-2(1+j)(IS)_{\overline{k}|f}-j(2+j)(I^2S)_{\overline{k}|f}}{j^2},$$

$$+\frac{2[1+(k+1)(1+j)](IS)_{\overline{k}|j}-(IS)_{\overline{2k+1}|f}+(k+1)^2}{j^2}$$

$$k=1,2,\cdots,n$$

显然标准递增延付年金的积累值的期望 $E(IC)_k=(IS)_{\overline{k}|j}$ 和方差 $\mathrm{Var}[(IC)_k]$ 的计算公式只与时期 $2k+1$ 和 k 及该时期内的固定利率 j、r 和 f 有关。

类似地可以给出在假设 A_2 下，$\ddot{C}_k$ 表示在 k 年内每年年初支付额均为 1，2，…，k 的延付年金在 k 年后的终值之和，则

$$E[(I\ddot{C})_k]=(I\ddot{S})_{\overline{k}|j}$$

$$\mathrm{Var}[(I\ddot{C})_k]=\frac{2(1+j)^k(I\ddot{S})_{\overline{k}|r}-j(2+j)(I^2\ddot{S})_{\overline{k}|f}-2(1+j)(I\ddot{S})_{\overline{k}|f}}{j^2}$$

$$-\frac{(I\ddot{S})_{\overline{2k}|f}-2(1+kd)(I\ddot{S})_{\overline{k}|j}-k^2}{d^2}$$

$$k=1,2,\cdots,n$$

如果支付额是递减的情况，即 $c_l = n - l + 1$，$l = 1, 2, \cdots, n$。这是在 n 年内每年年末支付额为 $n, n-1, \cdots, 1$ 的标准递减延付年金的情况，如果记这种情形的累积值为 $(DC)_k$，$E(DC)_k = (D\mu)_k E[(DC)_k^2] = (D\nu)_k$，显然

$$
\begin{aligned}
(DC)_k &= n(1+i_2)\cdots(1+i_k) + (n-1)(1+i_3)\cdots(1+i_k) + \\
&\quad \cdots + (1+i_k) + \cdots + n - k + 1 \\
&= (1+i_k)(DC)_{k-1} + n - k + 1
\end{aligned}
$$

可以得到

$$(D\mu)_k = \mu(D\mu)_{k-1} + n - k + 1$$

$$(D\nu)_k = \nu(D\nu)_{k-1} + 2(n-k+1)\mu(D\mu)_{k-1} + (n-k+1)^2$$

定理七：在假设 A_2 下，如果 $(DC)_k$ 表示在 k 年内每年年末支付额均为 n，$n-1, \cdots, 1$ 的递减延付年金在 k 年后的终值之和，则

$$(D\mu)_k = E(IC)_k = (n+1)S_{\overline{k|}j} - (IS)_{\overline{k|}j}$$

$$
\begin{aligned}
\mathrm{Var}[(DC)_k] &= \frac{2(1+j)^k}{j}\left(n - \frac{1}{j}\right)[(n+1)S_{\overline{k|}r} - (IS)_{\overline{k|}r}] \\
&\quad - \left[\frac{2(n+1)}{j^2}\left(n - \frac{1}{j}\right) + n^2\right]S_{\overline{k|}f} \\
&\quad + \frac{2}{j}\left(2n + 1 - \frac{1}{j}\right)(IS)_{\overline{k|}f} - \frac{2}{j}(I^2S)_{\overline{k|}f} + 2n(IS)_{\overline{k-1|}f} \\
&\quad - (I^2S)_{\overline{k-1|}f} - \frac{1}{j}\left(n - \frac{1}{j}\right)^2 S_{\overline{2k|}j} \\
&\quad + \frac{2}{j}\left(n - \frac{1}{j}\right)\left(n - k - \frac{1}{j}\right)S_{\overline{k|}j} - \frac{k^2}{j^2}
\end{aligned}
$$

$$k = 2, 3, \cdots, n$$

若令 $q = s/(1+j)$，类似地可以给出在假设 A_2 下，$(D\ddot{C})_k$ 表示在 k 年内每年年初支付额均为 $1, 2, \cdots, k$ 的延付年金在 k 年后的终值之和，则

$$E[(D\ddot{C})_k] = (n+1)\ddot{S}_{\overline{k|}j} - (I\ddot{S})_{\overline{k|}j}$$

$$
\begin{aligned}
\mathrm{Var}[(I\ddot{C})_k] &= \left(\frac{q}{d}\right)^2 \left\{\left(n - \frac{1}{j}\right)^2 \left[\frac{(1+j)^{2k}}{1+q}\ddot{S}_{\overline{k|}q} - \frac{2(1+j)^k}{1+r}\ddot{S}_{\overline{k|}r} + \frac{1}{1+f}\ddot{S}_{\overline{k|}r}\right]\right. \\
&\quad \left. + 2\left(n - \frac{1}{j}\right)\left[\frac{(1+j)^k}{1+r}(I\ddot{S})_{\overline{k|}r} - \frac{1}{1+f}(I\ddot{S})_{\overline{k|}f}\right] + \frac{1}{1+f}(I^2\ddot{S})_{\overline{k|}f}\right\}
\end{aligned}
$$

$$k = 1, 2, \cdots, n$$

2.3.3 死亡保险金现值的计算

死亡保险是以人的死亡为给付条件的险种，若被保险人在保险期限内死亡，则保险人给付保险金，否则不予给付。根据保险期限的不同，可将死亡保险分为定期死亡保险和终身死亡保险。定期死亡保险又称为定期寿险，它是以被保险人在固定期限内死亡发生为给付条件的。终身死亡保险又称为终身寿险，给付的期限是终身的，被保险人不论何时死亡，保险人都负责给付保险金。此外，延期死亡保险是指在签单后的一段延期期间内，保险人不承担保险责任的死亡险。延期死亡保险可分为延期的定期寿险和延期的终身寿险两类。与死亡保险有密切关系的生存保险是指被保险人生存至保险期满，由保险人按照保险合同的规定给付保险金的险种。若保险人在保险期内死亡，则保险人不承担保险责任。生死合险又叫两全保险，是指被保险人不论于保险期内死亡或生存至保险期满，保险人都负责给付保险金。

2.3.3.1 生存保险

在 x 岁投保的保额为 1 单位元的 n 年期生存保险，当被保险人生存至第 n 年末保险期满时，保险人给付 1 元生存保险金，保险合同终止。保险人给付额的现值 Z 可表示为

$$Z = v^n I_{(T(x) \geqslant n)} \tag{2.20}$$

记其精算现值 $E(Z)$ 为 $\bar{A}_{x:\overset{1}{\overline{n|}}}$ 或者 ${}_nE_x$。

对（2.20）两边取期望有

$${}_nE_x = E(Z) = v^n E(I_{(T(x) \geqslant n)}) = v^n {}_np_x \tag{2.21}$$

结论一：${}_nE_x$ 满足

$$l_{x\,n}E_x = v^n l_{x+n}$$

证明：将 ${}_np_x = \dfrac{l_{x+n}}{l_x}$ 代入式（2.21）得

$${}_nE_x = v^n \frac{l_{x+n}}{l_x}$$

整理可得 $l_{x\,n}E_x = v^n l_{x+n}$

证毕。

结论二：对 $n \geqslant 1$，有

$$(1+i) l_{x\,n}E_x = l_{x+1\,n-1}E_{x+1} \tag{2.22}$$

证明：将等式 ${}_np_x = {}_{n-1}p_{x+1}p_x$ 代入下式

$$(1+i) l_{x\,n}E_x = (1+i) l_x v^n {}_np_x = l_x v_n^{n-1} p_x = l_x v_{n-1}^{n-1} p_{x+1} p_x$$

再利用 $l_x p_x = l_{x+1}$ 得：

$$(1+i)l_{x\,n}E_x = l_{x+1\,n-1}E_{x+1}$$

证毕。

在确定生存群中，x 岁的 l_x 个人每人缴纳 ${}_nE_x$ 元，缴纳的总额为 $l_{x\,n}E_x$ 元。这笔基金按利率 i 累积，在第二年年初资金的总额为 $(1+i)l_{x\,n}E_x$ 元，按照式（2.11）可知每个生存的个体可享有 ${}_{n-1}E_{x+1}$。依次类推，至第 n 年年末每个生存的个体恰好享有 1 元，这正说明了 ${}_nE_x$ 的含义。

2.3.3.2 定期死亡保险

定期死亡保险，是以被保险人在保险期限内死亡为保险事故，由保险人负责给付保险金的死亡险，若保险期满时被保险人仍生存，则保险人不予给付，这一点正好与生存保险相反。

假设年龄为 x 岁的 n 年定期死亡保险，保险金为 1 单位元，当被保险人在未来 n 年内死亡时，保险人负责给付 1 元死亡保险金。

（1）死亡时立即支付

被保险人死亡时刻为 $T(x)$，所以保险人的支付时刻也为 $T(x)$。保险人给付额的现值 Z 为

$$Z = v^{T(x)} I_{[T(x)<n]} \tag{2.23}$$

Z 的精算现值记为 $\bar{A}^1_{x:\overline{n|}}$

结论三：

$$\bar{A}^1_{x:\overline{n|}} = \int_0^n v^t\,{}_tp_x\mu_x(t)\,dt$$

证明：$T(x)$ 的密度函数为 ${}_tp_x\mu_x(t)$，对（4.3.4）两边取期望有

$$\bar{A}^1_{x:\overline{n|}} = E\{v^{T(x)}I_{[T(x)<n]}\} = \int_0^\infty I_{(t<n)}v^t\,{}_tp_x\mu_x(t)\,dt = \int_0^n v^t\,{}_tp_x\mu_x(t)\,dt$$

证毕。

记 ${}^j\bar{A}^1_{x:\overline{n|}} = \bar{A}^1_{x:\overline{n|}}@j\delta$，其中 $@j\delta$ 表示计算时采用利息力为 $j\delta$。

结论四：

$$E(Z^j) = \int_0^n e^{-\delta jt}\,{}_tp_x\mu_x(t)\,dt = {}^j\bar{A}^1_{x:\overline{n|}}$$

证明：

$$\begin{aligned} E(Z^j) &= E\{v^{j\delta T(x)}I_{[T(x)<n]}\} \\ &= \int_0^\infty I_{(t<n)}e^{-\delta jt}\,{}_tp_x\mu_x(t)\,dt \\ &= \int_0^n e^{-\delta jt}\,{}_tp_x\mu_x(t)\,dt \end{aligned}$$

$$={}^{j}\bar{A}^{1}_{x:\overline{n}|}$$

证毕。

结论四可表示为

$$E(Z^{j})@\delta = E(Z)@j\delta$$

即以利息力 δ 计算的 Z 的 j 阶矩等于以利息力 $j\delta$ 计算的 Z 的精算现值。

结论五：对 $0 < m < n$，有

$$\bar{A}^{1}_{x:\overline{n}|} = \bar{A}^{1}_{x:\overline{m}|} + {}_{m}E_{x}\,\bar{A}^{1}_{x+m:\overline{n-m}|}$$

证明：由结论三可知

$$\begin{aligned}\bar{A}^{1}_{x:\overline{n}|} &= \int_{0}^{n} v^{t}\,{}_{t}p_{x}\mu_{x}(t)\,dt = \int_{0}^{m} v^{t}\,{}_{t}p_{x}\mu_{x}(t)\,dt + \int_{m}^{n} v^{t}\,{}_{t}p_{x}\mu_{x}(t)\,dt \\ &= \bar{A}^{1}_{x:\overline{m}|} + \int_{0}^{n-m} v^{t+m}\,{}_{t+m}p_{x}\mu_{x}(t+m)\,dt \\ &= \bar{A}^{1}_{x:\overline{m}|} + \int_{0}^{n-m} v^{t+m}\,{}_{m}p_{x}\,{}_{t}p_{x+m}\mu_{x+m}(t)\,dt \\ &= \bar{A}^{1}_{x:\overline{m}|} + v^{m}\,{}_{m}p_{x}\bar{A}^{1}_{x+m:\overline{n-m}|} \\ &= \bar{A}^{1}_{x:\overline{m}|} + {}_{m}E_{x}\,\bar{A}^{1}_{x+m:\overline{n-m}|}\end{aligned}$$

证毕。

结论五表明个体 (x) 岁的 n 年定期死亡保险的给付区间可以分为：前 m 年死亡给付金的精算现值 $\bar{A}^{1}_{x:\overline{m}|}$，后 $n-m$ 年死亡给付金的精算现值 ${}_{m}E_{x}\bar{A}^{1}_{x+m:\overline{n-m}|}$。两个年龄段对应的精算现值之和等于 n 年定期死亡保险给付额的精算现值。

（2）死亡保单年度末支付

个体 (x) 死亡的保单年度末给付保险金时，给付的时刻为 $K(x)+1$，所以保险人给付额的现值为

$$Z = v^{K(x)+1} I_{(T(x)<n)} \tag{2.24}$$

其精算现值记为 $A^{1}_{x:\overline{n}|}$

结论六：

$$A^{1}_{x:\overline{n}|} = \sum_{j=0}^{n-1} v^{j+1}\,{}_{j|}q_{x} \tag{2.25}$$

证明：对式（2.25）两边取期望有

$$\begin{aligned}A^{1}_{x:\overline{n}|} &= E\{v^{K(x)+1} I_{[T(x)<n]}\} \\ &= \sum_{j=0}^{n-1} E\{v^{K(x)+1} I_{[K(x)=j]}\} = \sum_{j=0}^{n-1} v^{j}\,{}_{j|}q_{x}\end{aligned}$$

结论七：

$$A^{1}_{x:\overline{n}|} = vq_{x} + vp_{x}\cdot A^{1}_{x+1:\overline{n-1}|} \tag{2.26}$$

$$l_{x}A^{1}_{x:\overline{n}|} = \sum_{j=0}^{n-1} v^{j+1} d_{x+j} \tag{2.27}$$

证明：将等式 ${}_{j}p_{x} = {}_{1}p_{x}\cdot{}_{j-1}p_{x+1}$ 代入式（2.25）得：

$$
\begin{aligned}
A^{1}_{x:\overline{n}|} &= \sum_{j=0}^{n-1} v^{j+1}_{j}p_x q_{x+j} = vq_x + \sum_{j=0}^{n-1} v^{j+1}_{j-1}p_{x+1}p_x q_{x+j} \\
&= vq_x + vp_x \sum_{j=0}^{n-1} v^{j}_{j-1|}q_{x+j} \\
&= vq_x + vp_x \sum_{j=0}^{n-2} v^{j+1}_{j|}q_{x+1} \\
&= vq_x + vp_x \cdot A^{1}_{x+1:\overline{n-1}|}
\end{aligned}
$$

即得式（2.26）。

再将等式 ${}_{j|}q_x = d_{x+j}/l_x$ 代入式（2.25）得式（2.27）。

证毕。

结论七的含义为：在确定生存模型中，x 岁的 l_x 个个体每人缴纳 $A^{1}_{x:\overline{n}|}$ 元，则此笔资金及其利息累积，恰好能够使得在 n 年内每一死亡个体在死亡的保单年度末得到 1 元死亡保险金。

结论八：$l_x(1+i)A^{1}_{x:\overline{n}|} = d_x \cdot (1 - A^{1}_{x+1:\overline{n-1}|}) + l_x A^{1}_{x+1:\overline{n-1}|}$

证明：将（2.27）两边同乘以（$1+i$），得

$$
\begin{aligned}
(1+i)A^{1}_{x:\overline{n}|} &= q_x + p_x A^{1}_{x+1:\overline{n-1}|} \\
&= q_x + (1-q_x)A^{1}_{x+1:\overline{n-1}|} \\
&= q_x(1 - A^{1}_{x+1:\overline{n-1}|}) + A^{1}_{x+1:\overline{n-1}|}
\end{aligned}
$$

将 $q_x = d_x/l_x$ 代入得

$$
l_x(1+i)A^{1}_{x:\overline{n}|} = d_x \cdot (1 - A^{1}_{x+1:\overline{n-1}|}) + l_x A^{1}_{x+1:\overline{n-1}|}
$$

证毕。

结论八的含义为：在确定生存模型中，x 岁的 l_x 个个体每人缴纳 $A^{1}_{x:\overline{n}|}$ 元，共计 $l_x A^{1}_{x:\overline{n}|}$ 元。此笔资金及其利息累积在次年年初共计 $l_x(1+i)A^{1}_{x:\overline{n}|}$。这笔资金可以这样分配：

①x 岁的 l_x 个个体每人可享有 $A^{1}_{x+1:\overline{n-1}|}$ 元，总计 $l_x A^{1}_{x+1:\overline{n-1}|}$ 元；

②在第一年内死亡的 d_x 个人每人可得到额外给付额为 $1 - A^{1}_{x+1:\overline{n-1}|}$ 元，总计 $d_x \cdot (1 - A^{1}_{x+1:\overline{n-1}|})$ 元。这样，死亡的 d_x 个人每人实际得到 $1 - A^{1}_{x+1:\overline{n-1}|} + A^{1}_{x+1:\overline{n-1}|} =$ 1 元，即死亡保险金，而在第二年年初 l_{x+1} 个生存的个体，每人享有金额为 $A^{1}_{x+1:\overline{n-1}|}$ 元，总计 $l_{x+1}A^{1}_{x+1:\overline{n-1}|}$ 元。

结论九：设在每一年龄 UDD 假设成立，则

$$
\bar{A}^{1}_{x:\overline{n}|} = \frac{i}{\delta} A^{1}_{x:\overline{n}|}
$$

证明：在 UDD 假设下，有

$$
T(x) = K(x) + S(x)
$$

其中 $K(x)$ 、$S(x)$ 独立，且 $S(x)$ 服从 [0, 1] 上的均匀分布，所以有

$$\begin{aligned}\bar{A}^{1}_{x:\overline{n}|} &= E(v^{T(x)}I_{(T(x)<n)}) = E(v^{K(x)+S(x)}I_{(K(x)<n)}) \\ &= E(v^{K(x)+1}I_{(K(x)<n)}) \cdot E(v^{S(x)-1}) \\ &= A^{1}_{x:\overline{n}|}\int_0^1 v^{s-1}ds = A^{1}_{x:\overline{n}|}\int_0^1 e^{-\delta(s-1)}ds = \frac{i}{\delta}A^{1}_{x:\overline{n}|}\end{aligned}$$

证毕。

结论九说明了在一定假定条件下，不同支付时刻的保险金精算现值之间的关系。

2.3.3.3 终身死亡保险

终身死亡保险又称为终身寿险，终身死亡保险与定期死亡保险的主要差别在于保险期限的不同，前者的保险期限是终身的，而后者是固定的。在理论上终身死亡保险可以看作定期寿险的极限情况；在实务中，一些保险公司对于投保终身寿险的被保险人，当其生存至某一年龄，保险公司会提前给付死亡保险金，这样可以降低保险公司对此保单的支出费用。

（1）死亡时立即支付

假设年龄为 x 岁的被保险人投保终身寿险，死亡保险金为 1 单位元，在死亡后立即给付时，保险人给付额的现值为

$$Z = v^{T(x)}$$

精算现值为 $\bar{A}_x$ ，则有

$$\bar{A}_x = E(Z) = E(v^{T(x)}) = \int_0^{\infty} v^t \, {}_tp_x\mu_x(t)\,dt = \int_0^{\infty} v^t \, {}_tp_x\mu_x(t)\,dt$$

记 ${}^{j}\bar{A}_x = \bar{A}_x@j\delta$ ，易证

$$E(Z^j) = {}^{j}\bar{A}_x$$

结论十：$\frac{d}{dx}\bar{A}_x = \delta\bar{A}_x + \mu(x)(\bar{A}_x - 1)$

证明：由 $\bar{A}_x$ 的定义有

$$\begin{aligned}\bar{A}_x &= \int_0^{\infty} v^t \, {}_tp_x\mu_x(t)\,dt = \int_0^{\infty} v^t e^{-\int_x^{x+t}\mu(s)ds}\mu(x+t)\,dt \\ &= -\int_0^{\infty} v^t d(e^{-\int_x^{x+t}\mu(s)ds}) \\ &= v^t e^{-\int_x^{x+t}\mu(s)ds}\Big|_0^{\infty} - \delta\int_0^{\infty} v^t e^{-\int_x^{x+t}\mu(s)ds}dt \\ &= 1 - \delta\int_0^{\infty} v^t e^{-\int_x^{x+t}\mu(s)ds}dt \end{aligned} \tag{2.28}$$

对 x 求导数得

$$\frac{d}{dx}\bar{A}_x = -\delta\int_0^{\infty} v^t e^{-\int_x^{x+t}\mu(s)ds}(\mu(x) - \mu(x+t))dt$$

$$= -\delta\mu(x)\int_0^{\infty} v^t e^{-\int_x^{x+t}\mu(s)ds}dt + \delta\mu(x)\int_0^{\infty} v^t e^{-\int_x^{x+t}\mu(s)ds}\mu(x+t)dt$$

$$= \mu(x)(1 - \int_0^{\infty} v^t e^{-\int_x^{x+t}\mu(s)ds}dt) - \mu(x) + \delta\bar{A}_x$$

利用式（2.28）得

$$\frac{d}{dx}\bar{A}_x = \mu(x)\bar{A}_x - \mu(x) + \delta\bar{A}_x = \delta\bar{A}_x + \mu(x)(\bar{A}_x - 1)$$

证毕。

(2) 死亡保单年末支付

假设年龄为 x 岁投保终身寿险，死亡保险金为 1 单位元，在死亡年末给付时，保险人给付额的现值为 $Z = v^{K(x)+1}$

精算现值为 A_x，则有

结论十一：$A_x = \sum_{j=0}^{\infty} v^{j+1}\ {}_{j|}q_x \qquad A_x = vq_x + vp_x \cdot A_{x+1}$

$$l_x(1+i)A_x = d_x \cdot (1 - A_{x+1}) + l_x A_{x+1}$$

$$l_x A_x = \sum_{j=0}^{\infty} v^{j+1} d_{x+j}$$

2.3.3.4　两全保险

所谓两全保险是指，当被保险人在保险期内死亡时保险人负责给付死亡保险金，当被保险人生存至保险期满时保险人负责给付生存保险金。死亡保险金与生存保险金可以相同，也可以不同。

假设 x 岁的个体购买了 n 年期两全保险，若个体 (x) 在 n 年期内死亡，则保险人负责给付 1 单位元死亡保险金，否则保险人在 n 年末给付 1 元生存保险金。

(1) 死亡时立即支付

对于个体 (x) 在 n 年期两全保险，保险人给付时刻等于死亡时刻 $T(x)$ 与保险期限 n 的最小值。记 $T(x) \wedge n = \min(T(x), n)$，则保险人给付保险金的现值 Z 可表示为

$$Z = v^{T(x)\wedge n} \tag{2.29}$$

其精算现值记为 $\bar{A}_{x:\overline{n|}}$

结论十二：$\bar{A}_{x:\overline{n|}} = \bar{A}^{1}_{x:\overline{n|}} + \bar{A}_{x:\overset{\ 1}{\overline{n|}}}$

证明：对式（2.29）两边取期望有

$$\bar{A}_{x:\overline{n}|} = E[v^{v^{T(x)\wedge n}}] = E\{v^{v^{T(x)\wedge n}} I_{[T(x)\geqslant n]}\} + E\{v^{v^{T(x)\wedge n}} I_{[T(x)<n]}\}$$

$$= \bar{A}_{x:\overset{1}{\overline{n}|}} + \bar{A}^{1}_{x:\overline{n}|}$$

证毕。

结论十三：对整数 $0 < m < n$，有

$$\bar{A}_{x:\overline{m}|} = \bar{A}^{1}_{x:\overline{m}|} + {}_{m}E_{x}\bar{A}_{x+m:\overline{n-m}|}$$

证明：根据结论十二

$$\bar{A}_{x:\overline{n}|} = \int_{0}^{n} v^{t}\,{}_{t}p_{x}\mu_{x}(t)dt + v^{n}\,{}_{n}p_{x}$$

$$= \int_{0}^{m} v^{t}\,{}_{t}p_{x}\mu_{x}(t)dt + \int_{m}^{n} v^{t}\,{}_{t}p_{x}\mu_{x}(t)dt + v^{n-m}v^{m}\,{}_{n}p_{x}$$

$$= \bar{A}^{1}_{x:\overline{m}|} + {}_{m}E_{x}\int_{0}^{n-m} v^{t}_{t}p_{x+m}\mu_{x+m}(t)dt + {}_{m}E_{x}\bar{A}_{x+m:\overset{1}{\overline{n-m}|}}$$

$$= \bar{A}^{1}_{x:\overline{m}|} + {}_{m}E_{x}(\bar{A}^{1}_{x+m:\overset{1}{\overline{n-m}|}} + \bar{A}_{x+m:\overset{1}{\overline{n-m}|}})$$

$$= \bar{A}^{1}_{x:\overline{m}|} + {}_{m}E_{x}\bar{A}_{x+m:\overline{n-m}|}$$

证毕。

分别记 (x) 的 n 年期生存保险和 n 年期死亡保险的现值为 Z_1 和 Z_2，即

$$Z_1 = v^{T(x)} I_{(T(x)<n)},\ Z_2 = v^{T(x)} I_{(T(x)\geqslant n)} \tag{2.30}$$

则两全保险的现值

$$Z = Z_1 + Z_2$$

两边取期望，得

$$\bar{A}_{x:\overline{n}|} = E(Z_1) + E(Z_2) = \bar{A}^{1}_{x:\overline{n}|} + \bar{A}_{x:\overset{1}{\overline{n}|}}$$

结论十四：两全保险、生存保险与死亡保险三者之间的关系有

$$\mathrm{Var}(Z) = \mathrm{Var}(Z_1) + \mathrm{Var}(Z_2) - 2\bar{A}^{1}_{x:\overline{n}|} + \bar{A}_{x:\overset{1}{\overline{n}|}}$$

证明：根据（2.30）可知 $Z_1 \times Z_2 = 0$，所以

$$\mathrm{Var}(Z) = \mathrm{Var}(Z_1 + Z_2)$$

$$= \mathrm{Var}(Z_1) + \mathrm{Var}(Z_2) + 2\mathrm{cov}(Z_1, Z_2)$$

$$= \mathrm{Var}(Z_1) + \mathrm{Var}(Z_2) + 2[E(Z_1 \times Z_2) - E(Z_1) \times E(Z_2)]$$

$$= \mathrm{Var}(Z_1) + \mathrm{Var}(Z_2) - 2\bar{A}^{1}_{x:\overline{n}|} + \bar{A}_{x:\overset{1}{\overline{n}|}}$$

证毕。

由结论十四可知：

$$\mathrm{Var}(Z) \leqslant \mathrm{Var}(Z_1) + \mathrm{Var}(Z_2)$$

即两全保险的方差小于其对应的生存保险和死亡保险方差的和。从这一点来看，个体 (x) 的两全保险可起到降低保险人风险的作用。由此，保险人在设计保险产品时可以采用死亡保险与生存保险的组合来降低自身的风险。

(2) 死亡保单年末支付

若个体 (x) 死亡，保险人在死亡保单年度末给付保险金，给付的时刻为 $[K(x)+1] \wedge n = \min[K(x)+1, n]$，所以保险人给付额的现值 Z 可表示为 $Z = v^{(K(x)+1)\wedge n}$

其精算现值记为 $A_{x:\overline{n}|}$，则有

$$A_{x:\overline{n}|} = \sum_{j=0}^{n-1} v^{j+1}\ {}_{j|}q_x + v^n\ {}_np_x$$

结论十五：对整数 $m < n$，有

$$A_{x:\overline{m}|} = A^1_{x:\overline{m}|} + {}_mE_x A_{x+m:\overline{n-m}|}$$

结论十六：$(1+i)A_{x:\overline{n}|} = q_x \cdot (1 - A_{x+1:\overline{n-1}|}) + A_{x+1:\overline{n-1}|}$

结论十六的含义为：在确定生存模型中，x 岁的个体每人缴纳 $A_{x:\overline{n}|}$ 元，则在第一年末资金总额为 $(1+i)A_{x:\overline{n}|}$。在这一年末不论个体是否存在，都可享有其中的 $A_{x+1:\overline{n-1}|}$。若个体在一年内死亡，则可在年末得到额外的给付金 $(1 - A_{x+1:\overline{n-1}|})$。个体在一年内死亡的概率为 q_x，所以死亡的额外的给付金的期望为 $q_x \cdot (1 - A_{x+1:\overline{n-1}|})$。因此个体在这一年所得到的总的给付金的期望为 $q_x \cdot (1 - A_{x+1:\overline{n-1}|}) + A_{x+1:\overline{n-1}|}$，正好等于年末的资金额 $(1+i)A_{x:\overline{n}|}$。

结论十七：在每一年龄年 UDD 假设下，有

$$\bar{A}_{x:\overline{n}|} = \frac{i-\delta}{\delta} A^1_{x:\overline{n}|} + A_{x:\overline{n}|}$$

证明：在 UDD 假设下，有

$$\bar{A}^1_{x:\overline{n}|} = \frac{i}{\delta} A^1_{x:\overline{n}|}$$

故

$$\begin{aligned}\bar{A}_{x:\overline{n}|} &= A^1_{x:\overline{n}|} + \bar{A}_{x:\overset{\ 1}{\overline{n}|}} \\ &= \frac{i}{\delta} A^1_{x:\overline{n}|} + A_{x:\overline{n}|} - A^1_{x:\overline{n}|} \\ &= \frac{i-\delta}{\delta} A^1_{x:\overline{n}|} + A_{x:\overline{n}|}\end{aligned}$$

证毕。

2.3.3.5 延期死亡保险

个体 (x) 延期 m 年的终身死亡保险，是指若被保险人 (x) 在签单后的 m 年内死亡，则保险人不承担给付责任，而当个体 (x) 在签单后的 m 年后死亡时，保险人负责给付死亡保险金。

（1）死亡时立即支付

假设保险金为1单位元，在死亡后立即支付，保险人给付额的现值 Z 可表示为

$$Z = v^{T(x)} I_{(T(x) \geqslant m)}$$

其精算现值记为 ${}_{m|}\bar{A}_x$，则有

$$ {}_{m|}\bar{A}_x = E(v^{T(x)} I_{(T(x) \geqslant m)}) = \int_m^{\infty} v^t\ {}_tp_x \mu_x(t)\,dt \tag{2.31}$$

结论十八：$${}_{m|}\bar{A}_x = {}_mE_x \bar{A}_{x+m}$$

证明：根据式（2.31），有

$$ {}_{m|}\bar{A}_x = \int_m^{\infty} v^t\ {}_tp_x \mu_x(t)\,dt = \int_0^{\infty} v^{m+t}_{m+t}p_x \mu_x(m+t)\,dt$$

$$= v^m \int_0^{\infty} v^t_{m}p_{x\ t}p_{x+m} \mu_{x+m}(t)\,dt = v^m\ {}_mp_x \bar{A} = {}_mE_x \bar{A}_{x+m}$$

证毕。

（2）死亡保单年末支付

保险人给付额的现值 Z 可表示为

$$Z = v^{[K(x)+1]\wedge n} I_{[T(x) \geqslant m]}$$

其精算现值记为 ${}_{m|}A_x$，则有

$$ {}_{m|}A_x = E\{v^{[K(x)+1]\wedge n} I_{[T(x) \geqslant m]}\} = \sum_{j=m}^{\infty} v^{j+1}\ {}_{j|}q_x$$

结论十九：${}_{m|}A_x = {}_mE_x A_{x+m}$

结论二十：$A_x = A^1_{x:\overline{n}|} + {}_{m|}A_x$

证明：根据精算现值定义有

$$A_x = E[v^{K(x)+1}] = E\{v^{[K(x)+1]} I_{[K(x) \geqslant m]}\} + E\{v^{[K(x)+1]} I_{[T(x) < m]}\}$$

$$= A^1_{x:\overline{n}|} + {}_{m|}A_x$$

证毕。

2.3.3.6　变额人寿保险

所谓变额人寿保险是指保险金额有变化的险种。主要的险种有：标准年递增终身寿险、标准年递减 n 年期寿险、连续递增终身寿险等，这些险种的特点是，不同的死亡年度保险人给付不同的保险金。

（1）随机模型

保险金额因死亡时间的不同而变化的死亡保险，称为变额保险。按支付的时间可以分为：

①在死亡年末给付；

②在死亡后立即给付；

③每年分为 m 个区间，在死亡的区间末给付。

令 b_t 表示个体在时刻 t 得到的死亡保险金的额度，以上三种情况下死亡给付额的现值分别为：

① $b_{T(x)}v^{T(x)}$

② $b_{K(x)+1}v^{K(x)+1}$

③ $b_{K(x)+\frac{(J(x)+1)}{m}}v^{K(x)+\frac{(J(x)+1)}{m}}$

三种变额保险的精算现值分别为：

① $\int_0^{\infty} v^t b_{t\,t}p_x\mu_x(t)\,dt$

② $\sum_{j=0}^{n-1} b_{j+1}v^{j+1}\ {}_{j|}q_{\ x}$

③ $\sum_{j=0}^{\infty}\sum_{i=0}^{m-1} b_{j+\frac{(i+1)}{m}}v^{j+\frac{(i+1)}{m}}_{j+i/m|1/m}q_{\ x}$

（2）标准年递增终身寿险

个体（x）标准年递增终身寿险，是指若被保险人在投保后的第一年内死亡，则给付 1 元死亡保险金，若在投保后的第二年内死亡则给付 2 元死亡保险金，依次递增。死亡后立即支付和在死亡年末支付分别记为 $(I\bar{A})_x$ 和 $(IA)_x$。

结论二十一：

$$(I\bar{A})_x = \sum_{j=0}^{\infty}(j+1)\int_j^{j+1} v^t\ {}_tp_x\mu_x(t)\,dt$$

$$(IA)_x = \sum_{j=0}^{\infty}(j+1)\ v^{j+1}\ {}_{j|}q_{\ x}$$

证明：根据定义易证。

（3）标准年递减 n 年期寿险

个体（x）标准年递减 n 年期寿险，是指若被保险人在投保后的第一年内死亡，则给付 n 元死亡保险金，若在投保后的第二年内死亡则给付 $n-1$ 元死亡保险金，依次递减。死亡后立即支付和在死亡年末支付精算现值分别记为 $(D\bar{A})^{\ 1}_{x:\,\overline{n}|}$ 和 $(DA)^{\ 1}_{x:\,\overline{n}|}$。

结论二十二：

$$(D\bar{A})^{\ 1}_{x:\,\overline{n}|} = \sum_{j=0}^{n-1}(n-j)\int_j^{j+1} v^t\ {}_tp_x\mu_x(t)\,dt$$

$$(DA)^{\ 1}_{x:\,\overline{n}|} = \sum_{j=0}^{n-1}(n-j)\ v^{j+1}\ {}_{j|}q_{\ x}$$

(4) 连续递增终身寿险

个体 (x) 连续递增终身寿险，是指若被保险人在投保后的某个时刻，如 t 时刻死亡，则保险人立即给付 t 元死亡保险金，精算现值记为 $(\bar{I}\bar{A})_x$，则有

$$(\bar{I}\bar{A})_x = \int_0^\infty tv^t\ {}_tp_x\mu_x(t)\,dt$$

结论二十三：

$$(\bar{I}\bar{A})_x = \int_0^\infty {}_{t|}\bar{A}_x\,dt$$

证明：由 $(\bar{I}\bar{A})_x$ 的定义有

$$\begin{aligned}(\bar{I}\bar{A})_x &= \int_0^\infty tv^t\ {}_tp_x\mu_x(t)\,dt = \int_0^\infty \int_0^t ds v^t\ {}_tp_x\mu_x(t)\,dt \\ &= \int_0^\infty \int_0^\infty v^t\ {}_tp_x\mu_x(t) I_{(s<t)}\,dtds \\ &= \int_0^\infty \int_s^\infty v^t\ {}_tp_x\mu_x(t)\,dtds \\ &= \int_0^\infty {}_{t|}\bar{A}_x\,dt\end{aligned}$$

证毕。

(5) 几种变额保险之间的相互关系

结论二十四：

$$(DA)^1_{x:\overline{n}|} = nvq_x + vp_x\,(DA)^1_{x+1:\overline{n-1}|} \tag{2.32}$$

$$(DA)^1_{x:\overline{n}|} = \sum_{j=0}^{n-1} A^1_{x:\overline{n-j}|} \tag{2.33}$$

$$(DA)^1_{x:\overline{n}|} = \sum_{j-0}^{n-1} (n-j)\,{}_{j|1}A_x \tag{2.34}$$

$$(IA)_x = vq_x + vp_x(A_{x+1} + (IA)_{x+1}) \tag{2.35}$$

式（2.32）可理解为：个体 (x) 的 n 年定期标准年递减寿险可分为两个给付区间，即第一年及接下来的 $n-1$ 年。在第一年保险人给付额的精算现值为 nvq_x。保险人在接下来的 $n-1$ 年的给付实际上是对 $x+1$ 岁个体的标准年递减 $n-1$ 年期寿险，其对应的精算现值为 $(DA)^1_{x+1:\overline{n-1}|}$。个体生存至 $x+1$ 岁的概率为 p_x，则保险人在接下来的 $n-1$ 年给付额的精算现值为 $p_x \cdot (DA)^1_{x+1:\overline{n-1}|}$，两部分合在一起就是：

$$nvq_x + vp_x\,(DA)^1_{x+1:\overline{n-1}|}$$

式（2.33）可理解为：$A^1_{x:\overline{n-j}|}$ 表示个体 (x) 单位保额的 $n-j$ 年死亡保险保险人给付额的精算现值。$\sum_{j=0}^{n-1} A^1_{x:\overline{n-j}|}$ 代表的是一种 n 年期的死亡险，若个体在第

k 个保单年内死亡，则承担给付保险金为 $A_{x:\overline{j}|}^{1}$ ，$j=k$，$k+1$，…，n ，总的给付额为 $n=k+1$ 元。这种给付就是标准年递减 n 年期死亡险所提供的给付，利用精算现值相等，得

$$(DA)_{x:\overline{n}|}^{1} = \sum_{j=0}^{n-1} A_{x:\overline{n-j}|}^{1}$$

式（2.34）可理解为：个体 (x) 的标准年递减 n 年期寿险可表示为一年期定期寿险的组合。第一年的保险金为 n 元，第二年的保险金为 $n-1$ 元，依次类推，第 n 年为 1 元，对应的精算现值分别为 $(n-j)_{j|1}A_x$ ，$j=0$，1，…，$n-1$，因此有：

$$(DA)_{x:\overline{n}|}^{1} = \sum_{j=0}^{n-1} (n-j)_{j|1}A_x$$

式（2.35）与上述解释类似。

结论二十五：在每一年龄年 UDD 假设下，有

$$\frac{(I\bar{A})_x - (\bar{I}\bar{A})_x}{\bar{A}_x} = \frac{1}{d} - \frac{1}{\delta}$$

证明：利用 $K(x)$ 与 $S(x)$ 独立，且 $S(x)$ 服从［0，1］上的均匀分布，得

$$\begin{aligned}(I\bar{A})_x - (\bar{I}\bar{A})_x &= E[(K+1)v^T] - E[Tv^T] \\ &= E[(K+1-T)v^T] - E[(1-S)v^{K+S}] \\ &= E(v^{K+1})E[(1-S)v^{S-1}] \\ &= A_x\int_0^{\infty}(1-s)v^{s-1}ds \\ &= (1+i)(\frac{1}{\delta} - \frac{d}{\delta^2})\ \frac{\delta}{i}\bar{A}_x\end{aligned}$$

即 $\dfrac{(I\bar{A})_x - (\bar{I}\bar{A})_x}{\bar{A}_x} = \dfrac{1}{d} - \dfrac{1}{\delta}$

证毕。

定理七：已知在每一年龄年 UDD 假设成立。对个体 (x)，已知 $b_T = b_{K+1}^*$，则有

$$E(b_{T(x)}v^{T(x)}) = E(b_{K+1}^* v^{K+1})\ \frac{i}{\delta}$$

证明：利用 $K(x)$ 与 $S(x)$ 独立，且 $S(x)$ 服从［0，1］上的均匀分布，得

$$\begin{aligned}E[b_{T(x)}v^{T(x)}] &= E[b_{T(x)}v^{K(x)+S(x)}] = E[b_{T(x)}v^{K(x)+1+S(x)-1}] \\ &= E[b_{T(x)}v^{K(x)+1}]E[v^{S(x)-1}] = EE(b_{K+1}^* v^{K+1})\ \frac{i}{\delta}\end{aligned}$$

证毕。

定理八：说明：对于保险期限相同的两种死亡险，在死亡后立即给付和在死亡保单年度末给付，在这两种情况下保险人给付相同的保险金，则对于这两种死亡险，保险人给付额的精算现值的比值等于利率与利息力之比。

结论二十六：在每一年龄年 UDD 假设下，有

$$\bar{A}^{1}_{x:\overline{n}|} = \frac{i}{\delta}A^{1}_{x:\overline{n}|}，\ \bar{A}_{x} = \frac{i}{\delta}A_{x}，\ {}_{m|n}\bar{A}_{x} = \frac{i}{\delta}\,{}_{m|n}A_{x}$$

$$(I\bar{A})^{1}_{x:\overline{n}|} = \frac{i}{\delta}(IA)^{1}_{x:\overline{n}|}，\ (DA)^{1}_{x:\overline{n}|} = \frac{i}{\delta}(D\bar{A})^{1}_{x:\overline{n}|}$$

结论二十七：在每一年龄年 UDD 假设下，有

$$(\bar{I}\bar{A})_{x} = \frac{i}{\delta}[(IA)_{x} - (\frac{1}{d} - \frac{1}{\delta})A_{x}]$$

证明：根据 UDD 假设，得

$$\begin{aligned}
(\bar{I}\bar{A})_{x} &= E[(K+S)v^{K+S}] \\
&= E[(K+1)v^{K+S}] - E[(1-S)v^{K+1+S-1}] \\
&= E((K+1)v^{K+1})Ev^{s-1} - E((1-S)v^{S-1})Ev^{K+1} \\
&= \frac{i}{\delta}(IA)_{x} - A_{x}(\frac{1+i}{\delta} - \frac{i}{\delta^{2}})] \\
&= \frac{i}{\delta}[(IA)_{x} - (\frac{1}{d} - \frac{1}{\delta})A_{x}] \\
&= \frac{i}{\delta}[(IA)_{x} - (\frac{1}{d} - \frac{1}{\delta})A_{x}]
\end{aligned}$$

证毕。

2.3.3.7 死亡保险金与生命年金的关系

(1) 两全保险与生命年金的关系

结论二十八：$\delta\bar{a}_{x:\overline{n}|} + \bar{A}_{x:\overline{n}|} = 1$

$$\mathrm{Var}(\bar{a}_{\overline{T(x)\wedge n}|}) = \frac{{}^{2}\bar{A}_{x:\overline{n}|} - (\bar{A}_{x:\overline{n}|})^{2}}{\delta^{2}}$$

证明：对等式 $\bar{a}_{\overline{T(x)\wedge n}|} = \dfrac{1 - v^{T(x)\wedge n}}{\delta}$ 两边取期望得

$$\bar{a}_{x:\overline{n}|} = \frac{1 - \bar{A}_{x:\overline{n}|}}{\delta}$$

前一式得证。又

$$\mathrm{Var}[\bar{a}_{\overline{K(x)}|}] = \frac{\mathrm{Var}[1 - v^{T(x)\wedge n}]}{\delta^2} = \frac{\mathrm{Var}[v^{T(x)\wedge n}]}{\delta^2}$$

$$= \frac{{}^2\bar{A}_{x:\overline{n}|} - (\bar{A}_{x:\overline{n}|})^2}{\delta^2}$$

证毕。

记 ${}^j\bar{A}^1_{x:\overline{n}|} = \bar{A}^1_{x:\overline{n}|}@j\delta$，其中 $@j\delta$ 表示计算时采用利息力为 $j\delta$。

(2) 终身寿险与终身生命年金的关系

结论二十九：$$\delta\bar{a}_x + \bar{A}_x = 1$$

$$\mathrm{Var}(\bar{a}_{\overline{T(x)}|}) = \frac{{}^2\bar{A}_x - (\bar{A}_x)^2}{\delta^2}$$

(3) 终身寿险与起初生命年金的关系

结论三十：$d\ddot{a}_x + A_x = 1 \quad d\ddot{a}_{\overline{x:n}|} + A_{\overline{x:n}|} = 1$

$$\mathrm{Var}[\ddot{a}_{\overline{(K(x)+1)}|}] = \frac{{}^2A_x - (A_x)^2}{d^2}$$

$$\mathrm{Var}\{\ddot{a}_{\overline{[K(x)+1]\wedge n}|}\} = \frac{{}^2A_{\overline{x:n}|} - (A_{\overline{x:n}|})^2}{d^2}$$

证明：利用等式 $\ddot{a}_{\overline{[K(x)+1]}|} = \dfrac{1 - v^{K(x)+1}}{d}$，$\ddot{a}_{\overline{[K(x)+1]\wedge n}|} = \dfrac{1 - v^{[K(x)+1]\wedge n}}{d}$ 易证各式成立。

等式 $d\ddot{a}_x + A_x = 1$ 可理解为：x 岁个体投资 1 元，从投资之日起，个体 (x) 生存期间内在每年年初获得利息 d 元，利息的给付金的精算现值为 $d\ddot{a}_x$。当个体 (x) 死亡后，在死亡的年末得到返还的 1 元，返还本金的精算现值为 A_x。给付的利息与返还本金的精算现值之和 $d\ddot{a}_x + A_x$ 等于投资者的本金 1 元。

2.3.4 半连续条件下终身寿险精算函数

在采取分期均衡缴纳保费的方式下，按照死亡保险金给付时刻的不同可将寿险分为两种类型：①完全离散型寿险（fully discrete life insurance），死亡保险金在被保险人死亡的保单年度末给付；②半连续型寿险（semi-continuous lifeinsurance），死亡保险金在被保险人死亡后立即给付。目前的研究多对连续式寿险均衡净保费及责任准备金进行精算分析，对半连续情况的讨论不多，但由于人寿保险的死亡给付通常是在被保险人死亡的当时给付，半连续式寿险模型在保险实务中是比较切合实际，所以对半连续终身寿险进行分析具有重要现实意义。

设保险金为 1 元的半连续终身寿险。假设剩余寿命随机变量 $T(x)$ 满足 de Moivre 条件，$\mu_x = \frac{1}{\varpi - x}(0 \leqslant x \leqslant \varpi)$ 则 $T(x)$ 的密度函数为

$$f_T(t) = {}_tP\mu_{x+t} = \frac{1}{\omega - x}$$

当利率确定时，利息力为常数。

设 $\delta(t) = \delta$，由利息理论可知，折现系数 $v(t) = e^{-\int_0^t \delta(s)ds} = e^{-t\delta}$

则保险损失 $L = v(t) - P\sum_{k=0}^{\varpi-x-1} I[k \leqslant T(x) < k+1]\frac{1-e^{-t\delta}}{d}$

$$Z_1 = v(t),\ Z_2 = \sum_{k=0}^{\varpi-x-1} I[k \leqslant T(x) < k+1]\frac{1-e^{-t\delta}}{d}$$

$$EZ_1 = \int_0^{\varpi-x} e^{-t\delta}\frac{1}{\omega-x}dt - \frac{1-e^{-(\omega-x)\delta}}{(\omega-x)\delta}$$

$$= \int_0^{\varpi-x} e^{-t\delta}\frac{1}{\omega-x}dt = \frac{1-e^{-(\omega-x)\delta}}{(\omega-x)\delta}$$

$$EZ_2 = \sum_{k=0}^{\varpi-x-1} I[k \leqslant T(x) < k+1]\frac{1-e^{-t\delta}}{d}$$

$$= \frac{1}{\omega-x}\sum_{k=0}^{\varpi-x-1}\frac{1-e^{-tk}}{d}$$

$$= \frac{e^{-\delta(\omega-x)}-1+(\omega-x)(1-e^{-\delta})}{d(\omega-x)(1-e^{-\delta})}$$

根据保费精算的平衡原理 $E(L) = 0$，均衡净保费

$$P = \frac{EZ_1}{EZ_2} = \frac{d[e^{-\delta(\omega-x)}-1](1-e^{-\delta})}{[e^{-\delta(\omega-x)}-1]+(\omega-x)(1-e^{-\delta})}$$

令 S 在 UDD 假设下，则 S 与 K 是相互独立的。则保险损失风险

$\mathrm{Var}(L) = \mathrm{Var}(Z_1 - PZ_2)$

$$= E[(e^{-T\delta} - p\frac{1-e^{-\delta(K+1)}}{d}) - E(e^{-T\delta} - P\frac{1-e^{-\delta(K+1)}}{d})]^2$$

$$= E[(e^{-(K+1)\delta}e^{-(S-1)\delta} - P\frac{1-e^{-\delta(K+1)}}{d}) - E(e^{-(K+1)\delta}e^{-(S-1)\delta} - P\frac{1-e^{-\delta(K+1)}}{d})]^2$$

利用 S 与 K 的相互独立性，可得

$$\mathrm{Var}(L) = \frac{1}{\varpi-x}[\frac{e^{-2\delta}-e^{-2\delta}(\varpi-x+1)}{1-e^{-2\delta}}]\frac{d^2e^{2\delta}+4bPe^{\delta}-4dP+2\delta P^2}{2\delta d^2}$$

$$\left\{\frac{1}{\varpi - x}\left[\frac{e^{-\delta} - e^{-\delta(\varpi - x + 1)}}{1 - e^{-\delta}}\right]\right\}^2\left(\frac{de^{-\delta} - d - P\delta}{\delta d}\right)^2$$

2.4 纯保费和毛保费

被保险人确定向保险公司投保人寿保险，在双方签订契约后，从法律上讲也就是规定了保险双方必须遵守的权益与义务。一方面，被保险人如出险必须由保险公司给付保险金；另一方面，投保人应支付保险费。

2.4.1 保费简介

2.4.1.1 保费的构成

寿险保费由两部分组成，用于保险给付的称为纯保费，用于保险公司经营费用的称为附加费用。纯保费和附加费用之和即为毛保费。

2.4.1.2 保费的分类

（1）按保费缴纳的方式分

一次性缴纳：趸缴（纯/毛）保费

以年金的方式缴纳：期缴（纯/毛）保费

（2）按保险的种类分

只覆盖死亡的保险：纯寿险保费

只覆盖生存的保险：生存险保费

既覆盖死亡又覆盖生存的保险：两全险保费

2.4.2 纯保费

（1）纯保费厘定原则

纯保费厘定原则采用平衡原则：保险人的潜在亏损均值为零。

$$L = \text{给付金现值} - \text{纯保费现值}$$

$$E(L) = 0$$

$$\text{E（给付金现值）} = \text{E（纯保费现值）}$$

（2）净均衡保费与趸缴纯保费的关系

净均衡保费是纯保费缴付方式的一种，是指保险人将人的不同年龄的自然保险费结合利息因素，均匀地分配在各个年度，使投保人按期交付的保险费整齐划一，处于相同的水平，这种保险费即为均衡保险费。均衡保险费避免了被保险人到了晚年因保险费的上升而无力续保的不足，因此适合长期性的人寿保险。趸缴纯保险费是一次付清纯保费。它们的关系是：

E（趸缴纯保费现值）= E（净均衡保费现值）

（3）各险种净均衡保费的厘定

①完全连续净均衡年保费的厘定。

常见险种终身寿险完全连续净均衡年保费的厘定见表 2-1。

假定条件：(x) 死亡即刻给付 1 单位的终身人寿保险，被保险人从保单生效起按年连续交付保费（给付连续，缴费也连续）

厘定过程：

$$L = l(T) = v^t - \bar{P}(\bar{A}_x)\bar{a}_{\overline{t}|}$$

$$E(L) = 0 \Rightarrow \bar{A}_x - \bar{P}(\bar{A}_x)\bar{a}_x = 0 \Rightarrow \bar{P}(\bar{A}_x) = \frac{\bar{A}_x}{\bar{a}_x}$$

$$\mathrm{Var}(L) = \mathrm{Var}[v^t(1 + \frac{\bar{P}}{\delta}) - \frac{\bar{P}}{\delta}] = (1 + \frac{\bar{P}}{\delta})^2[{}^2\bar{A}_x - (\bar{A}_x)^2]$$

$$= (\frac{\delta\bar{a}_x + \bar{A}_x}{\delta\bar{a}_x})^2[{}^2\bar{A}_x - (\bar{A}_x)^2] = \frac{{}^2\bar{A}_x - (\bar{A}_x)^2}{(\delta\bar{a}_x)^2}$$

表 2-1　常见险种完全连续净均衡年保费的厘定

险种	完全连续净均衡年保费
终身人寿保险	$\bar{P}(\bar{A}_x) = \bar{A}_x/\bar{a}_x$
n 年定期寿险	$\bar{P}(\bar{A}^1_{x:\overline{n}|}) = \bar{A}^1_{x:\overline{n}|}/\bar{a}_{x:\overline{n}|}$
n 年两全保险	$\bar{P}(\bar{A}_{x:\overline{n}|}) = \bar{A}_{x:\overline{n}|}/\bar{a}_{x:\overline{n}|}$
h 年缴费终身人寿保险	${}_{h|}\bar{P}(\bar{A}_x) = \bar{A}_x/\bar{a}_{x:\overline{h}|}$
h 年缴费 n 年两全保险	${}_{h|}\bar{P}(\bar{A}_{x:\overline{n}|}) = \bar{A}_{x:\overline{n}|}/\bar{a}_{x:\overline{h}|}$
n 年生存保险	$\bar{P}(\bar{A}_{x:\overline{n}|}^{\ \ 1}) = \bar{A}_{x:\overline{n}|}^{\ \ 1}/\bar{a}_{x:\overline{n}|}$
m 年递延终身生存保险	$\bar{P}({}_{m|}\bar{a}_x) = A_{x:\overline{m}|}^{\ \ 1} \cdot \bar{a}_{x+m}/\bar{a}_{x:\overline{m}|}$

②完全离散净均衡年保费的厘定。

常见险种终身寿险完全离散净均衡年保费的厘定见表 2-2。

假定条件：(x) 死亡年末给付 1 单位的终身人寿保险，被保险人从保单生效起每年年初交付保费（给付离散，缴费也离散）。

厘定过程：

$$L = v^{K+1} - P_x \ddot{a}_{\overline{k+1}|}, \quad K = 0, 1, 2, \cdots$$

$$E(L) = 0 \Rightarrow A_x - P_x \ddot{a}_x = 0 \Rightarrow P_x = \frac{A_x}{\ddot{a}_x}$$

$$\mathrm{Var}(L) = (1 + \frac{P_x}{d})^2 [{}^2A_x - (A_x)^2] = \frac{{}^2A_x - (A_x)^2}{(d\ddot{a}_x)^2}$$

表 2-2 常见险种完全离散净均衡年保费的厘定

险种	完全连续净均衡年保费
终身人寿保险	$P_x = A_x / \ddot{a}_x$
n 年定期寿险	$P^1_{x:\overline{n}|} = A^1_{x:\overline{n}|} / \ddot{a}_{x:\overline{n}|}$
n 年两全保险	$P_{x:\overline{n}|} = A_{x:\overline{n}|} / \ddot{a}_{x:\overline{n}|}$
h 年缴费终身人寿保险	${}_{h|}P_x = A_x / \ddot{a}_{x:\overline{h}|}$
h 年缴费 n 年两全保险	${}_{h|}P_{x:\overline{n}|} = A_{x:\overline{n}|} / \ddot{a}_{x:\overline{h}|}$
n 年生存保险	$P_{x:\overline{n}|}^{\ \ 1} = A_{x:\overline{n}|}^{\ \ 1} / \ddot{a}_{x:\overline{n}|}$
m 年递延终身生存保险	$P({}_{m|}\ddot{a}_x) = A_{x:\overline{m}|}^{\ \ 1} \ddot{a}_{x+m} / \ddot{a}_{x:\overline{m}|}$

③半连续纯年保费的厘定：终身寿险半连续净均衡年保费的厘定。

假定条件：(x) 死亡即刻给付 1 单位的终身人寿保险，被保险人从保单生效起每年年初交付保费（给付连续，缴费离散，这是实际中最常见的给付、缴费方式）

厘定过程：

$$L = l(T) = v^t - P(\bar{A}_x) \ddot{a}_{x:\overline{k+1}|}$$

$$E(L) = 0 \Rightarrow \bar{A}_x - P(\bar{A}_x) \ddot{a}_x = 0 \Rightarrow P(\bar{A}_x) = \frac{\bar{A}_x}{\ddot{a}_x}$$

$$\mathrm{Var}(L) = (1 + \frac{P}{d})^2 [{}^2\bar{A}_x - (\bar{A}_x)^2]$$

④每年缴纳数次保费的纯保费的厘定：(x) 终身寿险年缴 m 次保险。

假定条件：死亡即刻给付 1 单位的终身人寿保险，被保险人从保单生效起每年缴费 m 次，每期期初缴费（给付连续，缴费离散）

厘定过程：

$$L = l(T) = v^t - P^{(m)}(\bar{A}_x) \cdot \ddot{a}^{(m)}_{\overline{k+1}|}$$

$$E(L) = 0 \Rightarrow \bar{A}_x - P^{(m)}(\bar{A}_x) \ddot{a}^{(m)}_x = 0 \Rightarrow P^{(m)}(\bar{A}_x) = \frac{\bar{A}_x}{\ddot{a}^{(m)}_x}$$

$$\mathrm{Var}(L) = \left(1 + \frac{P^{(m)}}{d^{(m)}}\right)^2 \left[{}^2\bar{A}_x - (\bar{A}_x)^2 \right]$$

2.4.3 毛保费

（1）保险费用简介

定义：保险公司支出的除了保险责任范围内的保险金给付外，其他的维持保险公司正常运作的所有费用支出统称为经营费用。这些费用必须由保费和投资收益来弥补。

保险费用范围：税金、许可证、保险产品生产费用、保单销售服务费用、合同成立后的维持费、投资费用等。

（2）毛保费的确定

①毛保费的定义：保险公司实际收取的保费为用于保险金给付的纯保费和用于各种经营费用开支的附加费用之和，即毛保费，简记为 G。

②毛保费厘定基本原则：精算等价原则。

毛保费精算现值=纯保费精算现值+附加费用的精算现值

=各种给付精算现值+各种费用支出精算现值

（3）单位保单费用

①保单费用：在保险费用中，有一部分附加费用只与保单数目有关，与保险金额或保险费无关，这部分费用称为保单费用，如准备新保单、建立会计记录、邮寄保费通知的费用等。

②毛保费的分析。

毛保费可分为三部分：

第一部分，跟保险金额有关的费用，如承保费用等。

第二部分，跟保费数额有关的费用。如代理人佣金、保险费税金等。

第三部分，只与保单数目有关的费用（保单费用）。如准备新保单、建立会计记录、邮寄保费通知单等。

毛保费构成分析：

$$\begin{aligned} G(b) &= \text{net} + \text{loading} \\ &= Pb + fG(b) + c + a'b \\ &= fG(b) + (P + a')b + c \\ &= fG(b) + ab + c \quad (a = P + a') \\ &\Rightarrow G(b) \cdot (1 - f) = ab + c \end{aligned}$$

其中，

$G(b)$：保险金额为 b 的保单的毛保费。

a：保险成本中与保险金额相关的部分，其中单位保险的纯保费是它的主要部分。

c：每份保单平摊的费用，即单位保单费用。

f：附加费用在毛保费中所占的百分比。

③费率函数 $R(b)$。

$G(b)\cdot(1-f)=ab+c$

$\Leftrightarrow G(b)=\frac{ab+c}{1-f}=b\cdot\frac{a+c/b}{1-f}$

$R(b)\triangleq\frac{a+c/b}{1-f}$

$G(b)=b\cdot R(b)$

$G_{app}(b)=bR(\bar{b})=\frac{a}{1-f}b+\frac{c}{1-f}\frac{b}{\bar{b}}$

如果 $b=\bar{b}$，近似总保费等于真实总保费。

如果 $b>\bar{b}$，近似总保费高于真实总保费。

如果 $b<\bar{b}$，近似总保费低于真实总保费。

2.5 随机利率下的寿险精算函数

2.5.1 随机利率条件下半连续条件下终生寿险精算函数

在随机利率条件下，引入 Wiener 过程对利息力建模。即设 $\delta(t)=\alpha t+\beta W_t$（$W_t$ 为标准 Brownian 运动）。由利息理论可知折现系数定义为 $v(t)=e^{-\alpha t-\beta W_t}$，连续型年金现值为 $Z_3=\int_0^t e^{-\alpha t-\beta W_s}ds$。离散型年金现值为

$Z_4=\sum_{k=0}^{\varpi-x-1}I(k\leqslant T(x)<k+1)\sum_{j=0}^{k}e^{-v(j)}$［当 $k\leqslant T(x)<k+1$］。

设剩余寿命随机变量 $T(x)$ 满足 de Moivre 条件，$\mu_x=\frac{1}{\varpi-x}(0\leqslant x\leqslant\varpi)$ 则 $T(x)$ 的密度函数为

$$f_T(t)={}_tP\mu_{x+t}=\frac{1}{\omega-x}$$

则对半连续的终生寿险保险损失

$$L = Z_3 - PZ_4$$

$$= \int_0^t e^{-\alpha t-\beta W_s} ds - P \sum_{k=0}^{\varpi-x-1} I(k \leqslant T(x) < k+1) \sum_{j=0}^{k} e^{-v(j)}$$

连续型生命年金精算现值为

$$EZ_3 = E\int_0^{\varpi-x} e^{-\alpha t-\beta W_s} f_T(s)\,ds$$

$$= \int_0^{\varpi-x} Ee^{-\alpha t-\beta W_s} f_T(s)\,ds$$

$$= \frac{1}{(\varpi - x)(-a + \frac{1}{2}\beta^2)}[e^{(-\alpha+\frac{1}{2}\beta^2)(\varpi-x)} - 1]$$

$$= \frac{b-1}{a(\varpi - x)}$$

离散型年金精算现值为

$$EZ_4 = E\sum_{k=0}^{\varpi-x-1} I(k \leqslant T(x) < k+1) \sum_{j=0}^{k} e^{-v(j)}$$

$$= \sum_{k=0}^{\varpi-x-1}\sum_{j=0}^{k} e^{-\alpha j+\frac{1}{2}\beta^2 j}$$

$$= \frac{(1-e^{(-\alpha+\frac{1}{2}\beta^2)})^2+(\varpi-x-1)(1-e^{(-\alpha+\frac{1}{2}\beta^2)})-e^{(-2\alpha+\beta^2)}+(\varpi-x+1)(1-e^{(-\alpha+\frac{1}{2}\beta^2)})}{(\varpi-x)(1-e^{(-\alpha+\frac{1}{2}\beta^2)})^2}$$

根据保费精算的平衡原理 $E(L) = 0$ 可求均衡净保费

$$P = \frac{EZ_3}{EZ_4} = \frac{(b-1)(1-b^{1/(\omega-x)})^2}{a[\omega - x - (\omega - x + 1 - b)b^{1/(\omega-x)}}$$

其中：$a = -\alpha + \frac{1}{2}\beta^2 \quad b = e^{(-\alpha+\frac{1}{2}\beta^2)(\omega-x)}$

$$EZ_3^2 = E\int_0^{\varpi-x} e^{-2\alpha t-2\beta W_s} f_T(s)\,ds$$

$$= \int_0^{\varpi-x} Ee^{-2\alpha t-2\beta W_s} f_T(s)\,ds$$

$$= \frac{[e^{(-2\alpha t-2\beta^2)} - 1]}{(\varpi - x)(-2a + 2\beta^2)}$$

$$\mathrm{Var}(Z_3) = EZ_3^2 - (EZ_3)^2$$

$$= \frac{[e^{(-2\alpha t-2\beta^2)} - 1]}{(\varpi - x)(-2a + 2\beta^2)} - [\frac{b-1}{a(\varpi - x)}]^2$$

$$EZ_4^2 = E(\sum_{k=0}^{\varpi-x-1} I(k \leqslant T(x) < k+1) \sum_{j=0}^{k} e^{-v(j)})^2$$

$$= \frac{1}{(\varpi - x)} \sum_{k=0}^{\varpi-x-1} e^{(-\alpha+\frac{1}{2}\beta^2)k} \sum_{j=0}^{k} e^{(-\alpha+1\frac{1}{2}\beta^2)j}$$

$$EZ_3Z_4 = E\{\int_0^t e^{-\alpha t-\beta W_s} ds Z_4 \cdot \sum_{k=0}^{\varpi-x-1} I[k \leqslant T(x) < k+1] \sum_{j=0}^{k} e^{-v(j)}\}$$

$$= \frac{(e^{(-\alpha+\frac{1}{2}\beta^2)} - 1)}{(\varpi - x)(-\alpha + \frac{1}{2}\beta^2)} \sum_{k=0}^{\varpi-x-1} e^{(-\alpha+\frac{1}{2}\beta^2)k} \sum_{j=0}^{k} e^{(-\alpha+1\frac{1}{2}\beta^2)j}$$

$$\mathrm{Var}(L) = \mathrm{Var}(Z_3) + P^2\mathrm{Var}(Z_4) - 2P\mathrm{Cov}(Z_3, Z_4)$$

$$= \frac{[e^{(-2\alpha t-2\beta^2)} - 1]}{(\varpi - x)(-2a + 2\beta^2)} - [\frac{b-1}{a(\varpi - x)}]^2 +$$

$$P^2 \frac{1}{(\varpi - x)} \sum_{k=0}^{\varpi-x-1} e^{(-\alpha+\frac{1}{2}\beta^2)k} \sum_{j=0}^{k} e^{(-\alpha+1\frac{1}{2}\beta^2)j} -$$

$$2P\{\frac{(e^{(-\alpha+\frac{1}{2}\beta^2)} - 1)}{(\varpi - x)(-\alpha + \frac{1}{2}\beta^2)} \sum_{k=0}^{\varpi-x-1} e^{(-\alpha+\frac{1}{2}\beta^2)k} \sum_{j=0}^{k} e^{(-\alpha+1\frac{1}{2}\beta^2)j} -$$

$$\frac{(b-1)[(1-e^{(-\alpha+\frac{1}{2}\beta^2)})^2+(\varpi-x-1)(1-e^{(-\alpha+\frac{1}{2}\beta^2)})-e^{(-2\alpha+\beta^2)}+(\varpi-x+1)(1-e^{(-\alpha+\frac{1}{2}\beta^2)})]}{a[(\varpi-x)(1-e^{(-\alpha+\frac{1}{2}\beta^2)})]^2}\}$$

2.5.2 随机利率条件下的变额寿险精算函数

假设一种保单为连续型的变额 n 年定期寿险：该保单保险期限为 n 年，若被保险人在 n 年末生存，则保险人不给付保险金；若被保险在 n 年末生存，则保险人在死亡发生后立即给付 $b(t)$ 的保险金。同时，投保人以连续年金的形式支付保费。

在上述假设下，x 岁投保人在 t 时刻的给付现值随机变量为

$$Z_t = \begin{cases} b(t)e^{-\delta t} & 0 \leqslant t < n \\ 0 & t \geqslant n \end{cases}$$

2.5.2.1 利用 Wiener 过程对利息力建模

利用 Wiener 过程对利息力建模，即设 $\delta(t) = \alpha t + \beta Wt$（$Wt$ 为标准 Brownian 运动）。

则 $\bar{A}^1_{x:\overline{n}|} = EZ_t$

$$= EE[b(t)e^{-\delta(t)}]$$

$$= \int_0^n b(t)E[e^{-\alpha t-\beta W_t}]f_T(s)ds$$

$$= \int_0^n b(t) e_t^{-\alpha t + \frac{1}{2}\beta^2 t} p_{\ x} \mu_{x+t} ds$$

若缴费期限为年，当生存时每年年需支付 1 元，则第年支付额的精算现值记为 $\bar{a}^{1}_{x:\overline{n}|}$，

则 $\bar{a}_{x:\overline{n}|} = E[e^{-\delta(t)}]$

$$= \int_0^n e^{-\delta t} E[e^{-\beta W_t}]_t p_{\ x} dt$$

$$= \int_0^n e_t^{-\alpha t + \frac{1}{2}\beta^2 t} p_{\ x} dt$$

根据保费精算的平衡原理可求均衡净保费

$$P = \frac{\bar{A}^{1}_{x:\overline{n}|}}{\bar{a}_{x:\overline{n}|}} = \frac{\int_0^n b(t) e_t^{-\alpha t + \frac{1}{2}\beta^2 t} p_{\ x} \mu_{x+t} dt}{\int_0^n e_t^{-\alpha t + \frac{1}{2}\beta^2 t} p_{\ x} dt}$$

若记 $x + t_0$ 时的剩余寿命随机变量为 J，则其概率密度函数为 ${}_J p_{x+t_0} \mu_{x+t_0+J}$，则 t_0 时可刻的未来损失变量为

$${}_{t_0}L = b(t_0 + J) e^{-\delta(J)} - P\bar{a}_J$$

t_0 责任准备金为

$${}_{t_0}\bar{V}_{x:\ n} = E_{t_0} L$$

$$= \int_0^{n-t_0} b(t_0 + t) E[e^{-\alpha t - \beta W_t}]\ {}_t p_{x+t_0} \mu_{x+t_0+t} dt - P \int_0^{n-t_0} E[e^{-\alpha t - \beta W_t}]\ {}_t p_{x+t_0} dt$$

$$= \int_0^{n-t_0} b(t_0 + t) e^{-\alpha t + \frac{1}{2}\beta^2 t}\ {}_t p_{x+t_0} \mu_{x+t_0+t} dt - P \int_0^{n-t_0} e^{-\alpha t + \frac{1}{2}\beta^2 t}\ {}_t p_{x+t_0} dt$$

设 $X_1 = b(t_0 + J) e^{-\delta(J)}$，$X_2 = \bar{a}_J$

则 ${}_{t_0}L = X_1 - PX_2$

$$\mathrm{Var}({}_{t_0}L) = \mathrm{Var}(X_1 - PX_2)$$

$$= \mathrm{Var}(X_1) + P^2 \mathrm{Var}(X_2) - 2P\mathrm{Cov}(X_1,\ X_2)$$

由于，$E(X_1{}^2) = EE[b\ (t + t_0)^2 e^{-2\delta(t)}]$

$$= \int_0^{n-t_0} b\ (t + t_0)^2 E[e^{-2\alpha t - 2\beta W_t}] f_T(t) dt$$

$$= \int_0^{n-t_0} b\ (t + t_0)^2 e^{-2\alpha t + 2\beta^2 t}\ {}_t p_{x+t_0} \mu_{x+t_0+t} dt$$

$$E(X_2{}^2) = E[\bar{a}_J{}^2]$$

$$= \int_0^{n-t_0} b\ (t + t_0)^2 E[e^{-\alpha t - \beta W_t}]\ {}_t p_{x+t_0} dt$$

$$= E \int_0^{n-t_0} 2 \int_0^t \int_0^u e^{-\alpha u + \beta W(u)} du e^{-\alpha v + \beta W(v)} du dv\ {}_t p_{x+t_0} dt$$

$$= 2\int_0^{n-t_0}\int_0^t\int_0^u e^{(-\delta+\frac{1}{2}\beta^2)u} e^{(-\delta+\frac{3}{2}\beta^2)v} {}_tp_{x+t_0} dudvdt$$

$$= \frac{2}{-\delta+\frac{3}{2}\beta^2}\int_0^{n-t_0} {}_tp_{x+t_0}\int_0^t e^{(-\alpha+\frac{1}{2}\beta^2)u}[e^{(-\alpha+\frac{3}{2}\beta^2)u}-1]dudt$$

$$= \frac{2}{-\alpha+\frac{3}{2}\beta^2}\int_0^{n-t_0}(\frac{e^{(-2\alpha+2\beta^2)t}-1}{-2\alpha+2\beta^2}-\frac{e^{(-\alpha+\frac{1}{2}\beta^2)t}-1}{-2\alpha+2\beta^2}) {}_tp_{x+t_0}dt$$

$$E(X_1X_2) = Eb(t+t_0)e^{-\delta(t)}\int_0^t e^{-\delta(s)}ds$$

$$= \int_0^{n-t_0} b(t+t_0)Ee^{-\delta(t)} {}_tp_{x+t_0}\mu_{x+t_0+t}\int_0^t e^{-\delta(s)}dsdt$$

$$= \int_0^{n-t_0} b(t+t_0) {}_tp_{x+t_0}\mu_{x+t_0+t}\int_0^t e^{(-\alpha+\frac{1}{2}\beta^2)t}e^{(-\alpha+\frac{3}{2}\beta^2)s}dsdt$$

$$= \frac{1}{-\alpha+\frac{3}{2}\beta^2}\int_0^{n-t_0} b(t+t_0)e^{(-\alpha+\frac{1}{2}\beta^2)t}(e^{(-\alpha+\frac{3}{2}\beta^2)s}-1) {}_tp_{x+t_0}\mu_{x+t_0+t}$$

故

$$\mathrm{Var}({}_{t_0}L) = \mathrm{Var}(X_1 - PX_2)$$

$$= \int_0^{n-t_0} b(t+t_0)^2 e^{-2\alpha t+2\beta^2 t} {}_tp_{x+t_0}\mu_{x+t_0+t}dt -$$

$$[\int_0^{n-t_0} b(t+t_0)e^{-\alpha t+\frac{1}{2}\beta^2 t} {}_tp_{x+t_0}\mu_{x+t_0+t}dt]^2 +$$

$$P^2[\frac{2}{-\delta+\frac{3}{2}\beta^2}\int_0^{n-t_0}(\frac{e^{(-2\alpha+2\beta^2)t}-1}{-2\alpha+2\beta^2}-\frac{e^{(-\alpha+\frac{1}{2}\beta^2)t}-1}{-2\alpha+2\beta^2}) {}_tp_{x+t_0}dt -$$

$$(\int_0^{n-t_0} e^{-\alpha t+\frac{1}{2}\beta^2 t} {}_tp_{x+t_0}ds)^2] - 2P[\frac{1}{-\alpha+\frac{3}{2}\beta^2}\int_0^{n-t_0} b(t+$$

$$t_0)e^{(-\alpha+\frac{1}{2}\beta^2)t}(e^{(-\alpha+\frac{3}{2}\beta^2)s}-1) {}_tp_{x+t_0}\mu_{x+t_0+t}dt -$$

$$\int_0^n b(t)e_t^{-\alpha t+\frac{1}{2}\beta^2 t}p_{\ x}\mu_{x+t}ds\cdot\int_0^n e_t^{-\alpha t+\frac{1}{2}\beta^2 t}p_{\ x}dt]$$

（1）当死亡力服从均匀分布

假设在每一保单年度内，死亡是均匀发生的，即 $[0, n] = \cup_{k=0}^{n-1}[k, k+1)$，在每一区间 $[k, k+1)$ 上，$T(x)$ 服从均匀分布，于是死亡密度函数可以表示为

$$f_T(s) = {}_tp_{\ x}\mu_{x+t} = \sum_{k=0}^{n-1} I_{[k,\ k+1)}\,{}_tp_{\ x}q_{x+k}$$

则

$$\bar{A}^1_{x:\overline{n}|} = EZ_t$$

$$= EE[b(t)e^{-\delta(t)}]$$

$$= \int_0^n b(t)E[e^{-\alpha t-\beta W_t}]f_T(t)dt$$

$$= \int_0^n b(t)e^{-\alpha t+\frac{1}{2}\beta^2 t} \cdot \sum_{k=0}^{n-1} I_{[k,\ k+1)}\, {}_tp_x\mu_{x+t}dt$$

$$= \frac{e^{-\alpha t+\frac{1}{2}\beta^2 t-1}}{-\alpha+\frac{1}{2}\beta^2}\sum_{k=0}^{n-1} b(k)\,{}_kp_x q_{x+k}e^{-\alpha k+\frac{1}{2}\beta^2 k}$$

均衡净保费为

$$P = \frac{\bar{A}^1_{x:\overline{n}|}}{\bar{a}_{x:\overline{n}|}} = \frac{\dfrac{e^{-\alpha t+\frac{1}{2}\beta^2 t-1}}{-\alpha+\frac{1}{2}\beta^2}\sum_{k=0}^{n-1} b(k)\,{}_kp_x q_{x+k}e^{-\alpha k+\frac{1}{2}\beta^2 k}}{\int_0^n e_t^{-\alpha t+\frac{1}{2}\beta^2 t}p_x dt}$$

t_0 责任准备金为

$${}_{t_0}\bar{V}_{x:\ n} = E_{t_0}L$$

$$= \int_0^{n-t_0} b(t_0+t)E[e^{-\alpha t-\beta W_t}]\,{}_tp_{x+t_0}\mu_{x+t_0+t}dt - P\int_0^{n-t_0} E[e^{-\alpha t-\beta W_t}]\,{}_tp_{x+t_0}dt$$

$$= \int_0^{n-t_0} b(t_0+t)e^{-\alpha t+\frac{1}{2}\beta^2 t}\sum_{k=0}^{n-1} I_{[k,\ k+1)}\,{}_tp_{x+t_0}\mu_{x+t_0+t}dt -$$

$$P\int_0^{n-t_0} e^{-\alpha t+\frac{1}{2}\beta^2 t}\,{}_tp_{x+t_0}dt$$

$$= \frac{e^{-\alpha t+\frac{1}{2}\beta^2 t-1}}{-\alpha+\frac{1}{2}\beta^2}\sum_{k=0}^{n-1} b(k)\,{}_kp_x q_{x+k}e^{-\alpha k+\frac{1}{2}\beta^2 k} - P\int_0^{n-t_0} e^{-\alpha t+\frac{1}{2}\beta^2 t}\,{}_tp_{x+t_0}ds$$

（2）当死亡力服从 de Moivre 分布

设剩余寿命随机变量 $T(x)$ 满足 de Moivre 条件，$\mu_x = \dfrac{1}{\varpi - x}$ $(0 \leqslant x \leqslant \varpi)$ 则 $T(x)$ 的密度函数为

$$f_T(t) = {}_tp_x\mu_{x+t} = \frac{1}{\omega - x}$$

$${}_tp_x = e^{-\int_x^{x+t}\mu_y dy} = \frac{\omega - x - t}{\omega - x}$$

则 $\bar{A}^1_{x:\overline{n}|} = EZ_t$

$$= EE[b(t)e^{-\delta(t)}]$$

$$= \int_0^n b(t)E[e^{-\alpha t-\beta W_t}]f_T(t)dt$$

$$= \int_0^n b(t)e_t^{-\alpha t+\frac{1}{2}\beta^2 t}p_{\ x}\mu_{x+t}dt$$

$$= \frac{1}{\omega - x}\int_0^n b(t)e^{-\alpha t+\frac{1}{2}\beta^2 t}dt$$

$$\bar{a}_{x:\overline{n}|} = E[e^{-\delta(t)}]$$

$$= \int_0^n e^{-\delta t}E[e^{-\beta W_t}]_t p_{\ x}dt$$

$$= \int_0^n e_t^{-\alpha t+\frac{1}{2}\beta^2 t}p_{\ x}dt$$

$$= \int_0^n e^{-\alpha t+\frac{1}{2}\beta^2 t}(\frac{\omega - x - t}{\omega - x})dt$$

$$= \int_0^n e^{-\alpha t+\frac{1}{2}\beta^2 t}(1 - \frac{1}{\omega - x})dt$$

$$= \int_0^n e^{-\alpha t+\frac{1}{2}\beta^2 t}dt - \frac{1}{(-\alpha t + \frac{1}{2}\beta^2 t)(\omega - x)}(e^{-\alpha t+\frac{1}{2}\beta^2 t}\Big|_0^\omega -$$

$$\frac{1}{-\alpha t + \frac{1}{2}\beta^2 t}\int_0^\omega e^{-\alpha t+\frac{1}{2}\beta^2 t}dt)$$

$$= \frac{(e^{at} - 1)[a(\omega - x) + 1] - ane^{an}}{a^2(\omega - x)}$$

根据保费精算的平衡原理可求均衡净保费

$$P = \frac{\bar{A}^1_{x:\overline{n}|}}{\bar{a}_{x:\overline{n}|}} = \int_0^n b(t)e^{at}dt\frac{a^2}{(e^{at} - 1)[a(\omega - x) + 1] - ane^{an}}$$

$$_{t_0}L = b(t_0 + J)e^{-\delta(J)} - P\bar{a}_J$$

t_0 责任准备金为

$$_{t_0}\bar{V}_{x:\ n} = E_{t_0}L$$

$$= \int_0^{n-t_0} b(t_0 + t)E[e^{-\alpha t-\beta W_t}]\ _tp_{x+t_0}\mu_{x+t_0+t}dt - P\int_0^{n-t_0} E[e^{-\alpha t-\beta W_t}]\ _tp_{x+t_0}dt$$

$$= \frac{1}{\omega - x}\int_0^{n-t_0} b(t_0 + t)e^{-at}dt - P\int_0^{n-t_0} e^{-at}\frac{\omega - x - t_0 - t}{\omega - x - t_0}dt$$

$$= \frac{1}{\omega - x}\int_0^{n-t_0} b(t_0 + t)e^{-at}dt -$$

$$P \cdot \frac{(e^{n-t_0}-1)[a(\omega-x)+1]-a(n-t_0)e^{n-t_0}}{a^2(\omega-x)}$$

2.5.2.2 利息力利用 Wiener 与 Passion 联合随机过程建模

设利息力函数为

$$\delta(t)=\alpha t+\beta Wt+\gamma N(t)$$

其中，Wt 是标准布朗运动，$N(t)$ 是泊松过程，且两过程相互独立。

则 $\bar{A}^{1}_{x:\overline{n}|}=EZ_t$

$$=EE[b(t)e^{-\delta(t)}]$$

$$=\int_0^n b(t)E[e^{-\alpha t-\beta W_t-\gamma N(t)}]f_T(t)dt$$

$$=\int_0^n b(t)e^{-\alpha t+\frac{1}{2}\beta^2 t}\cdot e_t^{\lambda t(e^{-\gamma}-1)}p_{x}\mu_{x+t}dt$$

$$=\int_0^n b(t)e_t^{-\alpha t+\frac{1}{2}\beta^2 t+\lambda t(e^{-\gamma}-1)}p_{x}\mu_{x+t}dt$$

$$\bar{a}_{x:\overline{n}|}=E[e^{-\delta(t)}]$$

$$=\int_0^n e^{-\alpha t}E[e^{-\beta W_t-\gamma N(t)}]{}_tp_{x}dt$$

$$=\int_0^n e^{-\alpha t+\frac{1}{2}\beta^2 t}\cdot e_t^{\lambda t(e^{-\gamma}-1)}p_{x}dt$$

$$=\int_0^n e_t^{-\alpha t+\frac{1}{2}\beta^2 t+\lambda t(e^{-\gamma}-1)}p_{x}ds$$

根据保费精算的平衡原理可求均衡净保费

$$P=\frac{\bar{A}^{1}_{x:\overline{n}|}}{\bar{a}_{x:\overline{n}|}}=\frac{\int_0^n b(t)e_t^{-\alpha t+\frac{1}{2}\beta^2 t+\lambda t(e^{-\gamma}-1)}p_{x}\mu_{x+t}dt}{\int_0^n e_t^{-\alpha t+\frac{1}{2}\beta^2 t+\lambda t(e^{-\gamma}-1)}p_{x}dt}$$

若记 $x+t_0$ 时的剩余寿命随机变量为 J，则其概率密度函数为 ${}_Jp_{x+t_0}\mu_{x+t_0+J}$，则 t_0 时可刻的未来损失变量为

$${}_{t_0}L=b(t_0+J)e^{-\delta(J)}-P\bar{a}_J$$

t_0 责任准备金为

$${}_{t_0}\bar{V}_{x:n}=E_{t_0}L$$

$$=\int_0^{n-t_0}b(t_0+t)E[e^{-\delta(t)}]{}_tp_{x+t_0}\mu_{x+t_0+t}dt-P\int_0^{n-t_0}E[e^{-\delta(t)}]{}_tp_{x+t_0}dt$$

$$=\int_0^{n-t_0}b(t_0+t)E[e^{-\alpha t-\beta W-\gamma N(t),}]{}_tp_{x+t_0}\mu_{x+t_0+t}dt-$$

$$P\int_0^{n-t_0}E[e^{-\alpha t-\beta W_t-\gamma N(t)}]{}_tp_{x+t_0}dt$$

$$= \int_0^{n-t_0} b(t_0 + t) e^{-\alpha t + \frac{1}{2}\beta^2 t + \lambda t(e^{-\gamma}-1)} {}_t p_{x+t_0} \mu_{x+t_0+t} dt - P \int_0^{n-t_0} e^{-\varepsilon t + \frac{1}{2}\beta^2 t + \lambda t(e^{-\gamma}-1)} {}_t p_{x+t_0} dt$$

$$= \int_0^{n-t_0} b(t_0 + t) e^{\alpha_1 t} {}_t p_{x+t_0} \mu_{x+t_0+t} dt - P \int_0^{n-t_0} e^{\alpha_1 t} {}_t p_{x+t_0} dt$$

其中：$\alpha_1 = -\alpha + \frac{1}{2}\beta^2 + \lambda(e^{-\gamma} - 1)$

设 $X_1 = b(t_0 + J) e^{-\delta(J)}$，$X_2 = \bar{a}_J$

则 ${}_{t_0}L = X_1 - PX_2$

由于，$E(X_1{}^2) = EE[b(t + t_0)^2 e^{-2\delta(t)}]$

$$= \int_0^{n-t_0} b(t + t_0)^2 E[e^{-2\alpha t - 2\beta W_t - 2\gamma N(t)}] {}_t p_{x+t_0} dt$$

$$= \int_0^{n-t_0} b(t + t_0)^2 e^{-2\alpha t + 2\beta^2 t + \lambda t(e^{-2\gamma}-1)} {}_t p_{x+t_0} \mu_{x+t_0+t} dt$$

$$= \int_0^{n-t_0} b(t + t_0)^2 e^{\alpha_2 t} {}_t p_{x+t_0} \mu_{x+t_0+t} dt$$

其中：$\alpha_2 = -2\alpha + 2\beta^2 + \lambda(e^{-2\gamma} - 1)$

$E(X_2{}^2) = (E\bar{a}_J{}^2)$

$$= \int_0^{n-t_0} E[e^{-\alpha t - \beta W_t - \gamma N(t)}] {}_t p_{x+t_0} dt$$

$$= \int_0^{n-t_0} 2 \int_0^t \int_0^u e^{-\alpha(u+v)} e^{\frac{1}{2}\beta^2 u + \frac{3}{2}\beta^2 v} e^{\lambda(e^{-\gamma}-1)(u+ve^{-\gamma})} {}_t p_{x+t_0} dudvdt$$

$$= 2 \int_0^{n-t_0} {}_t p_{x+t_0} \int_0^t \int_0^u e^{(-\alpha + \frac{1}{2}\beta^2 + \lambda(e^{-\gamma}-1)u} e^{(-\alpha + \frac{3}{2}\beta^2 + \lambda(e^{-2\gamma}-e^{-\gamma})v} dudvdt$$

$$= \frac{2}{\alpha_3} \int_0^{n-t_0} {}_t p_{x+t_0} \int_0^t e^{(-2\alpha + 2\beta^2 + \lambda(e^{-2\gamma}-1)u} - e^{(-\alpha + \frac{1}{2}\beta^2 + \lambda(e^{-\gamma}-1)u} dudt$$

$$= \frac{2}{\alpha_3} \int_0^{n-t_0} {}_t p_{x+t_0} \left(\frac{e^{\alpha_2} - 1}{\alpha_2} - \frac{e^{\alpha_1} - 1}{\alpha_1}\right) dt$$

其中：$\alpha_3 = -\alpha + \frac{3}{2}\beta^2 + \lambda e^{-\gamma}(e^{-\gamma} - 1)$

$$E(X_1 X_2) = Eb(t + t_0) e^{-\delta(t)} \int_0^t e^{-\delta(s)} ds$$

$$= \int_0^{n-t_0} b(t + t_0) E e^{-\delta(t)} {}_t p_{x+t_0} \mu_{x+t_0+t} \int_0^t e^{-\delta(s)} dsdt$$

$$= \int_0^{n-t_0} b(t + t_0) {}_t p_{x+t_0} \mu_{x+t_0+t} \int_0^t e^{-\alpha(t+s)} E e^{-\beta(W_t + W_s)} E e^{-\gamma(N(t) + N(s))} dsdt$$

$$= \frac{1}{\alpha_3} \int_0^{n-t_0} b(t + t_0)(e^{\alpha_2 t} - e^{\alpha_1 t}) {}_t p_{x+t_0} \mu_{x+t_0+t} dt$$

故

$$\mathrm{Var}({}_{t_0}L)=\mathrm{Var}(X_1-PX_2)$$

$$=\int_0^{n-t_0}b(t+t_0)^2e^{\alpha_2 t}\,{}_tp_{x+t_0}\mu_{x+t_0+t}dt-\left(\int_0^{n-t_0}b(t+t_0)e^{\alpha_1 t}\,{}_tp_{x+t_0}\mu_{x+t_0+t}dt\right)^2+$$

$$P^2\left[\frac{2}{\alpha_3}\int_0^{n-t_0}\left(\frac{e^{\alpha_2 t}-1}{\alpha_2}-\frac{e^{\alpha_1 t}-1}{\alpha_1}\right)\,{}_tp_{x+t_0}dt-\left(\int_0^{n-t_0}e^{\alpha_1 t}\,{}_tp_{x+t_0}dt\right)^2\right]-$$

$$2P\left[\frac{1}{\alpha_3}\int_0^{n-t_0}b(t+t_0)(e^{\alpha_2 t}-e^{\alpha_1 t})\,{}_tp_{x+t_0}\mu_{x+t_0+t}dt-\right.$$

$$\left.\int_0^n b(t)e_t^{\alpha_1 t}p_{\ x}\mu_{x+t}dt\cdot\int_0^n e_s^{\alpha_1 s}p_{\ x}ds\right]$$

(1) 当死亡力服从均匀分布

$$\text{则}\ \bar{A}^1_{x:\overline{n}|}=EZ_t$$

$$=EE[b(t)e^{-\delta(t)}]$$

$$=\int_0^n b(t)E[e^{-\alpha t-\beta W_t-\gamma N(t)}]f_T(t)dt$$

$$=\int_0^n b(t)e^{-\alpha t+\frac{1}{2}\beta^2 t}\cdot e^{\lambda t(e^{-\gamma}-1)}\sum_{k=0}^{n-1}I_{[k,\ k+1)}\,{}_tp_{\ x}q_{x+k}dt$$

$$=\frac{e^{\alpha_1}-1}{\alpha_1}\cdot\sum_{k=0}^{n-1}I_{[k,\ k+1)}b(k)\,{}_tp_{\ x}q_{x+k}e^{\alpha_1 k}$$

根据保费精算的平衡原理可求均衡净保费

$$P=\frac{\bar{A}^1_{x:\overline{n}|}}{\bar{a}_{x:\overline{n}|}}=\frac{\dfrac{e^{\alpha_1}-1}{\alpha_1}\cdot\displaystyle\sum_{k=0}^{n-1}I_{[k,\ k+1)}b(k)\,{}_tp_{\ x}q_{x+k}e^{\alpha_1 k}}{\displaystyle\int_0^n e_t^{\alpha_1 t}p_{\ x}dt}$$

t_0 责任准备金为

$${}_{t_0}\bar{V}_{x:\ n}=E_{t_0}L$$

$$=\int_0^{n-t_0}b(t_0+t)E[e^{-\delta(t)}]\,{}_tp_{x+t_0}\mu_{x+t_0+t}dt-P\int_0^{n-t_0}E[e^{-\delta(t)}]\,{}_tp_{x+t_0}dt$$

$$=\int_0^{n-t_0}b(t_0+t)E[e^{-\alpha t-\beta W-\gamma N(t),}]\,{}_tp_{x+t_0}\mu_{x+t_0+t}ds-$$

$$P\int_0^{n-t_0}E[e^{-\alpha t-\beta W_t-\gamma N(t)}]\,{}_tp_{x+t_0}ds$$

$$=\int_0^{n-t_0}b(t_0+t)e^{-\alpha t+\frac{1}{2}\beta^2 t+\lambda t(e^{-\gamma}-1)}\,{}_tp_{x+t_0}\mu_{x+t_0+t}ds-P\int_0^{n-t_0}e^{-\varepsilon t+\frac{1}{2}\beta^2 t+\lambda t(e^{-\gamma}-1)}\,{}_tp_{x+t_0}ds$$

$$=\frac{e^{\alpha_1}-1}{\alpha_1}\sum_{k=0}^{n-1}b(t+t_0)\,{}_tp_{x+t_0}q_{x+t_0+k}e^{\alpha_1 k}-P\int_0^n e_t^{\alpha_1 t}p_{\ x}dt$$

(2) 当死亡力服从 de Moivre 分布

$$
\begin{aligned}
\text{则 } \bar{A}^{1}_{x:\overline{n}|} &= EZ_t \\
&= EE[b(t)e^{-\delta(t)}] \\
&= \int_0^n b(t)E[e^{-\alpha t-\beta W_s-\gamma N(t)}]f_T(t)dt \\
&= \frac{1}{\omega - x}\int_0^n b(t)e^{\alpha_1 t}dt
\end{aligned}
$$

$$
\begin{aligned}
\bar{a}_{x:\overline{n}|} &= E[e^{-\delta(t)}] \\
&= \int_0^n Ee_t^{-\alpha t-\beta W_s-\gamma N(t)}p_{\ x}dt \\
&= \int_0^n e^{-\alpha t+\frac{1}{2}\beta^2 t+\lambda t(e^{-\gamma}-1)}\left(\frac{\omega - x - t}{\omega - x}\right)dt \\
&= \frac{1}{\alpha_1}(e^{\alpha_1} - 1) - \frac{1}{\alpha_1(\omega - x)}\left[ne^{\alpha_1} - \frac{1}{\alpha_1}(e^{\alpha_1 n} - 1)\right]
\end{aligned}
$$

根据保费精算的平衡原理可求均衡净保费

$$
P = \frac{\bar{A}^{1}_{x:\overline{n}|}}{\bar{a}_{x:\overline{n}|}} = \int_0^n b(t)e^{\alpha_1 t}dt\frac{(1 - e^{\alpha_1})}{(e^{\alpha_1 n} - 1)(\omega - x) - e^{\alpha_1} + e^{\alpha_1 n} + (n - 1)e^{\alpha_1 n}(1 - e^{\alpha_1})}
$$

t_0 责任准备金为

$$
\begin{aligned}
{}_{t_0}\bar{V}_{x:\ n} &= E_{t_0}L \\
&= \int_0^{n-t_0} b(t_0 + t)E[e^{-\alpha t-\beta W_s-\gamma N(t)}]\ {}_tp_{x+t_0}\mu_{x+t_0+t}dt - P\int_0^{n-t_0} E[e^{-\alpha t-\beta W_s-\gamma N(t)},] \\
&\quad {}_tp_{x+t_0}dt \\
&= \frac{1}{\omega - x}\int_0^{n-t_0} b(t_0 + t)e^{-\alpha t}dt - P\int_0^{n-t_0} e^{-\alpha t}\frac{\omega - x - t_0 - t}{\omega - x - t_0}dt \\
&= \frac{1}{\omega - x}\int_0^{n-t_0} b(t)e^{-\alpha_1 t}dt - P \\
&\quad \cdot\frac{(1 - e^{\alpha_1(n-t_0)})(1 - e^{\alpha_1})(\omega - x) - e^{\alpha_1}(1 - e^{\alpha_1(n-t_0)}) + ne^{\alpha_1(n-t_0)}(1 - e^{\alpha_1})}{(1 - e^{\alpha_1})^2(\omega - x)}
\end{aligned}
$$

2.5.2.3 弹性退休年金理论

1. 退休年龄模型

设 T_x^* 为年龄为 x 岁的退休年龄，弹性退休制度假设为男性退休年龄为是在［60，65］取整的随机变量，服从二项分布，概率为 p，$p > 0.5$ 为右偏分布，$p < 0.5$ 为左偏分布。

$$
P(T_x^* = k) = C_{k-60}^{6}p^{k-60}(1 - p)^{6-(k-60)}, k = 60, \cdots, 65
$$

（1）利率模型

无风险利率采用带跳的 Cox-Ingersoll-Ross 随机模型

$$dr(t) = b(c - r(t))dt + \sigma\sqrt{r(t)}\,dW_t + adN_t \tag{2.36}$$

其中 N_t 是一泊松过程，强度为 λ，b、c、$\sigma > 0$，$2bc \geq \sigma^2$，a 为每次跳的幅度，W_t 为标准布朗运动。

Cox、Ingersoll & Ross（1985）提出了一种短期利率模型：

$$dr(t) = b(c - r(t))dt + \sigma\sqrt{r(t)}\,dW_t$$

Feller（1951）证明了当 $2bc \geq \sigma^2$ 时，利率非负。模型①实际上是跳幅为 a 的带跳的 Cox-Ingersoll-Ross 利率模型。经典的 Cox-Ingersoll-Ross 利率模型具有均值回复项与非负性的典型特征，同时又考虑到利率变化的偶然性。Cox-Ingersoll-Ross 过程与跳过程的结合，可以很好地反映我国利率的均值回复特征及时间上的突变性。

令
$$p_1(t, T, r) = E[\exp^{-\int_t^T r(s)ds} \mid r(t) = r]$$
$$p_2(t, T, r) = E[\exp^{-\int_t^T 2r(s)ds} \mid r(t) = r]$$

由 Feynman-Kac 定理可得到

$$\begin{cases} \dfrac{\partial p_i}{\partial t} = \mathrm{A}p_i(t, r) - f(r)p \\ p_i(T, T, r) = 1 \end{cases} \quad (i = 1, 2) \tag{2.37}$$

其中：A 为无穷小算子。

由（2.37）可得

$$\begin{cases} \mathrm{A}p_1(t, T, r) = \dfrac{\partial p_1}{\partial t} + bc\dfrac{\partial p_1}{\partial r} - br\dfrac{\partial p_1}{\partial r} + \dfrac{1}{2}\sigma^2 r\dfrac{\partial^2 p_1}{\partial r^2} \\ \qquad + \lambda[p_1(t, T, r + a) - p_1(t, T, r)] - rp_1(t, T, r) = 0 \\ p_1(T, T, r) = 1 \end{cases} \tag{2.38}$$

$$\begin{cases} \mathrm{A}p_2(t, T, r) = \dfrac{\partial p_2}{\partial t} + bc\dfrac{\partial p_2}{\partial r} - br\dfrac{\partial p_2}{\partial r} + \dfrac{1}{2}\sigma^2 r\dfrac{\partial^2 p_2}{\partial r^2} \\ \qquad + \lambda[p_2(t, T, r + a) - p_2(t, T, r)] - 2rp_2(t, T, r) = 0 \\ p_2(T, T, r) = 1 \end{cases} \tag{2.39}$$

令

$$p_1(t, T, r) = \exp^{A_1(t, T) - B_1(t, T)r}$$

$$p_2(t, T, r) = \exp^{A_2(t, T) - B_2(t, T)r}$$

由（2.38）可得

$$\begin{cases} A'_1(t) - bcB_1 + \lambda(e^{aB_1} - 1) = 0 \\ -B'_1(t) + bB_1 + \dfrac{1}{2}\sigma^2 B_1^2 - 1 = 0 \\ A_1(T, T) = B_1(T, T) = 0 \end{cases} \tag{2.40}$$

解方程组（2.40）得

$$\begin{cases} A_1(t, T) = \int_t^T [\lambda(e^{aB_1(s)} - 1) - bcB_1(s, T)]ds \\ B_1(t, T) = \dfrac{2(e^{\gamma_1(T-t)} - 1)}{(e^{\gamma_1(T-t)} - 1)(\gamma_1 + b) + 2\gamma_1} \end{cases} \tag{2.41}$$

其中：$\gamma_1 = \sqrt{b^2 + 2\sigma^2}$

同理由（2.39）可得

$$\begin{cases} A'_2(t) - bcB_2 + \lambda(e^{aB_2} - 1) = 0 \\ -B'_2(t) + bB_2 + \dfrac{1}{2}\sigma^2 B_2^2 - 2 = 0 \\ A_2(T, T) = B_2(T, T) = 0 \end{cases}$$

$$\begin{cases} A_2(t, T) = \int_t^T [\lambda(e^{aB_2(s)} - 1) - bcB_2(s, T)]ds \\ B_2(t, T) = \dfrac{(b - \gamma_2)(b + \gamma_2)(e^{\gamma_2(T-t)} - 1)}{[(b + \gamma_2) - e^{\gamma_2(T-t)}(b - \gamma_2)]\sigma^2} \end{cases} \tag{2.42}$$

其中：$\gamma_2 = \sqrt{b^2 + 4\sigma^2}$

（2）生存概率模型

死力强度采用带跳的Feller过程：

$$du(t) = a^* u(t)dt + \sigma^* \sqrt{u(t)}dW_t + dJ_t$$

其中 W_t 是标准布朗运动，J_t 是纯复合泊松过程，强度为 λ^*，均值为 μ，W_t 与 J_t 相互独立。带跳的Feller过程没有均值回复项是非均值回复过程，符合死亡率长期变化特征。同时，此过程还可以保证死力恒正，并反映死亡率发生的跳跃。

生存概率：
$$_tp_x = P(T_x > t) = E(\exp^{-\int_0^t \mu_x(s)ds})$$

$$_tp_x = P(T_x > t) = \exp^{C_x + D_x u}$$

其中：T_x 代表年龄为 x 岁的剩余寿命，$C(t)$、$D(t)$ 满足以下常微分方程

$$\begin{cases} C'(t) = \dfrac{\lambda^{*}\mu D(t)}{1-\mu D(t)} \\ D'(t) = -1 + a^{*}D(t) + \dfrac{1}{2}\sigma^{*2}D^{2}(t) \end{cases}$$

初值条件为 $A(0)=0$, $B(0)=0$

$$\begin{cases} C(t) = \dfrac{\lambda^{*}\mu D(t)}{c^{*}-\mu^{t}} - \dfrac{\lambda^{*}\mu(c^{*}+d)}{b^{*}(d+u)(c^{*}-\mu)} \cdot \\ \quad [\ln(\mu - c^{*} - (d+u)e^{b^{*}t}) - \ln(-c^{*}-d)] \\ D(t) = \dfrac{1-e^{b^{*}t}}{c^{*}+de^{b^{*}t}} \end{cases} \tag{2.43}$$

其中：$b^{*} = -\sqrt{a^{*2}+2\sigma^{*2}}$, $c^{*} = \dfrac{b^{*}+a^{*}}{2}$, $d = \dfrac{b^{*}-a^{*}}{2}$

（3）退休年金精算模型

在弹性退休制下 x 岁年初支付额为 1 的退休年金现值为

$$Z_1 = \begin{cases} 0 & T_x < T_x^{*} - x \\ \sum\limits_{k=T^{*}-x}^{w-(T^{*}-x+1)} v(k) & T_x \geqslant T_x^{*} - x \end{cases} \tag{2.44}$$

在弹性退休制下 x 岁年初缴纳额为 1 至 T_x^{*} 年的定期生命年金现值为

$$Z_2 = \sum_{t=x}^{T^{*}-x-1} I_{\{t \leqslant T_x < t+1\}} \sum_{j=0}^{t} v(j) \tag{2.45}$$

w 代表极限寿命，假定利率过程、死力过程与退休时间相互独立，$v(t)$ 为折现系数，由利息理论可知：

$$v(t) = e^{-\int_0^t r(s)ds} \tag{2.46}$$

利用 $r(s)$ 的 *Markov*，由（2.38）~（2.46）可得弹性退休制下 x 岁年初支付额为 1 的退休年金精算现值为

$$\begin{aligned} \ddot{a}_{x:\,|(T^{*}-x)} &= EZ_1 \\ &= E\Big[\sum_{k=T^{*}-x}^{w-(T^{*}-x+1)} v(k) I_{(T_x \geqslant T_x^{*}-x)}\Big] \\ &= \sum_{k=60}^{65}\Big\{\sum_{t=(T^{*}-x)}^{\varpi-(T^{*}-x)} E[{}_{t}p_{x} * v(t) I_{(T_x^{*}=k)}]\Big\} \\ &= \sum_{k=60}^{65}\Big(\sum_{t=(k-x)}^{\varpi-(k-x)}\Big\{E\exp\Big[-\int_0^t r(s)ds\Big]\Big\} * E\Big\{\sum_{t=(k-x)}^{\varpi-(k-x)} \\ &\qquad \exp\Big[-\int_0^t u(y)dy\Big]\Big\} * P(T_x^{*}=k)\Big) \end{aligned}$$

$$= \sum_{k=60}^{65} (\sum_{t=k-x}^{\varpi-(k-x)} \{ E\exp[-\int_0^t r(s)ds] \} * E\exp[-\int_0^t u(y)dy] \} * [C_{k-60}^6 p^{k-60} (1-p)^{6-(k-60)}])$$

$$= \sum_{k=60}^{65} \{ \sum_{t=k-x}^{\varpi-(k-x)} \exp[C(t) + D(t)u_x(0)] * \exp[A_1(0, t) - B_1(0, t)r] * [C_{k-60}^6 p^{k-60} (1-p)^{6-(k-60)}] \}$$

x 岁年初缴纳额为 1 至 T_x^* 年的定期生命年金精算现值为

$$\ddot{a}_{x:\overline{T^*-1}|} = Ez_2$$

$$= E(\sum_{t=0}^{T^*-x-1} I_{\{t \leq T_x < t+1\}} \sum_{j=0}^{k} v(j))$$

$$= \sum_{k=60}^{65} \{ \sum_{t=0}^{k-x-1} E[{}_tq_x \sum_{j=0}^{t} v(j) I_{(T_x^*=k)}] \}$$

$$= \sum_{k=60}^{65} \{ \sum_{t=0}^{k-x-1} [1 - ({}_{t+1}p_x - {}_tp_x)] E[\sum_{j=0}^{t} v(j)] * P(T_x^* = k) \}$$

$$= \sum_{k=60}^{65} (\{ \sum_{t=0}^{k-x-1} [1 - ({}_{t+1}p_x - {}_tp_x)] E[\sum_{j=0}^{t} v(j)] \} * [C_{k-60}^6 p^{k-60} (1-p)^{6-(k-60)}])$$

$$= \sum_{k=60}^{65} (\sum_{t=k-x}^{\varpi-(k-x)} \{1 - \exp[C(t+1) + D(t+1)u_x(0)] - \exp[C(t) + D(t)u_x(0)]] * \sum_{j=0}^{t} \exp[A_1(0, j) - B_1(0, j)r] \} * [C_{k-60}^6 p^{k-60} (1-p)^{6-(k-60)}])$$

2. 均衡保费和退休年金二阶矩

保险损失 $L = Z_1 - PZ_2$

由平衡原理得均衡净保费

$$P = \frac{E(Z_1)}{E(Z_2)} = \ddot{a}_{x:\,|(T^*-x)} / \ddot{a}_{x:\,T^*-x-1|}$$

退休年金二阶矩

$$Ez_1^2 = E(\sum_{k=T^*-x}^{w-(T^*-x)} v(k) I_{(T_x \geq T^*-x)})^2$$

$$= \sum_{k=60}^{65} \{ \sum_{t=(T^*-x)}^{\varpi-(T^*-x)} E[{}_tp_x * v(t)^2 I_{(T_x^*=k)}] \}$$

$$= \sum_{k=60}^{65} (\sum_{t=(k-x)}^{\varpi-(k-x)} \{ E\exp[-2\int_0^t r(s)ds] E[\exp - \int_0^t u(y)dy] \} * P(T_x^* = k))$$

$$= \sum_{k=60}^{65} (\sum_{t=k-x}^{\varpi-(k-x)} \{ E\exp[-2\int_0^t r(s)ds] E[\exp - \int_0^t u(y)dy] \}$$

$$* [C_{k-60}^{6} p^{k-60} (1-p)^{6-(k-60)}])$$

$$= \sum_{k=60}^{65} \{ \sum_{t=k-x}^{\varpi-(k-x)} \exp[C(t) + D(t)u_x(0)] \exp[A_2(0,t) - B_2(0,t)r]$$

$$* [C_{k-60}^{6} p^{k-60} (1-p)^{6-(k-60)}] \}$$

3. 实证研究

由于精算函数涉及参数较多，需要对相关参数进行设定，依据我国的实际利率水平并参考尚勤、秦学志（2009）及其他相关文献的方法设定参数的结果见表 2-3。

表 2-3　退休年金精算函数参数设定表

$r(0)$	a	σ	λ	b	c
0.05	0.000 15	0.017 5	0.000 12	0.005	0.005 5
$u_x(0)$	a^*	σ^*	λ^*	μ	
0.000 5	0.069	0.000 2	0.001 5	−0.000 06	

根据参数设定表，对相关精算函数运用统计软件进行模拟测算，其结果见表 2-4。

表 2-4　退休年金精算函数模拟测算表

p	x	$\ddot{a}_{x:\overline{T^*-x}\rceil}$	$(T^*-x) \mid \ddot{a}_x$	P
0.4	$x=30$	16.244 9	2.989 6	0.183 8
	$x=35$	14.832 5	3.846 2	0.299 3
	$x=40$	12.895 6	4.798 1	0.377 2
0.7	$x=30$	16.982 7	2.764 8	0.163 2
	$x=35$	15.124 6	3.500 4	0.234 1
	$x=40$	13.284 5	4.374 9	0.319 8

从表 2-4 可以看出，在其他参数保持不变的情况下，$p=0.4$ 与 $p=0.7$ 的年金精算相比，$p=0.4$ 时各年龄 $\ddot{a}_{x:\overline{T^*-x}\rceil}$ 现值都低于 $p=0.7$ 时，$p=0.4$ 时各年龄 ${}_{T^*-x|}\ddot{a}_x$ 现值都高于 $p=0.7$ 时，变动幅度大约在 4 个百分点左右，相应的均衡净保费 $p=0.4$ 时都高于 $p=0.7$ 时，这是由于 $p<0.5$ 为正偏分布，$p>0.5$ 为负偏分布。正偏分代表期望退休年龄变小，负偏分布代表期望退休年龄延迟。

为了进一步研究死亡率与利率带跳过程中参数变化对退休年金精算现值的影响，表 2-5 列出了在过程中死亡率初值 $u_x(0)$ 、参数 a^* 、λ^* 对退休年金价

值的影响。可以看出，在其他参数保持不变的情况下，初值 $u_x(0)$ 对年金现值的影响较为明显。随着初值 $u_x(0)$ 的增加年金精算现值显著减小，呈现一定的负相关关系。以 $x=35$ 为例，$u_x(0)$ 由 0.000 20 增加到 0.000 30，$\ddot{a}_{35:\overline{T^*-35|}}$减少 14.13%左右，${}_{T^*-35|}\ddot{a}_{35}$减少 5%左右。$u_x(0)$ 由 0.000 30 增加到 0.000 40，$\ddot{a}_{35:\overline{T^*-35|}}$减少 11.84%，${}_{T^*-35|}\ddot{a}_{35}$ 减少 7%左右。在固定的初值下，参数 a^* 和退休年金精算现值也呈现一定的负相关关系，跳跃强度 λ^* 的变化对年金现值的影响比较小。

表 2-5　$u_x(0)$、a^*、λ^* 对年金现值的影响（$p=0.7$）

	$u_x(0)$			a^*			λ^*		
$\ddot{a}_{30:\overline{T^*-30|}}$	0.000 2	0.000 3	0.000 4	0.067	0.066	0.068	0.001 2	0.001 3	0.001 4
$\ddot{a}_{35:\overline{T^*-35|}}$	22.989 9	19.892 8	17.989 4	17.402 7	17.395 3	17.250 4	16.876 3	16.900 3	16.932 4
$\ddot{a}_{40:\overline{T^*-40|}}$	21.248 8	16.086 1	18.246 3	16.105 3	15.624 8	15.124 6	15.027 4	15.097 9	15.118 5
${}_{T^*-30|}\ddot{a}_{30}$	17.001 4	15.247 6	14.002 7	13.976 2	13.702 8	13.524 9	13.184 5	13.187 6	13.238 4
${}_{T^*-35|}\ddot{a}_{35}$	3.345 5	3.161 8	2.975 6	2.827 2	2.817 4	2.803 5	2.759 3	2.760 8	2.762 1
${}_{T^*-40|}\ddot{a}_{40}$	4.201 4	3.962 4	3.680 0	3.588 9	3.564 3	3.549 4	3.490 5	3.499 6	3.500 1

表 2-6 列出了死亡率初值 $r(0)$、参数 a、λ 对退休年金价值的影响。随着初值 $r(0)$ 的增加年金精算现值减小。以 $x=35$ 为例，$r(0)$ 由 0.047 增加到 0.048，$\ddot{a}_{35:\overline{T^*-35|}}$ 减少 11.74%，${}_{T^*-35|}\ddot{a}_{35}$ 减小 6.70%。r（0）由 0.048 增加到 0.049，$\ddot{a}_{35:\overline{T^*-35|}}$减少 8.38%，${}_{T^*-35|}$减少 4.22%。呈现一定的负相关关系，但变动幅度小于 $u_x(0)$ 初值变动的影响。在固定的初值下，参数 a 和 λ 对退休年金精算现值呈现一定的正相关关系，但这种关系对年金现值的影响也不大。

表 2-6　$r(0)$、a、λ 对年金现值的影响（$p=0.7$）

	$r(0)$			a			λ		
	0.047	0.048	0.049	0.001 6	0.001 7	0.000 18	0.000 13	0.000 14	0.000 15
$\ddot{a}_{30:\overline{T^*-30|}}$	21.767 5	18.983 2	17.296 4	16.962 4	17.242 1	17.405 6	16.897 9	16.952 1	16.910 5
$\ddot{a}_{35:\overline{T^*-35|}}$	19.857 2	17.525 8	16.056 8	15.212 5	15.592 4	15.662 4	15.028 4	15.097 9	15.118 5
${}_{T^*-30|}\ddot{a}_{30}$	3.422 4	3.098 2	2.897 2	2.831 2	2.837 4	2.839 4	2.697 6	2.760 8	2.762 1
${}_{T^*-40|}\ddot{a}_{40}$	16.942 5	14.887 6	13.284 5	13.291 2	13.478 4	13.586 4	13.043 2	13.187 6	13.232 9
${}_{T^*-30|}\ddot{a}_{30}$	3.422 4	3.098 2	2.897 2	2.831 2	2.837 4	2.839 4	2.697 6	2.760 8	2.762 1
${}_{T^*-40|}\ddot{a}_{40}$	4.525 4	4.394 5	4.322 8	4.368 0	4.420 0	4.471 3	4.386 7	4.546 3	4.547 2

2.6 多重衰减模型

2.6.1 利率确定条件下的多重衰减模型

2.6.1.1 衰减力度与概率分布的计算

除了死亡这个损失变量，我们可能还会遇到其他的提前终止缴费的损失变量。比如，寿险中，被保险人退保；劳动力计划中，雇员辞职、残疾或者退休等，都会对单一考虑死亡因素时的缴纳—赔付之间的平衡构成影响。多重损失模型就是在这种背景下产生的。假设某 x 岁的人，$T(x)$ 表示其剩余寿命，它的概率分布为

$$G(t)=P[T(x)\leqslant t]\quad t\geqslant 0$$

对任意给定的 t，$G(t)$ 就表示在 t 年之内的死亡概率，假设 $G(t)$ 连续，有概率密度函数 $g(t)=G'(t)$。

当 $T(x)$ 处于某一结束的时刻，而导致结束到来是因为 m 种原因，我们把衰减原因记为 $J=1,\ 2,\ \cdots,\ m$，这样 $T(x)$ 与 J 都是随机变量。在多重衰减模型中 T、K 均为随机变量，其中 K 为离散随机变量。设 $f(t,\ j)$ 为 T、J 的联合密度函数。两者的边际分布函数分别为

$$h(j)=\int_0^{\infty} f(t,\ j)\,dt\qquad J=1,\ 2,\ \cdots,\ m$$

$$g(t)=\sum_{j=1}^{m} f(t,\ j)$$

满足

$$\sum_{j=1}^{m} h(j)=1\qquad \int_0^{\infty} g(t)=1$$

引入符号 ${}_tq_x^{(j)}$ 表示 (x) 将在 $x+t$ 岁内由减因 j 导致状态结束（即保单失效）的概率。

$${}_tq_x^{(j)}=P[T(x)\leqslant t,\ J=j]=\int_0^{t} f(s,\ j)\,ds$$

${}_tq_x^{(\tau)}$ 表示 (x) 将在 $x+t$ 岁时由所有减因导致状态结束（即保单失效）的概率。

$${}_tq_x^{(\tau)}=\Pr(T\leqslant t)=\int_0^{t} f(s)\,ds=\int_0^{t} g(s)\,ds=\sum_{j=1}^{m}\int_0^{t} f(s,\ j)\,ds=\sum_{j=1}^{m}{}_tq_x^{(j)}$$

$${}_tq_x^{(j)}=\Pr(T\leqslant t,\ J=j)=\int_0^{t} f(s,\ j)\,ds$$

$$ {}_tq_{x+s}^{(j)} = \Pr(T < s + t,\ J = j \mid T > s) $$

$$ = \int_0^t f(s,\ j)/[1 - G(s)]ds $$

对于离散变量 K 有与单因素模型类似的分布：

$$ P(K = k,\ J = j) = P(k \leqslant T < k + 1,\ J = j) $$

$$ = P(T \geqslant k) \cdot P(T < k + 1,\ J = j \mid T \geqslant k) $$

$$ = {}_kp_x^{(\tau)} \cdot q_{x+k}^{(j)} $$

$$ \Pr(K \geqslant k) = {}_kp_x^{(\tau)} $$

${}_tp_x^{(\tau)}$ 表示 (x) 将在 $x + t$ 岁内仍“生存”的概率：

$$ {}_tp_x^{(\tau)} = 1 - {}_tq_x^{(\tau)} $$

衰减力度与生命表中的死力类似，对于 (x) 到 $x + t$ 岁时，由衰减原因 j 而导致的衰减力度定义为 $\mu_{x+t}^{(j)} = \dfrac{f(t,\ j)}{1 - G(t)} = \dfrac{f(t,\ j)}{{}_tp_x^{(\tau)}} = \dfrac{1}{{}_tp_x^{(\tau)}} \cdot \dfrac{d_tq_x^{(j)}}{dt}$

$x + t$ 时刻由所有原因造成的总衰减力度为

$$ \mu_{x+t}^{(\tau)} = \frac{g(t)}{{}_tp_x^{(\tau)}} = -\frac{d}{dt}\ln{}_tp_x^{(\tau)} = \sum_{j=1}^{m} \mu_{x+t}^{(j)} $$

给定损失时间 t，J 的条件概率函数为

$$ h(j \mid T(x) = t) = \frac{f(t,\ j)}{g(t)} = \frac{\mu_{x+t}^{(j)}}{\mu_{x+t}^{(j)}} $$

2.6.1.2　多减因基本概率函数与概率表

考察一组 a 岁的 l_a^{τ} 个生命，每一个生命的终止（损失）时间与原因的分布由下列联合概率密度函数确定：

$$ \mathrm{f}\ (\mathrm{t},\ \mathrm{j}) = {}_{\mathrm{t}}\mathrm{p}^{(\tau)}. $$

${}_nd_x^{(j)}$ 表示在年龄 x 与 $x + n$ 之间因原因 j 而离开的成员的期望个数

$$ {}_nd_x^{(j)} = l_a^{(\tau)} \int_{x-a}^{x+n-a} {}_tp_a^{(\tau)} \mu_{a+t}^{(j)} dt \quad t \geqslant 0 \quad j = 1,\ 2,\ \cdots,\ m $$

${}_nd_x^{(\tau)}$ 表示在年龄 x 与 $x + n$ 之间离开的成员的期望个数

$$ {}_nd_x^{(\tau)} = l_a^{(\tau)} \int_{x-a}^{x+n-a} {}_tp_a^{(\tau)} \mu_{a+t}^{(\tau)} dt = \sum_{j=1}^{m} {}_nd_x^{(j)} \quad t \geqslant 0 \quad j = 1,\ 2,\ \cdots,\ m $$

$l_x^{(\tau)}$ 表示原先 $l_a^{(\tau)}$ 个 a 岁成员在 x 岁时的残存数随机变量的期望

$$ l_x^{(\tau)} = l_a^{(\tau)} \cdot {}_{x-a}p^{(\tau)}. $$

总的衰减力度可以看作总的衰减率，而不作为条件密度函数。则一组 $l_a^{(\tau)}$ 个 a 岁成员随着年龄的增加按决定性衰减力度 $\mu_y^{(\tau)}$ 演变，则原先 $l_a^{(\tau)}$ 个 a 岁成

员在岁时的残存数为

$$l_x^{(\tau)} = l_a^{(\tau)} \cdot \exp\{-\int_a^x \mu_y^{(\tau)} dy\}$$

$d_x^{(\tau)}$ 表示在年龄 x 与 $x+1$ 之间离开的成员的期望个数

$$d_x^{(\tau)} = l_x^{(\tau)} - l_{x+1}^{(\tau)} = l_x^{(\tau)}[1 - p_x^{(\tau)}] = l_x^{(\tau)}\{1 - \exp[-\int_x^{x+1} \mu_y^{(\tau)} dy]\}$$

$l_x^{(j)}$ 表示现在 x 岁，将来因为原因 j 而终结的个体数

$\mu_x^{(j)}$ 表示因原因 j 而引起的衰减力度

$$\mu_x^{(j)} = \lim_{h\to 0} \frac{l_x^{(j)} - l_{x+1}^{(j)}}{hl_x^{(\tau)}} = -\frac{1}{l_x^{(\tau)}} \frac{dl_x^{(j)}}{dx}$$

$\mu_x^{(\tau)}$ 表示总的衰减力度

$$\mu_x^{(\tau)} = \sum_{j=1}^{m} \mu_x^{(j)} = \lim_{h\to 0} \frac{l_x^{(\tau)} - l_{x+1}^{(\tau)}}{hl_x^{(\tau)}} = -\frac{1}{l_x^{(\tau)}} \frac{dl_x^{(\tau)}}{dx}$$

2.6.1.3 联合单减因表

利用多减因的概率表中，各个减因之间相互独立而各减因概率却相互依赖的特点，把多减因概率表中各个衰减原因按其独立的死亡力构成单减因表。这种由多减因概率表的各个减因构成的单减因表称为联合单减因表。

单减因概率函数函数定义：

$$_tp_x^{'(j)} = \exp\left\{-\int_0^t \mu_{x+s}^{(j)} ds\right\}$$

$$_tq_x^{'(j)} = 1 - {_tp_x^{'(j)}}$$

$_tp_x^{'(j)}$ 称为绝对损失率，是指原因 j 在 $q_x^{'(j)}$ 的决定过程中不与其他损失原因竞争。它也称为净损失率（net probabilities of decrement）或独立损失率（independent rate of decrement）。

基本关系：

$$_tq_x^{(\tau)} = \exp\left\{-\int_0^t \mu_{x+s}^{(\tau)} ds\right\}$$

$$= \exp\left\{-\int_0^t \sum_{j=1}^{m} \mu_{x+s}^{(j)} ds\right\}$$

$$= \prod_{j=1}^{m} {_tp'}_x^{(j)}$$

$$_tp_x^{'(j)} \geqslant {_tp_x^{\tau}}$$

$$\Rightarrow {_tp_x^{'(j)}} \mu_{x+t}^{(j)} \geqslant {_tp_x^{(\tau)}} \mu_{x+t}^{(j)}$$

$$\Rightarrow {_tq_x^{'(j)}} \geqslant \int_{0t}^{1} p_x^{'(j)} \mu_{x+t}^{(j)} dt$$

$$\geqslant \int_0^1 {}_tp_x^{'(\tau)} \mu_{x+t}^{(j)} dt = {}_tq_x^{(j)}$$

这些结果表明联合单减因的概率与多重衰减原因概率中原因 j 的损失率是不相同的，同时也说明联合单减因概率函数与多衰减因概率函数存在着一定的关系，但这种关系的精确表达式很难得到，主要原因是 $q_x^{(j)}$ 在多减因表中与其他衰减概率之间有着相互的依赖关系。在一些特别的假设条件下，可以对它们做出近似的估计。

（1）假设多衰减因为均匀分布

在这一假设条件下，构成多衰减因的各个减因在每个年龄段上都有

$${}_tq_x^{(j)} = tq_x^{(j)}$$

各种减因概率相加有

$${}_tq_x^{(\tau)} = 1 - {}_tp_x^{(\tau)} = tq_x^{(\tau)}$$

在减因均匀分布假设下

$$\mu_{x+t}^{(j)} = \frac{1}{{}_tp_x^{(\tau)}} \cdot \frac{d_tq_x^{(j)}}{dt}$$

则有

$$\mu_{x+t}^{(j)} = \frac{q_x^{(j)}}{{}_tp_x^{(\tau)}} = \frac{q_x^{(j)}}{1 - tp_x^{(\tau)}}$$

而

$$\begin{aligned} {}_tq_x'^{(j)} &= 1 - \exp\left\{-\int_0^t \mu_{x+s}^{(j)} ds\right\} \\ &= 1 - \exp\left\{-\int_0^t \frac{q_x^{(j)}}{1 - tp_x^{(\tau)}} ds\right\} \\ &= 1 - \exp\left\{\frac{q_x^{(j)}}{q_x^{(\tau)}} \ln[1 - {}_tq_x^{(\tau)}]\right\} \\ &= 1 - \ln[1 - tq_x^{(\tau)}]^{\frac{q_x^{(j)}}{q_x^{(\tau)}}} \end{aligned}$$

（2）常数衰减力度假定

假定条件：

$$\mu_{x+t}^{(j)} = \mu_x^{(j)} \quad 0 \leqslant t < 1$$

等价推出：

$$\mu_{x+t}^{(\tau)} = \mu_x^{(\tau)} \quad 0 \leqslant t < 1$$

$$\mu_x^{(\tau)} = -ln p_x^{(t)}$$

$$\mu_x^{(j)} = -ln p_x^{'(j)} \quad j = 1, 2, \cdots, m$$

关系式：

$$q_x^{(j)} = \int_{0t}^{1} p_x^{(\tau)} \mu_x^{(j)} dt = \frac{\mu_x^{(j)}}{\mu_x^{(\tau)}} \int_{0t}^{1} p_x^{(\tau)} \mu_x^{(\tau)} dt = \frac{\mu_x^{(j)}}{\mu_x^{(\tau)}} q_x^{(\tau)}$$

$$\Rightarrow q_x^{(j)} = \frac{\ln p_x^{'(j)}}{\ln p_x^{(\tau)}} q_x^{(\tau)}$$

$$\Rightarrow p_x^{'(j)} = \exp\left\{\ln p_x^{(\tau)} \frac{q_x^{(j)}}{q_x^{(\tau)}}\right\} = (\,^{1}\ -)\ q_x^{(j)}/q_x^{(\tau)}$$

$$\Rightarrow q_x^{(j)} = 1 - p_x^{'(j)} = 1 - (\,^{1}\ -)\ q_x^{(j)}/q_x^{(\tau)}$$

由单减因概率函数推导多衰减因概率函数

$$p_x^{(\tau)} = \prod_{j=1}^{m} (1 - q_x^{'(j)})$$

$$\sum_{j=1}^{m} q_x^{'(j)} = \sum_{j=1}^{m} q_x^{(j)} = q_x^{(\tau)}$$

$$q_x^{(j)} = \int_0^1 {}_t p_x^{(\tau)} \mu_{x+t}^{(j)} dt = \int_0^1 \prod_{j=1}^{m} p_x^{'(j)} \mu_{x+t}^{(j)} dt$$

2.6.1.4　联合单减因构造多减因

在给定的联合单减因表中，在减因与时间无关的假设下，或者在多衰减原因的各个减因为均匀分布的假设下编制多减因表，也可以在联合单减因表中各个独立变动的减因均匀分布的假设下编制多减因表。

（1）减因与时间无关的假设下

由于　$\mu_x^{(\tau)} = \sum_{j=1}^{m} \mu_x^{(j)}$

故　$p_x^{(\tau)} = \exp\left\{-\int_0^t \mu_{x+s}^{(\tau)} ds\right\}$

$$= \exp\left\{-\int_0^t \sum_{j=1}^{m} \mu_{x+s}^{(j)} ds\right\}$$

$$= \prod_{j=1}^{m} \exp\left\{-\int_0^1 \mu_{x+s}^{(j)} ds\right\}$$

$$= \prod_{j=1}^{m} p_x^{'(\tau)}$$

$$q_x^{(\tau)} = 1 - \prod_{j=1}^{m} p_x^{'(j)}$$

$$= 1 - \prod_{j=1}^{m} (1 - q_x^{'(j)})$$

在减因与时间无关的假设下

$$q_x^{(\tau)} = \frac{\ln p_x^{'(j)}}{\ln p_x^{(\tau)}} q_x^{(\tau)}$$

根据上式，可分别计算 $p_x^{(\tau)}$ 、$q_x^{(\tau)}$ 、$q_x^{(j)}$ ，在给出了多减因表的基数后，就可以计算出各个年龄的基数 $l_x^{(\tau)}$ 、$d_x^{(\tau)}$ 、$d_x^{(j)}$ ，就可以编制多减因表。

(2) 联合减因表中各个独立变动是均匀分布假设下

以联合单减因表中 3 个独立变动，且是均匀分布假设为例，

$$ {}_tp_x^{'(j)} = 1 - tq_x^{'(j)} \qquad j = 1, 2, 3 $$

$$ {}_tp_x^{'(j)}\mu_{x+t}^{(j)} = \frac{d}{dt}(-{}_tp_x^{'(j)}) = q_x^{'(j)} $$

$$ \begin{aligned} q_x^{(1)} &= \int_0^1 {}_tp_x^{(\tau)}\mu_{x+t}^{(1)}dt \\ &= \int_0^1 {}_tp_x^{'(1)}\mu_{x+t}^{(1)}\,{}_tp_x^{'(2)}\,{}_tp_x^{'(3)}dt \\ &= q_x^{'(1)}\int_0^1(1 - tq_x^{'(2)})(1 - tq_x^{'(3)})dt \\ &= q_x^{'(1)}\left[1 - \frac{1}{2}(q_x^{'(2)} + q_x^{'(3)}) + \frac{1}{3}(q_x^{'(2)} \cdot q_x^{'(3)})\right] \end{aligned} $$

同理可得

$$ \begin{aligned} q_x^{(1)} &= \int_0^1 {}_tp_x^{(\tau)}\mu_{x+t}^{(1)}dt \\ &= \int_0^1 {}_tp_x^{'(1)}\mu_{x+t}^{(1)}\,{}_tp_x^{'(2)}\,{}_tp_x^{'(3)}dt \\ &= q_x^{'(1)}\int_0^1(1 - tq_x^{'(2)})(1 - tq_x^{'(3)})dt \\ &= q_x^{'(1)}\left[1 - \frac{1}{2}(q_x^{'(2)} + q_x^{'(3)}) + \frac{1}{3}(q_x^{'(2)} \cdot q_x^{'(3)})\right] \end{aligned} $$

同理可得

$$ q_x^{(2)} = q_x^{'(2)}\left[1 - \frac{1}{2}(q_x^{'(1)} + q_x^{'(3)}) + \frac{1}{3}(q_x^{'(1)} \cdot q_x^{'(3)})\right] $$

$$ q_x^{(3)} = q_x^{'(3)}\left[1 - \frac{1}{2}(q_x^{'(1)} + q_x^{'(2)}) + \frac{1}{3}(q_x^{'(1)} \cdot q_x^{'(2)})\right] $$

故 $q_x^{(1)} + q_x^{(2)} + q_x^{(3)} = 1 - [1 - q_x^{'(1)}][1 - q_x^{'(2)}][1 - q_x^{'(3)}] = q_x^{(\tau)}$

计算出 $q_x^{(1)}$ 、$q_x^{(2)}$ 、$q_x^{(3)}$ ，在给出多减因表的基数后，就可以计算出各个年龄的基数 $l_x^{(\tau)}$ 、$d_x^{(1)}$ 、$d_x^{(2)}$ 、$d_x^{(3)}$ 后，从而编制多减因表。

2.6.2 多减因下的精算现值

2.6.2.1 确定利率条件下的多减因下的精算现值

1. 离散模型多减因下的精算现值

因 $T(x)$ 代表保险合同终止时间，是一个随机变量，假设 δ_t 为常数 δ_t，多重衰减因素下的保险金给付分为连续与离散进行计算。基于保险实务中的离散条件，对离散状况（即保费在年初支付，保险金在保险事故发生年末支付）进行分析，(x) 投保受 m 个衰减因素影响的每年初 1 单位元年金精算现值用 $\ddot{a}_x$ 表示，则

$$\begin{aligned}\ddot{a}_x &= E\sum_{k=0}^{K-1} v(k)\\ &= E\sum_{k=0}^{\infty}\left(e^{-\sum_{h=0}^{k-1}\delta_{x+h}} I_{\{K\geqslant k\}}\right)\\ &= \sum_{k=0}^{\infty} E\left(e^{-\sum_{h=0}^{k-1}\delta_{x+h}} I_{\{K\geqslant k\}}\right)\\ &= \sum_{k=0}^{\varpi-x-1} e^{-k\delta}\cdot \Pr(K\geqslant k)\\ &= \sum_{k=0}^{\varpi-x-1} e^{-k\delta}\cdot {}_kp_x^{(\tau)}\end{aligned}$$

B、B_j 分别代表给付金及由于第 j 种减因发生的给付金，全部减因的保险金精算现值用 A_x 表示，由条件期望均值公式得

$$\begin{aligned}A_x &= EBv(K)\\ &= E\left(Be^{-\sum_{h=0}^{K}\delta_{x+h}}\right)\\ &= \sum_{k=0}^{\varpi-x}\sum_{j=1}^{m} E\left[Be^{-\sum_{h=0}^{K}\delta_{x+h}} \mid K=k,\ J=j\right]\cdot \Pr(K=k,\ J=j)\\ &= \sum_{k=0}^{\varpi-x}\sum_{j=1}^{m} B_j e^{-k\delta}\cdot P(K=k,\ J=j)\\ &= \sum_{k=0}^{\varpi-x}\sum_{j=1}^{m} B_j e^{-k\delta}\cdot {}_kp_x^{(\tau)} q_{x+k}^{(j)}\end{aligned}$$

保险损失变量为 $L = Bv(K) - P\sum_{k=0}^{K-1} v(k)$

则由精算原理 $E(L)=0$ 可知，受全部减因影响的终身寿险年缴均衡净保费为

$$P = \frac{EBv(K)}{E\sum_{k=0}^{K-1} v(k)} = \frac{A_x}{\ddot{a}_x} = \frac{\sum_{k=0}^{\varpi-x}\sum_{j=1}^{m} B_j e^{-k\delta}\cdot {}_kp_x^{(\tau)} q_{x+k}^{(j)}}{\sum_{k=0}^{\varpi-x-1} e^{-k\delta}\cdot {}_kp_x^{(\tau)}}$$

在第 t 年末的净保费责任准备金为

$$
\begin{aligned}
{}_tV &= E_tL \\
&= E\left(Be^{-\sum_{h=0}^{K}\delta_{x+t+h}} - P\sum_{k=0}^{K-1}e^{-\sum_{h=0}^{k-1}\delta_{x+t+h}}\right) \\
&= \sum_{k=0}^{\varpi-x-t}\sum_{j=1}^{m}B_j e_k^{e^{-k\delta}}\, p_{x+t}^{(\tau)} q_{x+t+k}^{(j)} - \sum_{k=0}^{\varpi-x-t-1}Pe_k^{-e^{-k\delta}}\, p_{x+t}^{(\tau)}
\end{aligned}
$$

2. 连续模型多减因下的精算现值

如果保险金在保险事故发生时瞬时给付，从投保到保险事故发生的时间是连续变量，用 $\bar{A}^{(j)}$ 表示在 j 减因下瞬间给付保险金的精算现值，用 $B_{x+t}^{(j)}$ 表示在 $x+t$ 年龄上 j 减因发生的给付金，则

$$\bar{A}^{(j)} = \int_0^{\infty} B_{x+t}^{(j)} v_t^t\, {}_tp_x^{(\tau)} \mu_{x+t}^{(j)} dt \qquad j = 1,\ 2,\ \cdots,\ m$$

全部减因的现值为

$$\bar{A} = \sum_{j=1}^{m}\int_0^{\infty} B_{x+t}^{(j)} v_t^t\, {}_tp_x^{(\tau)} \mu_{x+t}^{(j)} dt$$

2.6.2.2 随机利率条件下的多重衰减模型

在传统的养老金计划精算中常常将利率假设为常数，由于养老金计划的长时效性，实际的利率由于宏观经济环境的变化而在不断变化，因此，由于利率因素可能会造成养老基金的给付不足，影响退休人员的正常生活水平，同时也会加重养老基金的负担，所以，将利率的风险因素考虑到企业养老保险计划中具有重要的意义。许多学者利用自回归方法对利息力建模研究了相关保险精算问题，如：Frees（1990）研究了可逆 MA（1）利率下生存年金精算现值，Buhlmann（1992）研究了利息力为独立、同正态分布时生存年金的 1 阶矩、2 阶矩，但该模型的缺陷是对利息力假定相互独立、同正态分布的条件与实际偏差仍然较大。Haberman（1997）在企业年金保险中得到了利息力满足稳定自回归 AR（1）模型时的生存年金精算现值模型，Dhaene（1998）在 Haberman 的研究基础上进一步研究了利息力满足稳定自回归 AR（2）模型时矩母函数的性质，得到生存年金的 1 阶矩和 2 阶矩，但该类投资模型的主要不足是利息力的不确定性与时间无关，即投资利息力的方差为一常数。为此，Zaks（2001）进一步研究了条件稳定 AR（1）利率模型下利息力的统计特性及生存年金精算现值的峰度、偏度表达式。基于从事理论研究的相关学者对可变利率条件下的养老金多重衰减模型讨论甚少，本节对随机利率条件下养老金计划的多重衰减模型进行分析。

1. 利率模型

在传统精算中的利率常数假设不甚合理，同样利率变化是存在相互影响的，利率的独立同分布假设显然与我国的实际经济环境不相符合。因此，本节假设各年利率在非独立情况下，采用自回归方法设定利息力的变化服从 Vasicek 模型即：

$$\delta_{t+1}=\delta_t+(1-\varphi)(\mu-\delta_t)+\varepsilon_{t+1}$$

其中 δ_t 为 $(t,\ t+1)$ 年利息力，μ 为其期望，ε_t 相互独立，服从正态分布 $N(0,\ \sigma^2)$

由上可知 $E(\delta_t)=\mu \quad \mathrm{Var}(\delta_t)=\dfrac{\sigma^2}{1-\varphi^2}$

若利率假定为 Vasicek 模型，则

$$\delta_{t+n}=\delta_t+(1-\varphi^n)(\mu-\delta_t)+\sum_{i=1}^{n}\varphi^{n-i}\varepsilon_{t+i} \quad n=1,\ 2,\ \cdots$$

$$Ee^{-\sum_{h=0}^{k-1}\delta_{x+h}}=e^{-\left[\frac{1-\varphi^k}{1-\varphi}\delta_x+\left(k-\frac{1-\varphi^k}{1-\varphi}\right)\mu\right]+\frac{\sigma^2}{2}\left[\frac{k(1-\varphi^2)-(1-\varphi^{2k})}{(1-\varphi^2)^2}\right]}$$

2. 多重衰减模型（离散模型）

因 $T(x)$ 代表保险合同终止时间，是一个随机变量，假设 J 与利息力 δ_t 相互独立，从而 T、K 均与利息力 δ_t 相互独立，(x) 投保受 m 个衰减因素影响的每年初 1 单位元年金现值用 $\ddot{a}_x$ 表示，则

$$\begin{aligned}
\ddot{a}_x &= E\sum_{k=0}^{K-1}v(k)\\
&= E\left(\sum_{k=0}^{K-1}e^{-\sum_{h=0}^{k-1}\delta_{x+h}}\right)\\
&= E\sum_{k=0}^{\infty}\left(e^{-\sum_{h=0}^{k-1}\delta_{x+h}}I_{\{K\geqslant k\}}\right)\\
&= \sum_{k=0}^{\infty}E\left(e^{-\sum_{h=0}^{k-1}\delta_{x+h}}I_{\{K\geqslant k\}}\right)\\
&= \sum_{k=0}^{\varpi-x-1}E\left(e^{-\sum_{h=0}^{k-1}\delta_{x+h}}\right)\cdot \Pr(K\geqslant k) \qquad (\text{由 } K \text{ 与 } \delta_t \text{ 独立性得})\\
&= \sum_{k=0}^{\varpi-x-1}\left[E\left(e^{-\sum_{h=0}^{k-1}\delta_{x+h}}\right]\cdot {}_kp_x^{(\tau)}\\
&= \sum_{k=0}^{\varpi-x-1}e^{-\left[\frac{1-\varphi^k}{1-\varphi}\delta_x+\left(k-\frac{1-\varphi^k}{1-\varphi}\right)\mu\right]+\frac{\sigma^2}{2}\left[\frac{k(1-\varphi^2)-(1-\varphi^{2k})}{(1-\varphi^2)^2}\right]}\cdot {}_kp_x^{(\tau)}
\end{aligned}$$

全部减因的保险金现值用 A_x 表示，由条件期望均值公式得

$$\begin{aligned}
A_x &= EBv(K)\\
&= E\left(Be^{-\sum_{h=0}^{K}\delta_{x+h}}\right)
\end{aligned}$$

$$= \sum_{k=0}^{\varpi-x} \sum_{j=1}^{m} E\left[B e^{-\sum_{h=0}^{K} \delta_{x+h}} \mid K=k,\ J=j \right] \cdot \Pr(K=k,\ J=j)$$

$$= \sum_{k=0}^{\varpi-x} \sum_{j=1}^{m} B_j E\left[e^{-\sum_{h=0}^{k} \delta_{x+h}} \right] \cdot \Pr(K=k,\ J=j)$$

$$= \sum_{k=0}^{\varpi-x} \sum_{j=1}^{m} B_j e_k^{-\left[\frac{1-\varphi^{k+1}}{1-\varphi}\delta_x + \left(k+1-\frac{1-\varphi^{k+1}}{1-\varphi}\right)\mu\right] + \frac{\sigma^2}{2}\left[\frac{(k+1)(1-\varphi^2)-(1-\varphi^{2(k+1)})}{(1-\varphi^2)^2}\right]} p_x^{(\tau)} q_{x+k}^{(j)}$$

保险损失变量为 $L = Bv(K) - P\sum_{k=0}^{K-1} v(k)$

由精算原理 $E(L)=0$ 可知，受全部减因影响的终身寿险年缴均衡净保费为

$$P = \frac{EBv(K)}{E\sum_{k=0}^{K-1} v(k)} = \frac{A_x}{\ddot{a}_x} = \frac{\sum_{k=0}^{\varpi-x} \sum_{j=1}^{m} B_j e_k^{-\left[\frac{1-\varphi^{k+1}}{1-\varphi}\delta_x + \left(k+1-\frac{1-\varphi^{k+1}}{1-\varphi}\right)\mu\right] + \frac{\sigma^2}{2}\left[\frac{(k+1)(1-\varphi^2)-(1-\varphi^{2(k+1)})}{(1-\varphi^2)^2}\right]} p_x^{(\tau)} q_{x+k}^{(j)}}{\sum_{k=0}^{\varpi-x-1} e^{-\left[\frac{1-\varphi^{k}}{1-\varphi}\delta_x + \left(k-\frac{1-\varphi^{k}}{1-\varphi}\right)\mu\right] + \frac{\sigma^2}{2}\left[\frac{k(1-\varphi^2)-(1-\varphi^{2k})}{(1-\varphi^2)^2}\right]} \cdot {}_k p_x^{(\tau)}}$$

在第 t 年末的净保费责任准备金为

$${}_tV = E_t L$$

$$= E\left(B e^{-\sum_{h=0}^{K}\delta_{x+t+h}} - P\sum_{k=0}^{K-1} e^{-\sum_{h=0}^{k-1}\delta_{x+t+h}} \right)$$

$$= \sum_{k=0}^{\varpi-x-t} \sum_{j=1}^{m} B_j e_k^{-\left[\frac{1-\varphi^{k+1}}{1-\varphi}\delta_{x+t} + \left(k+1-\frac{1-\varphi^{k+1}}{1-\varphi}\right)\mu\right] + \frac{\sigma^2}{2}\left[\frac{(k+1)(1-\varphi^2)-(1-\varphi^{2(k+1)})}{(1-\varphi^2)^2}\right]} p_{x+t}^{(\tau)} q_{x+t+k}^{(j)}$$

$$- \sum_{k=0}^{\varpi-x-t-1} P e_k^{-\left[\frac{1-\varphi^{k}}{1-\varphi}\delta_{x+t} + \left(k-\frac{1-\varphi^{k}}{1-\varphi}\right)\mu\right] + \frac{\sigma^2}{2}\left[\frac{k(1-\varphi^2)-(1-\varphi^{2k})}{(1-\varphi^2)^2}\right]} p_{x+t}^{(\tau)}$$

2.7 人口预测方法

人口预测是经过采集基础资料、建立预测模型和确定预测参数等基本环节后最后完成的，所以，建立体现预测基本方法的预测模型，在人口预测中占有十分重要的地位。人口预测的基本方法和模型较多，一般较为流行和实用的有人口发展方程、年龄移算法、矩阵方程和指数方程等几类。

人口预测是社会保险精算的基础。本节的人口测算方法是后面研究弹性社会基本养老保险账户退休隐性债务与支付能力的人口测算基础。它的理论基础是人口数学。

2.7.1 人口发展方程

任何社会现象的发生、发展都是一个运动过程的反映。因此，人们总能定

量地描述各种社会运动过程。近代人口科学表明，人口发展是一个强惯性过程，可以用某种数学模型相当精确地描述它。决定人口变动的因素很多，但是随着时间变化对人口状态的影响，最终都表现在出生、死亡和迁移三方面。封闭人口的变动，只涉及出生和死亡两个要素。人口数目可以看成时间变量的函数，时间是连续变量，人数是离散变量，但可以有条件地作为连续变量处理。人口发展方程是我国学者、著名的控制理论专家宋健于20世纪70年代末提出的一套新的人口预测模型。这套预测模型，具有对预测变量的设置更加合理、预测参数因素的考虑更加周密以及易于推广应用的优点。所以，这套预测模型是当今国内最为流行，也被广泛应用的一套人口预测模型。同时，这套预测模型在国外也产生了很大的影响。人口发展方程是运用数学工具，以数学思维方式分析研究人口现象的内在联系与客观规律，并形成的数学模型，它的基本假设是只考虑自然的出生死亡、年龄结构，不考虑迁移等社会因素的影响。

2.7.1.1 连续型人口发展方程

在时刻 t ，年龄小于 r 的人口数记作 $F(r, t)$ ，t 和 r 均为连续变量。设 F 是连续可微函数，称为人口分布函数。时刻 t 的人口总数为 $N(t)$ 。最高年龄记作 r_m 。

于是对于非负非降函数 $F(r, t)$ 有

$$F(0, t)=0, \ F(\gamma_m, t)=N(t)$$

定义 $\frac{\partial F}{\partial r}=p(r, t)$，$0 \leqslant r \leqslant r_m$，理论上 $r_m \to \infty$ 其中 $p(r, t)$ 定义为年龄密度函数。$p(r, t)$ 非负且 $p(r_m, t)=0$。记 $p(r, t)dt$ 为时刻 t 年龄在区间 $[r, r+dr)$ 内的人数。$\mu(r, t)$ 为时刻 t 年龄 r 的人的死亡率。其含义是：$\mu(r, t)p(r, t)dr$ 表示时刻 t 年龄在 $[r, r+dr)$ 内单位时间死亡的人数。

为了得到 $p(r, t)$ 满足的方程，考察时刻 t 年龄在 $[r, r+dr)$ 内的人到时刻 $t+dt$ 的情况。他们中活着的那一部分人的年龄变为 $[r+dr_1, r+dr+dr_1)$ 。这里 $dr_1=dt$ 。而在 dt 这段时间内死亡的人数为 $\mu(r, t)p(r, t)drdt$ ，于是

$$\begin{cases} \frac{\partial p}{\partial r}+\frac{\partial p}{\partial t}=-\mu(r, t)p(r, t), \ t \geqslant 0, \ 0 \leqslant r \leqslant r_m \\ p(r, 0)=p_0(r) \\ p(0, t)=f(t) \\ p(r_m, t)=0 \end{cases}$$

也可以写作

$$[p(r+dr_1, t+dt)-p(r, t+dt)]+[p(r, t+dt)-p(r, t)]dr$$
$$=-\mu(r, t)p(r, t)drdt$$

上式中代入 $dr_1 = dt$

$$\frac{\partial p}{\partial r} + \frac{\partial p}{\partial t} = -\mu(r,\ t)p(r,\ t)$$

实际上，这是年龄密度函数 $p(r,\ t)$ 的一阶偏微分方程，其中死亡率 $\mu(r,\ t)$ 为已知函数。

两个定解条件是：

① $p(r,\ 0) = p_0(r)$；

②单位时间内出生的婴儿数 $p(0,\ t) = f(t)$，称为婴儿出生率。

其中 $p_0(r)$ 可由人口调查资料得到，是已知函数；$f(t)$ 则对预测和控制人口起着重要作用。

于是得出连续型人口发展模型：

$$\begin{cases} \dfrac{\partial p}{\partial r} + \dfrac{\partial p}{\partial t} = -\mu(r,\ t)p(r,\ t),\ t \geqslant 0,\ 0 \leqslant r \leqslant r_m \\ p(r,\ 0) = p_0(r) \\ p(0,\ t) = f(t) \\ p(r_m,\ t) = 0 \end{cases} \tag{2.47}$$

此方程描述了人口的演变过程，从这个方程确定密度函数 $p(r,\ t)$ 以后，立即可以得到各个年龄的人口数，即人口分布函数。

$$F(r,\ t) = \int_0^r p(s,\ t)\,ds$$

该方程的求解过程比较复杂，这里给出一种特殊情况下的结果。在社会安定的局面下和不太长的时间内，死亡率大致与时间无关，于是可以近似地假设 $\mu(r,\ t) = \mu(r)$，这时的解为

$$p(r,\ t) = \begin{cases} p_0(r - t)e^{-\int_{r-t}^{r}\mu(s)ds},\ 0 \leqslant t \leqslant r \\ f(t - r)e^{-\int_0^r \mu(s)ds},\ t > r \end{cases}$$

连续型人口发展模型及解中的 $p_0(r)$ 和 $\mu(r)$ 可以从人口统计数据得到。$\mu(r,\ t)$ 也可以由 $\mu(r,\ 0)$ 粗略估计，这样，为了预测和控制人口的发展状况，人们主要关注的可以用作控制手段的就是婴儿出生率 $f(t)$。

记女性性别比函数为 $k(r,\ t)$，即时刻 t 年龄在 $[r,\ r + dr]$ 的女性人数为 $k(r,\ t)p(r,\ t)dr$，将这些女性在单位时间内的平均每人的生育数记作 $b(r,\ t)$，设育龄区间为 $[r_1,\ r_2]$，则

$$f(t) = \int_{r_1}^{r_2} b(r,\ t)k(r,\ t)p(r,\ t)\,dr$$

再将 $b(r,\ t)$ 定义为 $b(r,\ t)=\beta(t)h(r,\ t)$

其中 $h(r,\ t)$ 满足 $\int_{r_1}^{r_2}h(r,\ t)dr=1$

于是

$$\beta(t)=\int_{r_1}^{r_2}b(r,\ t)dr$$

则

$$f(t)=\beta(t)\int_{r_1}^{r_2}h(r,\ t)k(r,\ t)p(r,\ t)dr \tag{2.48}$$

如果所有育龄女性在她育龄期所有的时刻都保持这个生育数，那么 $\beta(t)$ 也表示平均每个女性一生的总和生育数。所以 $\beta(t)$ 称为总和生育率（简称生育率或生育胎次）。

$h(r,\ t)$ 是年龄为 r 的女性的生育加权因子，称为生育模式。在稳定环境下可以近似认为它与 t 无关，即 $h(r,\ t)=h(r)$ 。$h(r)$ 显示了在哪些年龄生育率高，哪些年龄生育率低（见图 2-1）。

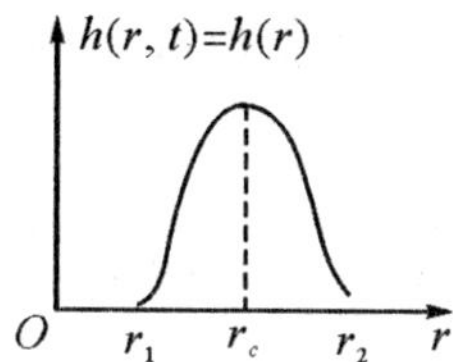

图 2-1　生育模式图

上图显示在 $r=r_c$ 附近生育率最高。

由人口统计资料可以知道当前实际的 $h(r,\ t)$ 。进行理论分析时，人们常采用的 $h(r)$ 的一种形式是借用概率论中的 Γ 分布：

$$h(r)=\frac{(r-r_1)^{\alpha-1}e^{-\frac{r-r_1}{\theta}}}{\theta^{\alpha}\Gamma(\alpha)}$$

取 $\theta=2$，$\alpha=n/2$，这时有 $r_c=r_1+n-2$，由此可以看出，提高 r_1 意味着晚婚，而增加 n 意味着晚育。

这样，人口发展方程（2.47）和单位时间内出生的婴儿数 $f(t)$ 的表达式（2.48）构成了连续型人口模型。

模型中死亡率函数 $W(r,\ t)$ 、性别比函数 $k(r,\ t)$ 和初始密度函数 $p_0(t)$ 可由人口统计资料直接得到，或在资料的基础上估计。而生育率 $\beta(t)$ 和生育模式 $h(r,\ t)$ ，则是可以用于控制人口发展过程的两种手段，$\beta(t)$ 可以控制生育的数量，$h(r,\ t)$ 可以控制生育的时间和密度，我国的计划生育政策正是通过这两种手段实施的。

从控制论观点看，在方程（2.47）描述的人口系统中 $p(r,\ t)$ 可视为状态变量，$p(0, t)=f(t)$ 视为控制变量，是分布参数系统的边界控制函数，式(2.48) 表明控制输入中含有状态变量，形成状态及馈，$\beta(t)$ 视为及馈增益，并且这是一种正及馈，即人口密度函数 $p(r, t)$ 的增加，通过婴儿出生率 $f(t)$ 又使 $p(r, t)$ 进一步增长。

方程的解式（ * ）中因子 $f(t-r)$ 表明这种反馈还有相当大的滞后作用，所以一旦人口政策失误，使 $p(r, t)$ 在一段时间内增长得过多过快，再想通过控制手段 $\beta(t)$ 和 $p(r, t)$ 把人口增长的势头降下来，是非常困难并且需要相当长（几代人）的时间的。

在上面的模型中密度函数 $p(r, t)$ 或分布函数 $F(r, t)$ 固然是人口发展过程最完整的描述，但是使用起来并不方便，在人口统计学中常用一些人口指数来简明扼要地表达一个国家或地区的人口特征。具体而言，有以下五种。

① 人口总数 $N(t)$：

$$N(t)=\int_0^{r_m} P(r, t)\,dr$$

② 平均年龄 $R(t)$：

$$R(t)=\frac{1}{N(t)}\int_0^{r_m} rP(r, t)\,dr$$

③ 平均寿命 $S(t)$：

它表示时刻 t 出生的人不论活到什么时候，死亡率都是按时刻 t 的 $W(r, t)$ 计算，这些人的平均存活时间为

$$S(t)=\int_t^{\infty} e^{-\int_0^{\tau-t} W(r, t)\,dr}\,d\tau$$

$S(t)$ 实际上是预估寿命，通常说目前平均寿命已达到多少岁了，是指今年出生婴儿的预估寿命，即 $S(0)$，根据统计资料得到当前的死亡率 $W(r, 0)$ 后，就可以算出 $S(0)$。

④ 老龄化指数 $W(t)$：

$$W(t)=\frac{R(t)}{S(t)}$$

可以看出若 $R(t)$ 递增，则 $S(t)$ 也是递增的。

⑤ 依赖性指数 $\rho(t)$：

$$\rho(t)=\frac{N(t)-L(t)}{L(t)}$$

其中，$L(t)=\int_{l_1}^{l_2}[1-R(r, t)]P(r, t)\,dr+\int_{l_1'}^{l_2'}R(r, t)P(r, t)\,dr$，$[l_1, l_2]$ 和 $[l_1', l_2']$ 分别是男性和女性有劳动能力的年龄区间，$L(t)$ 是全体人口有劳

动能力的年龄区间，$L(t)$ 是全体人口中有劳动能力的人数，所以依赖性指数 $\rho(t)$ 表示平均每个劳动者要供养的人数。

2.7.1.2 离散型人口发展方程

在连续型人口模型中，可以得以一些理论的分析结果，但是在实际应用中不方便，需要建立相应的离散模型。主要原因有以下三点：

第一，作为已知条件（输入）的统计数据都是离散的，如某年各个年龄的女性生育率、死亡率、性别比例。

第二，作为结果（输出），人们希望得到的数据也是离散的，如 2000 年、2020 年、2050 年……的人口总数、各个人口指数、人口的年龄分布等。

第三，连续模型解的表达式中包含了未知函数，用解析方程迭代求解是非常困难的，与其用数值方法解连续模型，不如直接建立离散模型。

一般时间以年为单位，年龄按周计算，设 $X_i(t)$ 为第 t 年 i 岁（满 i 周岁而不到 $i+1$）的人数。$t=0, 1, 2, \cdots, \ i=0, 1, 2, \cdots, m$。

只考虑由于生育、老去和死亡引起的人口演变，而不计迁移等社会因素的影响，记 $d_i(t)$ 为第 t 年 i 岁人口的死亡率，即

$$d_i(t)=\frac{X_i(t)-X_{i+1}(t+1)}{X_i(t)}$$

于是 $X_{i+1}(t+1)=[1-d_i(t)]X_i(t)$,

$$t=0, 1, 2, \cdots, \quad i=0, 1, 2, \cdots, m. \tag{2.49}$$

但 $b_i(t)$ 为第 t 年 i 岁女性生育率，即每位女性平均生育婴儿数，$[i_1, i_2]$ 为育龄区间，$R_i(t)$ 为第 t 年 i 岁人口的女性比，则第 t 年的出生人数为

$$f(t)=\sum_{i=i_1}^{i_2} b_i(t)R_i(t)x_i(t) \tag{2.50}$$

记 $d_{00}(t)$ 为第 t 年婴儿死亡率，即第 t 年出生但未活到人口统计时刻的婴儿比例：

$$d_{00}(t)=\frac{f(t)-x_0(t)}{f(t)}$$

于是
$$x_{00}(t)=[1-d_{00}(t)]f(t) \tag{2.51}$$

对于 $i=0$ 将式（2.50）、（2.51）带入（2.49）得

$$x_1(t+1)=[1-d_{00}(t)][1-d_0(t)]\sum_{i=i_1}^{i_2} b_i(t)k_i(t)x_i(t) \tag{2.52}$$

将 $b_i(t)$ 分解为 $b_i(t)=\beta(t)h_i(t)$， (2.53)

$$\sum_{i=i_1}^{i_2} h_i(t)=1 \tag{2.54}$$

利用式（2.54）对式（2.53）求和，得到

$$\beta(t)=\sum_{i=i_1}^{i_2} b_i(t) \tag{2.55}$$

可知 $\beta(t)$ 表示第 t 年每个育龄妇女平均生育的婴儿数，若设在 t 年后的一个育龄时期内各个年龄的女性生育率 $b_i(t)$ 都不变，那么 $\beta(t)$ 又可表为

$$\beta(t)=b_{i_1}(t)+b_{i_{1+1}}(t+1)+\cdots+b_{i_2}(t+i_2-i_1) \tag{2.56}$$

则 $\beta(t)$ 是第 t 年 i_1 岁的每位妇女一生平均生育的婴儿数，称总和生育率，或生育胎次，是控制人口数量的主要参数。

将式（2.53）带入式（2.52），并记

$$b_i'(t)=(1-d_{00}(t))(1-d_0(t))h_i(t)k_i(t) \tag{2.57}$$

则式（2.52）写作

$$x_i(t+1)=\beta(t)\sum_{i=i_1}^{i_2} b_i'(t)x_i(t) \tag{2.58}$$

引入变量，矩阵记号

$$x(t)=[x_1(t),\ x_2(t),\ x_3(t)\cdots x_m(t)]' \tag{2.59}$$

$$A(t)=\begin{pmatrix} 0 & 0 & 0 \\ 1-d_1(t) & 0 & 0 \\ \vdots & \ddots & \vdots \\ 0 & 1-d_{m-1}(t) & 0 \end{pmatrix} \tag{2.60}$$

$$\beta(t)=\begin{pmatrix} 0 & \cdots & 0 & \cdots & b_{i_1}'(t) & \cdots & b_{i_2}'(t) & \cdots & 0 \\ \vdots & & \vdots & & \ddots & & \vdots & & \vdots \\ 0 & \cdots & 0 & \cdots & \cdots & \cdots & \cdots & \cdots & 0 \end{pmatrix} \tag{2.61}$$

$$i=0,\ 1,\ 2,\ \cdots,\ m$$

那么式（2.58）和式（2.49）可以换作

$$x(t+1)=A(t)x(t)+\beta(t)B(t)x(t) \tag{2.62}$$

这个向量形成的一阶差分方程就是人口发展方程，当初始人口分布 $x(t)$ 已知，又由统计资料确定了 $A(t)$、$B(t)$，并且给定了总和生育 $\beta(t)$ 以后，用这个方程不难预测人口的发展过程。

在控制理论中 $x(t)$ 称状态变量，可将 $\beta(t)$ 作为控制变量，因为对于 $\beta(t)$ 和 $x(t)$ 分别是线性的，所以是双线性方程，由控制可得出其性质和解法，在此不加以讨论。在稳定的社会环境下可以认为死亡率、生育模式和女性比不随时间变换，于是 $A(t)$、$B(t)$ 为常数矩阵，式（2.62）化为

$$x(t+1)=Ax(t)+B\beta(t)x(t)$$

离散条件下的人口指数有以下五种。

① 人口总数 $N(t)$ ：

$$N(t) = \sum_{i=0}^{m} x_i(t)$$

② 平均年龄 $R(t)$ ：

$$R(t) = \frac{1}{N(t)} \sum_{i=0}^{m} i x_i(t)$$

③ 平均寿命 $S(t)$ ：

$$S(t) = \sum_{j=0}^{m} e^{[-\sum_{i=0}^{j} d_j(t)]}$$

④ 老龄化指数 $W(t)$ ：

$$W(t) = \frac{R(t)}{S(t)}$$

可以看出若 $R(t)$ 递增，则 $S(t)$ 也是递增的。

⑤ 依赖性指数 $\rho(t)$

$$\rho(t) = \frac{N(t) - L(t)}{L(t)}$$

其中，$\sum_{i=l_1}^{l_2} [1 - k_i(t)] x_i(t) + \sum_{i=l_1}^{l_2} k_i(t) x_i(t)$ ，$[l_1, l_2]$ 和 $[l_1', l_2']$ 分别是男性和女性有劳动能力的年龄区间，$L(t)$ 是全体人口有劳动能力的年龄区间，$L(t)$ 是全体人口中有劳动能力的人数，所以依赖性指数 $\rho(t)$ 表示平均每个劳动者要供养的人数。

2.7.2 年龄移算法

年龄移算法，亦称年龄移算预测模型。它是人口预测中一种最基本的预测方法，在理论和技术上又是一种最基础的预测方法，可以说许多重要的人口预测模型，都是根据年龄移算法的原理建立的。年龄移算法具有移算原理严谨、方法简便易行的优点，因而在理论研究和人口预测实践中都被广泛借鉴和应用。年龄移算法，是指以各个年龄组的实际人口数为基数，按照一定的存活率进行逐年递推来预测人口的方法。年龄移算法之所以能够准确地对未来人口做出预测，是基于一个最重要的原理：人口是时间的函数。具体来说，就是人口的年龄是用时间来表示的，一年即为一岁，时间过一年，人的年龄也就增长了一岁。因此，随着时间的推移，人口的年龄也在不断地发生着转组。当在一定死亡率水平条件下，人口的年龄在其不断地转组过程中，人口数也就相应地随之发生变化。据此原理，即可把某一年度、某一年龄组的人口数，在相应年龄组的死亡率水平条件下，通过转移到下一个年度、下一个年龄组的人口数测算出来。

年龄移算法模型的基本表达式为

$$P_{t+1}(x+1)=P_t(x)\cdot S(x)$$

其中，$P_t(x)$ 表示 (x) 岁年龄组在 t 时的人口数，$S(x)$ 表示 (x) 岁年龄组活到 $(x+1)$ 岁的生存率。

2.7.3 矩阵方程预测

2.7.3.1 Keyfitz 矩阵方程

Keyfitz 矩阵方程，是由美国著名人口统计学家、数理人口学家和社会学家内森·凯菲茨首先提出，并应用于人口预测的预测方法。由此内森·凯菲茨在国际上亦被誉为把矩阵方法应用于人口预测的第一位学者。矩阵方程预测是通过建立矩阵预测模型来进行人口预测的一类预测方法。矩阵方程预测的基本特点是对年龄移算模型进行科学概括，即它是以年龄移算模型为基础而发展起来的一类预测模型。较之年龄移算法，它具有数理含量更高、预测变量的描述更加规范、预测参数的定义更加严格的特点。

把矩阵方法引用于人口预测，是通过把人口预测变量，包括人口生存变量、人口生育变量和人口基数变量，处理成矩阵乘法关系来实现的。矩阵模型的数学表达式为

$$I=M\cdot K$$

式中，M 为依据预测的年龄组数为阶数，并由修匀生育率和人口生存率所构成的方阵，K 为以方阵 M 的阶数为阶数，并由分年龄人口预测基数所组成的列矢量矩阵，I 为预测结果所得的新矩阵。

矩阵模型因子的基本定义：

①方阵 M 的基本构造。

$$M=\begin{bmatrix} 0 & \cdots & F_1 & F_2 & F_3 & \cdots & F_m & \cdots & 0 & 0 \\ S_0 & & & & & & & & & \\ & & S_1 & & & & & & & \\ & & & S_2 & & & & & & \\ & & & & S_3 & & & & & \\ & & & & & \cdots & & & & \\ & & & & & & \cdots & & & \\ & & & & & & & \cdots & & \\ & & & & & & & & & \\ & & & & & & & & S_n & 0 \end{bmatrix}$$

其中，F_x 为 15~49 岁妇女生育率之修匀值，$S(x)$ 为 (x) 岁的存活率。

②列矩阵 K 的基本构造。

$$K=\begin{bmatrix} P_{1(t)} \\ P_{2(t)} \\ P_{3(t)} \\ \vdots \\ P_{n(t)} \end{bmatrix}$$

其中：$P_{n\,(t)}$ 为预测初始年度，即预测基年 (x) 岁之实际人口数；$x=0$，1，2，…，n 。由于人口预测是分性别进行的，所以，在具体实施预测时，上面模型中的预测变量，或称模型元素的 S_x 和 P_x ，尚应赋予性别因素，即男性或女性，元素符号亦应标识为：男性，$S_x^{\ M}$ ，$P_x^{\ M}$ ；女性，$S_x^{\ F}$ ，$P_x^{\ F}$ 。

建立矩阵预测模型，是指按照矩阵中各个元素的特定要求，通过计算生育率修匀值 F_x 及人口生存率 $S(x)$ 对于用作预测的实际人口资料进行技术处理，然后纳入矩阵预测模型，并为最终实现运算提供条件的技术处理过程。

2.7.3.2　Leslie 矩阵方程

Leslie 矩阵，是另一位学者莱斯利在凯菲茨矩阵预测模型的基础上做了一些修改而提出的一种预测模型。其基本特点是，对矩阵中有的元素从不同的角度进定义和描述。

Leslie 矩阵的基本出发点认为：从宏观人口看，引起人口变动的原因有三个基素，即出生、死亡和迁移；从人口年龄分布角度看，人口数随年龄变动而发生变而人口年龄又是随时间推移而发生改变，因此，人口数亦随时间变动而发生变动；从未来人口的构成上看，未来人口数包括由现存人口和新增人口两部分人口所。以上出发点，为人口发展变动关系的数学描述提供了基本思路。

（1）现存人口的描述

现存人口是指在预测年度已经生存着的全部人口，其变动特征可通过以下基本因子进行描述。

现设：$P_{x\,(t)}$ 为 t 年 (x) 岁人口数；

$m_{x\,(t)}$ 为 t 年 (x) 岁人口死亡率；

S_x 为 (x) 岁人口存活率。

于是，人口变动的基本关系可描述为：

$$\begin{cases} P_{1\ (t+1)} = P_{0(t)} \cdot S_0 \\ P_{2\ (t+1)} = P_{1(t)} \cdot S_1 \\ P_{3\ (t+1)} = P_{2(t)} \cdot S_0 \\ \cdots \\ P_{\varpi-1\ (t+1)} = P_{\varpi-2(t)} \cdot S_{\varpi-2} \end{cases} \tag{2.63}$$

（2）新增人口的描述

新增人口是指预测期内新出生的人口，它是引起人口发展变化的基本因素。在预测模型中，具体表现为对0岁组人口数的计算与描述。

现设：f_x 为（x）岁妇女生育率；δ 为婴儿出生比，分男婴出生比 δ_M 和女婴出生比 δ_F，一般取，$\delta_M = 0.515$，$\delta_F = 0.485$；S_{00} 为出生婴儿出生当年存活率。

于是，预测期0岁人口数（现视为女性人口）可描述为

$$P^F{}_{0(t+1)} = S^F{}_{00} \cdot \delta_F \sum_{x=0}^{\varpi-1} f_x \cdot P^F{}_{x(t)} \tag{2.64}$$

当 $15 < x < 49$ 时，其中的 f_x 为0。

从上式中的年龄区间的界定可见，它既对一般年龄区间（$0 \sim \varpi - 1$）标识，又对生育年龄区间（15~49岁）做了明确界定。这里，在同一式中，对年龄区的双重界定并非重复，而其目的是在于为后面建模的需要。为此目的以及符号简便起见，现定义（x）岁妇女生育的小孩数 B_x 为

$$B_x = S^F{}_{00} \cdot \delta_F \cdot f_x$$

于是有

$$P^F{}_{0(t+1)} = \sum_{x=0}^{\varpi-1} B_x \cdot P^F{}_{x(t)} \tag{2.65}$$

（3）人口迁移因素的考虑

人口迁移是引起人口变动的重要因素，诸如，国际迁移会引起迁移国家的人口量发生变动；在一个国家内的省际迁移会引起不同省区的人口总量发生变动；省的不同地区的人口迁移会引起不同地区的人口总量发生变动。而人口迁移又包了迁入和迁出两种不同性质的迁移，所以，由迁移因素引起的不同国家间或不同地域间人口变动，又包括了引起人口总量增加和减少的两个方面的变动。而对于同一地域讲，迁入人口数抵消迁出人口数之后引起的人口变动，称为净迁移变动。在人预测研究中所考虑的人口迁移因素，即为人口净迁移引起的人口变动。

现设 g_x 为（x）岁之净迁移人数，于是，式（2.63）可修正为

$$P_{x+1(t+1)} = P_{x(t)} \cdot S_{x(t)} + g_x \tag{2.66}$$

再设 g_{00} 为当年出生者之净迁入人数，则式（2.66）可修正为

$$P_{0(t+1)} = \sum_{x=0}^{\varpi-1} B_x \cdot P^F{}_{x(t)} + g_{00} \tag{2.67}$$

由式（2.66）和式（2.67），可对人口的整个变动过程的递推关系做如下描述：

$$\begin{cases} P_{0\ (t+1)} = \sum_{x=0}^{\varpi-1} B_x \cdot P_{x(t)} + g_{00} \\ P_{1\ (t+1)} = P_{0(t)} \cdot S_0 + g_0 \\ P_{2(t+1)} = P_{1(t)} \cdot S_1 + g_1 \\ \cdots \\ P_{\varpi-1\ (t+1)} = P_{\varpi-2(t)} \cdot S_{\varpi-2} + g_{\varpi-2} \end{cases} \tag{2.68}$$

式（2.68）由于人口变量在时间上的递推关系，描述了人口发展变动过的基本关系。而人口的上述发展变动过程，亦可描述成为一种矩阵关系，由此而对人口发展变动过程的描述更加简明和规范。

各个矩阵元素及其内在关系的进一步描述为：

$$P_{(t+1)} = A \cdot P_{(t)} + G_{(t)}$$

各个矩阵元素及其内在关系的进一步描述为：

$$\begin{bmatrix} P_{0\ (t+1)} \\ P_{1\ (t+1)} \\ P_{2\ (t+1)} \\ P_{3\ (t+1)} \\ \vdots \\ P_{\varpi-1\ (t+1)} \end{bmatrix} = \begin{bmatrix} B_0 & B_0 & B_0 & \cdots & \cdots & B_0 & B_0 \\ S_0 & 0 & 0 & \cdots & \cdots & 0 & 0 \\ 0 & S_1 & 0 & \cdots & \cdots & 0 & 0 \\ 0 & 0 & S_2 & \cdots & \cdots & 0 & 0 \\ \vdots & \vdots & \vdots & \vdots & \vdots & \vdots & \vdots \\ 0 & 0 & 0 & \cdots & \cdots & S_{\varpi-2} & 0 \end{bmatrix} \cdot \begin{bmatrix} P_{0\ (t)} \\ P_{1\ (t)} \\ P_{2\ (t)} \\ P_{3\ (t)} \\ \vdots \\ P_{\varpi-1\ (t)} \end{bmatrix} + \begin{bmatrix} g_{00} \\ g_0 \\ g_1 \\ g_2 \\ \vdots \\ g_{\varpi-2} \end{bmatrix}$$

2.7.4 逻辑曲线

Verhulst 模型也称为逻辑模型，是 1837 年德国生物学家 Verhulst 在研究生物繁殖规律时提出的。其基本思想是生物个体数量是呈指数增长的，受周围环境的限制，增长速度逐渐放慢，最终稳定在一个固定值。Verhulst 模型主要用来描述具有饱和状态的过程，即“S”型过程，常用于人口预测、生物生长、繁殖预测及产品经济寿命预测等。

一个连续瞬时人口增长率 r_t 定义为

$$r_t = \frac{1}{P(t)} \cdot \frac{dP(T)}{dt}$$

这里，$P(t)$ 表示 t 时的人口数，r_t 通常是 t 的函数。在 r_t 随时间不变，并且等于 r_t 的特殊情况下，如果对逻辑模型设置了一个增长上界，即 $\lim_{t\to\infty}P(t)=a$，这时要达到一个上限，瞬间增长率 r_t 必须随时间递减，并且最终达到 0。令

$$\frac{1}{P(t)}\cdot\frac{dP(t)}{dt}=r_t=k\cdot\left[1-\frac{P(t)}{a}\right] \tag{2.69}$$

当 $t\to\infty$ 时，$P(t)\to a$，所以需要 $r_t\to 0$。而在 $t=0$ 时，由于 $P(0)\neq 0$，有 $r_0=k\cdot\left[1-\frac{P(t)}{a}\right]\neq k$。因此 k 不是时刻 0 的初增长率；像 a 那样，k 仅仅是必须被指定的模型的一个参数。

为了解式（2.69）求 $P(t)$，重新排列得到

$$\frac{dP(t)}{P(t)\left[1-\frac{P(t)}{a}\right]}=k\cdot dt$$

$$\frac{\frac{1}{a}}{1-\frac{P(t)}{a}}+\frac{1}{P}dP(t)=k\cdot dt$$

对上式两边积分得到

$$-\ln\left[1-\frac{P(t)}{a}\right]+\ln P(t)=kt+c$$

当 $t=0$，我们得到积分中的常数

$$c=\ln\frac{P(0)}{\left[1-\frac{P(0)}{a}\right]}$$

从而得到

$$\ln\frac{P(t)}{\left[1-\frac{P(t)}{a}\right]}=kt+\ln\frac{P(0)}{\left[1-\frac{P(0)}{a}\right]}$$

或者

$$\frac{P(t)}{\left[1-\frac{P(t)}{a}\right]}=e^{kt}\cdot\left\{\frac{P(0)}{\left[1-\frac{P(0)}{a}\right]}\right\}$$

最后得到

$$P(t)=\frac{a}{1+\left[\frac{a}{P(0)}-1\right]\cdot e^{-kt}}$$

在 $t=0$ 时，由上式知 $P(0)=P(0)$ ，并且当 $t=\infty$, $P(\infty)=a$ 。上式也常写作

$$P(t)=\frac{1}{A+B\cdot e^{-kt}}$$

其中，$A=\frac{1}{a}$ ，$B=\frac{1}{P(0)}-\frac{1}{a}$

3 弹性退休制度下我国社会养老保险隐性债务精算模型

本章主要讨论我国城镇职工基本养老保险隐性债务的历史成因，建立了弹性退休制度下，城镇职工基本养老保险隐形债务与养老保险账户支付能力的精算模型，利用相关精算模型对我国弹性退休制下的隐形债务与账户支付能力进行了模拟测算，并根据测算结果提出相应对策。

3.1 社会养老保险精算模型中的重要变量

在建立社会养老保险测算的数学模型前，需要介绍一些比较重要的基本变量，它们也是社会养老保险制度本身所规定的变量。

1. 缴费率

缴费率表示缴费者的养老保险缴费与缴费工资总额的比率。缴费率在养老保险收支平衡中的地位很重要。缴费率高，缴费收入就高，养老保险基金收支平衡就容易实现；缴费率较低，缴费收入就低，不利于养老保险基金收支平衡的实现。缴费率高低的确定取决于缴费者的承受能力。缴费率低，缴费者负担轻，有利于企业自身积累；缴费率过高，企业负担重，不利于企业的自身发展。因此，确定缴费率的水平，最主要的是考虑企业的承受能力。除此以外，养老金替代水平和老年抚养比也是影响缴费率的因素，如果养老金收入水平提高，退休职工增多，势必要求提高缴费率；如果缴费率超过企业所能承受的范围，应采取措施调整养老金水平和退休年龄，降低缴费率。

2. 替代水平

替代水平是指养老金相对于职工工资的比例，用以表示职工退休后的养老金收入替代工资收入的水平的高低。根据比较对象和范围的不同，替代水平分为平均替代率和目标替代率。平均替代率是指全部退休职工的平均养老金收入与全部职工的平均工资收入的比例，是用以表示退休职工整体的养老金收入水平高低的指标。目标替代率是指单个职工退休后头一年的养老金收入与退休前一年工资收入的比率，是用以表示退休后收入相对于退休前收入水平高低的指标。替代水平是影响养老保险基金平衡的基本因素。替代率高，养老保险金支出数额就大，养老保险基金收支平衡就较难实现；替代率低，养老保险支出数额就小，养老保险基金收支平衡就容易实现。发达国家的基本保障水平一般只有退休前工资的40%~50%，我国目前养老金的平均替代率约为职工平均工资的80%~85%，显然较高，需要采取措施把替代率降下来。目前实施的养老金计发办法的改革可以逐步把替代水平降下来，但难度较大。替代水平的高低取决于以下三个因素：第一，恩格尔系数。当社会恩格尔系数较高时，食物支出在总支出中所占比重较大，替代水平过低会使退休职工的养老金收入无法维持基本生活需要。因此，在人均国民收入水平较低时，应保持一定水平的替代率，以后随着国民收入水平的提高和恩格尔系数的下降，可逐步将替代比例降下来。第二，养老金刚性。养老金刚性一方面表现为代际攀比，即晚退休者要求比照不低于早退休者的养老金比例发放养老金；另一方面表现为地区代际攀比，即一地区养老金替代水平要求比照不低于其他地方的标准而确定。第三，养老金收入水平提高的影响。国民收入水平提高，晚退休者的养老金收入的绝对数额应比早退休者的养老金收入的绝对数额略有提高。因此，替代水平的降低也受到一定制约。

3. 老年抚养比

老年抚养比是指退休职工人数与在职职工人数之比，用以表示每一个在职职工要供养几个退休职工。抚养比小，社会养老负担就轻，社会养老保险收支容易平衡；抚养比大，社会养老负担重，社会养老保险平衡就困难。抚养比的大小关系到养老保险基金的收支，影响老年抚养比数值大小的因素有以下几个方面：

第一，就业年龄。就业年龄低，在职职工即养老金缴费者人数就多，养老保险基金缴费就越多；反之，就业年龄高，养老保险基金缴费就越少。一般来说，职工的就业年龄是比较稳定的，降低就业年龄很困难。一是因为受学校教育年限的限制，就业年龄不可能太早；二是受法定就业年龄的限制，就业年龄必须在16岁以上。

第二，退休年龄。退休年龄提高，则在职职工人数增多，退休职工人数减少，抚养比减低，社会养老负担减轻，养老保险收支平衡就容易实现。退休年龄降低，则在职职工人数减少，退休职工人数增多，抚养比提高，社会养老负担加重，养老保险收支平衡就不容易实现。退休年龄的变动弹性较大，有的国家规定男女平均退休年龄为55岁，有的国家规定为60岁，有的国家规定为65岁或更大。

第三，年龄构成。职工年龄构成是指各年龄组职工（包括在职职工和退休职工）的人数在职工总人数中所占的比重。当人口结构趋于老年化时，全部职工中退休职工人数所占比例增加，在职职工人数所占比例趋于减少，抚养比增大，社会养老负担增加；反之，当人口结构趋于年轻化时，则抚养比减少，社会养老负担减轻。

4. 工资增长率

工资增长率是表示职工工资随工龄或年份而增长的比率。工资增长率越高，缴费工资基数增长得越快，养老保险基金缴费收入的增长也越快，同时退休时养老金标准就越高，因而养老保险基金支出的增长也越快。一般来说，工资增长时，全体在职职工的工资都相应增长，已退休的职工的养老金也会相应增长，但养老金的增长率会比工资增长率低。

5. 养老金增值率

养老金增值率是表示养老保险基金的投资增值部分与养老保险基金的比例。养老金增值率越高，养老金增值速度就越快，能够给养老保险基金带来更多的增值收入。养老金增值率与养老保险支出的关系取决于养老金计发采取什么方法。在个人账户形式下，当养老金增值率较高时，个人账户记账利率也较高（记账利率一般略小于养老金增值率），个人账户储存额就越大，职工退休后的养老金支出额也越大。于是，在个人账户形式下，养老金增值率对收支平衡的影响，取决于养老金增值率对养老保险基金的实际增值与个人账户的账面增值的比较。

6. 目标期间

目标期间是指维持养老金收支平衡所取的期间。现收现付模式下是当年平衡，目标期间就是一年。完全积累模式下是职工开始就业时缴费，职工退休后领取养老金，目标期间是职工就业年限加上退休后平均剩余寿命的年限。目标期间取得长短对于部分积累模式来说，是与主观意愿有关的，目标期间取得长些，有利于在人口老龄化时解决较长期间的养老金收支平衡问题，使老龄化带来的养老负担在代际间更加均匀化，不会对后代造成沉重的养老负担。

3.2 弹性退休养老保险隐性债务精算

3.2.1 我国养老金隐性债务产生的历史原因

3.2.1.1 养老保险的筹资模式

(1) 现收现付制及其资金平衡模式

①现收现付制的基本含义。

现收现付，顾名思义就是当期收进又当期付出，英文翻译为 Pay-As-You-Go，很形象地描绘了该制度的特点，那就是在你离开之时，该制度才向你支付你所应获的养老金。现收现付制严格的定义是，以在职参保员工的缴费来支付同期离退休职工的养老费用的养老保险制度。其主要特征为政府根据每年养老金的实际需要，从工资中提取相应比例的养老金，本期征收、本期使用，不为以后使用提供储备。现收现付制是养老保险产生、发展过程中最早出现的，并在早期被多数国家，尤其是工业发达国家采用的养老保险基金运行模式。

②现收现付制的资金平衡模式。

根据现收现付制的定义，可以总结出现收现付制的基本思想完全可以用一个最简单的文字等式表示，那就是：

$$当期养老金的缴费收入=当期养老金的发放支出$$

通常情况下，养老保险的参保职工在工作期间按照工资的一定比例缴纳养老保险费用，退休期间按照社会平均水平领取养老金。这样一来，上述等式的左右两边就可以分别表述为

当期养老金的缴费收入=养老保险缴费率×在职职工人数×在职职工平均工资水平

养老金的发放支出=退休职工人数×退休职工平均养老金水平

于是，显然有

$$养老保险缴费率=\frac{退休职工平均养老金水平}{在职职工平均工资水平}\times\frac{退休职工人数}{在职职工人数}$$

也就是说，养老保险的缴费率取决于四个因素：一是在职职工人数，二是在职职工平均工资水平，三是退休职工人数，四是退休职工平均养老金水平。它表明随着在职职工人数和在职职工平均工资水平的增加和提升，养老保险的缴费率会降低，随着在职职工人数和在职职工平均工资水平的减少和下降，养老保险的缴费率会上升；而退休职工人数和退休职工平均养老金水平的增加和

提升，会导致养老保险的缴费率提高，退休职工人数和退休职工平均养老金水平的减少和下降，会导致养老保险的缴费率降低。

现收现付制下所实现的是不同代人之间的收入再分配，因为对于同代人而言，养老金的发放与缴费之间没有必然的联系。个人得到的养老金并不一定随缴费的增加而同比例增加，而是在所有退休者之间保持一种相对平均的水平。显然，这种制度缩小了退休者之间的收入差距，是一种“均贫富”式的养老保险制度。

（2）部分积累制及其资金平衡模式

①部分积累制的基本含义。

部分积累制也叫部分基金制，英文翻译为 Partial-Funded，是现收现付制和完全积累制之间的中间模式。我国实行的部分积累制是社会统筹与个人账户相结合的基本制度。该制度根据长期基金平衡的原则，拿出基金的一部分来满足当期已退休职工的养老金支付，同时提取一定的储备基金作为个人账户的积累资金，是一种通过社会统筹和个人账户的共同需求来制定缴费率以保证养老金足额给付的养老保险制度。一般情况下，现收现付制是通过规定受益制，即养老保险的主办者做出承诺，依据参保职工年龄和以往贡献的大小决定各参保职工养老金收益的方式来实施。而个人账户积累制，不管是完全积累制，还是部分积累制，大都是通过规定缴费制，即按照一定公式计算各参保职工的缴费额，为各参保职工设立个人账户，以记录缴费和确定将来收益的方式来实施。

②部分积累制的资金平衡模式

部分积累制的资金平衡实质上是将目标期间内的当年收入大于支出的年份的积累，去弥补当年收不抵支年份的缺口。假设第一个阶段的缴费收入为正，这就表示该阶段是有积累的。第二阶段的缴费收入为负，这意味着这一个阶段不存在积累而是有缴费缺口。于是，平衡的等式就是：

第一阶段的养老金积累=第二阶段的养老金缺口

（3）现收现付制与部分积累制的比较

学术界对现收现付制与部分积累制运行差异的讨论集中在运行方式和经济效应上。两种制度不同的经济效应主要可分为储蓄效应、投资效应和再分配效应，这与本章的主要研究内容关系不大，故本章不予具体讨论。关于两种制度运行方式的比较，可见表 3-1。

表 3-1 现收现付制与部分积累制运行方式比较

项目	现收现付制	部分积累制
平衡原则	横向平衡	纵向平衡
筹集方式	社会统筹	个人积累-社会统筹
代际关系	代际赡养	同代自养+代际赡养
受益原则	规定受益	规定缴费

从表 3-1 可见，现收现付制与部分积累制在平衡原则、筹集方式、代际关系和受益原则上都存在差别。现收现付制强调的是横向平衡，是在同一时期所有参保者之间的收支平衡；部分积累制强调的是纵向平衡，是个人在生命期内缴费和收益的平衡。现收现付制通常是全体参保职工一个账户，政府在全社会范围内统筹安排部分积累制是一人一账户，自己缴费自己享用，没有建立个人账户的已退休者由社会统筹。现收现付制是“老人”“中人”“新人”一代养一代，通过代际赡养实现财富转移；部分积累制是“老人”由下一代赡养，“中人”是下一代人赡养和自负两部分，“新人”为自负赡养，当前的积累为未来的赡养费用。现收现付制是政府根据人口状况从工资中提取相应比例的养老金，最后规定受益水平部分；部分积累制是政府根据经济发展状况预测未来生活标准，最后规定缴费水平。

3.2.1.2 隐性债务的产生

养老保险的隐性债务是指政府需要履行养老金的支付责任，而账户上又没有相应的资金积累的那部分资金缺口。“隐性”两字的由来是因该种债务不属于已经明确计量、记录并上报的养老金债务。隐性债务既不属于当期的养老金赤字，也没有就偿债日期和偿债金额有明确的规定。从上文可知，养老金隐性债务的产生与养老保险制度的转变有密不可分的关系，可以说我国养老金隐性债务产生于现收现付制，而显性于部分积累制。

养老保险隐性债务（Implicit Pension Debt，IPD）的含义，至今没有较官方的定义。国内学术界仍然存在着争议，不同的学者有不同的表述和理解，具有代表性的有：中国人民大学房海燕博士（1998）认为隐性债务是特定时点累积的，由政府部门索取养老金的权利价值减去历年滚存的基金余额，是承诺的现收现付制所固有的。王燕、徐滇庆等（2001）认为 IPD 是养老金计划即刻终止的情况下，给付给退休人员的养老金的现值加上在岗职工已累积并必须给付的养老金权利的现值。王晓军（2002）从精算意义上描述了 IPD 的含义，称养老金制度的债务是制度对所有参加人员承诺的未来给付精算现值。制度转轨时的债务是旧制度终止时，所有覆盖人口在旧制度下已积累得到养老金权利的现值，它隐藏在过去现收现付制度下，为了保持制度的连续性和公平，这一债务由转轨后的新制度承担，这种新制度建立时面临的债务即隐性债务。还有学者认 IPD 是整个养老保险的参保职工负债的未积累部分，同时也有学者认为转制成本与隐性债务不同，且隐性债务本身也分成转制隐性债务和一般隐性债务。

总结各个学者的观点，概括起来隐性债务的来源主要有下列三点：

①现收现付制度下参保职工应得的养老金给付权益。

在养老保险现收现付制度下，当期的在职职工缴纳的养老保险费用于赡养同期的退休职工，同时获得未来领取养老金的权益。这些权益在部分积累制度下没有相应的个人账户资金来兑现，由此形成了养老保险的隐性债务。

②部分积累制度下参保职工个人账户积累不足额。

部分积累制下，政府根据经济发展水平、养老金债务水平等多方面因素预测未来给付标准，并确定养老保险的缴费水平。在制度转轨过程中，部分参保职工个人账户建立时间不足致使账户积累资金不足额。个人账户隐性养老金债务即为该积累值与政府应付最低养老金的差额。当长寿风险或投资风险发生时，个人账户积累不足额导致的隐性债务将会显性化。

③政府担保私人养老金计划所致。

政府为私人养老金计划提供担保，当私人养老金计划不能完成支付的时候，政府必须担负相应的责任，此时产生的债务也是养老金隐性债务的一种。

养老金隐性债务的第三种来源实际上在我国并不存在。因为，在我国现阶段实行的私人养老金计划有企业年金和职工个人储蓄性养老保险，政府为支持其发展予以优惠的税收政策，但没有为其进行担保。

我国目前存在的隐性债务主要来源于制度转轨造成的债务，即隐性债务来源的前两点。根据《国务院关于完善企业职工基本养老保险制度的决定》（国发〔2005〕38 号）的明确规定，“老人”按原规定计发养老金，并执行基本养老金调整办法。对《国务院关于建立统一的企业职工基本养老保险制度的决定》（国发〔1997〕26 号）实施前参加工作，《国务院关于完善企业职工基本养老保险制度的决定》（国发〔2005〕38 号）实施后退休且缴费年限含视同缴费年限累计满 15 年的“中人”，在发给基础养老金和个人账户养老金的基础上，再发给过渡性养老金。因此，我国隐性债务的来源就是“老人”和

“中人”的养老金权益。

3.2.1.3 隐性债务的显性化

隐性债务显性化是指在养老保险制度转轨的条件下，隐性负债得到确认并计入当期养老金赤字，具有明确的偿债期限和偿还金额，并且可计量、记录。《国务院关于建立统一的企业职工基本养老保险制度的决定》（国发〔1997〕26 号）的实施，是我国基本实现现收现付制并向部分积累制转化的标志，而养老金隐性债务也由此开始显性化成为转轨成本。

我国养老金隐性债务显性化不仅是体制转轨所导致，还有一些其他的外部原因。总的来说，下述三个方面导致了我国养老金隐性债务的显性化。

（1）养老保险体制转轨致使隐性债务显性化

我国自 1995 年国务院发布《国务院关于深化企业职工养老保险制度改革的决定》（国发〔1991〕33 号）起，开始探索建立“统账结合”的制度模式。1997 年，国务院发布《关于建立统一的企业职工基本养老保险制度的决定》（国发〔1997〕26 号），统一了各地“统账结合”的办法，规定了统一的缴费比例、个人账户规模、基本养老金计发办法等，正式确立了我国目前企业职工基本养老保险制度的基本框架，也标志着我国基本实现了养老保险由现收现付制模式向部分积累制模式的转变。而 2005 年发布的《国务院关于完善企业职工基本养老保险制度的决定》（国发〔2005〕38 号），调整了个人账户的规模，改革了基本养老金计发办法，建立了参保缴费的激励约束机制等，进一步完善了部分累积制度。

2005 年的制度规定养老金的计发准则为“老人”老办法、“新人”新办法、“中人”过渡办法。“新人”是新制度实施后入职的职工，加入养老保险初始就建立了个人账户，为未来养老金权益的兑现积累了深厚的资金，只要养老金的增值保值机构对资金管理得当，“新人”不会产生隐性债务。“老人”在新制度实施前已经退休，完全没有个人账户的资金积累，需要政府负责给付基本养老金，并按社会生活水平适时调整。“中人”在新制度实施后退休则给付基础养老金、过渡养老金和个人账户养老金。“老人”和“中人”在养老保险制度改革前缴纳的保险费用，已经用于支付上一代退休职工的退休金，或者以利润形式上缴国家财政。因此，国家每年在给付“老人”“中人”的养老金时，都会有资金缺口。这个资金缺口就是已显性化的隐性债务，因而可以计算其数额。

在养老金制度转轨期间，我国没有其他渠道能消化这巨额的隐性负债，只能靠制度自身消化，即用个人账户的资金来支付当前“老人”“中人”的养老金。但这样会使得个人账户逐渐被掏空，原本应该起到积累作用的个人账户基金，实际上只是一个名义账户，变成了一个记账工具和养老金给付的计算工具，即形成了“空账”。“空账”的出现使养老保险制度在实际运行中仍与原有的现收现付制相同，只不过是退休人员的养老金支付方式发生了变化而已。如果“空账”现象继续发展，将有可能导致支付危机。为了解决这一问题，近年我国已经开始了社会账户和个人账户实行分账管理的试点。

（2）老龄化加剧间接导致隐性债务显性化

与西方工业化国家相比，我国老龄化规模大、速度快。目前我国老年人口占世界老年人口总数的1/5，是世界老年人口最多的国家。据中国社会科学院的研究报告，预计21世纪30年代，我国老龄化将达到高峰，届时城镇的养老保险基金将面临更大压力。

人口年龄结构从成年型进入老年型，法国用了115年，瑞士用了85年，美国用了60年，而我国只用了18年，可见老龄化发展速度之快。西方国家是在实现工业化、人均收入较高的情况下进入老龄化社会的，而我国是在未完成工业化、人均收入较低的情况下进入老龄化社会，是“未富先老”。过早到来的老龄化社会造成了养老保险基金的不足。退休职工迅速增加，在职职工负担加重，在这种人口结构环境下仍实行现收现付制显然是不合理的。现收现付制的代际赡养模式会随着人口老龄化的加快而加深代与代之间的养老金权益冲突。养老金给付有一定的刚性需求，当没有足够的年轻人口来满足养老金的支付需求，养老保险的费率将会提高，从而导致企业和职工的缴费负担过重，可能会引发逃费率、拒缴率上升等社会问题。可见，人口年龄结构的变化对现收现付制的运行的影响很大。在我国这种老龄化程度加快的社会现状下，若继续实行现收现付的养老保险制度，人均养老金水平将会加速下降，到退休高峰期时企业必将不堪重负。因此，养老保险体制的改革是刻不容缓的。而由现收现付制向部分积累制的转变过程中，养老保险的隐性债务会相应地显性化，也就是说，人口老龄化加剧间接导致隐性债务的显性化。

（3）经济体制转轨加速了隐性债务的显性化

我国的经济体制从新中国成立伊始到20世纪70年代后期都是实行的计划经济。为了使国民经济发展有充足的资金，我国通过降低居民工资的方式把本应由职工享有的养老金作为企业利润的一部分用于国家经济建设。最终这些养老金权益被凝结在了国有资产中，产生了国家对职工的养老金隐性债务。（李丹，2009）这部分债务在经济体制转轨后直至养老保险制度转轨而逐步显性化。

早先的养老保险在国家的统筹安排下进行，现收现付制使得缴费和收益没有必然的联系，凡是符合条件的个人都可以享有，具有非排他性和非竞争性。提前退休或寿命延长都会使得个人享有的养老金增加，也会导致他人的享有额减少或者是下一代的缴费额的增加。现实的经济现象就是，在我国国有企业改革过程中，一些人利用各种机会提早退休，人为延长享受养老金的年限。而经济体制转轨后，部分国有企业和集体企业在市场竞争条件下出现经济效益低下，甚至是连年亏损的情况。在职职工拿不到或拿不满工资，企业离退休职工或提前退休的职工却可以按时足额地从社会保险机构领取养老金，这种现象更鼓励了企业职工创造条件提前退休的行为，导致实际缴费率呈不断下降趋势。当养老保险制度开始转轨时，转制的费用还没有填充进去，该缴的费用又被挖掉一块，自然是“雪上加霜”。这部分原因造成的隐性债务在养老保险改革后很快显示出来，并加大了养老保险改革的难度。

3.2.1.4 现阶段养老金隐性债务的构成

按照规定，我们可以笼统地将养老金权益人分为“老人”“中人”和“新人”。“老人”指转制前退休的参保职工，按国家原来的规定计发养老金并执行养老金调整办法。“中人”指转制前参加工作、转制后退休的参保职工，按《国务院关于完善企业职工基本养老保险制度的决定》（国发〔2005〕38号）规定，计发基本养老金，即基础养老金和个人账户养老金。若“中人”缴费年限超15年或者视同超过15年的，则另外发放过渡养老金。“新人”是转制后参加工作的，养老金的计发由个人账户养老金和基础养老金组成。养老金计发结构的公式如下：

基本养老金=基础养老金+个人账户养老金

基础养老金退休=（上一年度当地职工平均工资+本人指数化月平均缴费工资）÷2×退休时缴费年限（含视同缴费年限）×1%

$$个人账户养老金=\frac{退休时个人账户积累额}{退休年龄相对应的计发月数}$$

过渡养老金=职工退休时上一年度当地职工平均工资×职工本人平均缴费工资指数×改革时已缴费年限（含视同缴费年限）×过渡养老金计发系数

根据上面公式，我们可以分析出每项养老金与隐性债务的关系：

（1）老人养老金

“老人”是制度转轨前就已经退休的职工，其在职期间所缴纳的保险费已被统筹作为上一代职工的养老金或者被凝结在国家固定资产中，没有个人账户的资金积累。因而，老人的养老金领受权益存在隐性债务。

（2）基础养老金

基础养老金=（退休上一年度当地职工平均工资+本人指数化月平均缴费工资）÷2×退休时缴费年限（含视同缴费年限）

从上式可见，基础养老金由三个变量决定。就“新人”来看，上式的三个变量都是按新制度计量的，与现收现付制没有关联，故“新人”的基础养老金不产生隐性债务。“中人”的退休时间是新制度实施后，因式中前两个变量与旧制度没有关联，而“退休时缴费年限”这个变量受转轨前旧制度的影响，“中人”的养老保险缴费年份有部分处于旧制度时期，故“中人”的基础养老金存在隐性债务。

（3）过渡养老金

过渡养老金的领受人只有缴费年限满 15 年（含视同缴费年限）的“中人”。

计算公式如下：

过渡养老金=职工退休时上一年度当地职工平均工资×职工本人平均缴费工资指数×改革时已缴纳年限（含视同缴费年限）×过渡养老金计发系数

式中有“改革时已缴费年限（含视同缴费年限）”这个因素与旧制度相关，因此“中人”的过渡养老金也存在隐性债务。

（4）个人账户养老金

个人账户养老金是在新制度实施后建立的，个人账户是部分积累制下的重要筹资方式，也是参保职工积累的个人未来养老金给付权益。无论是“中人”还是“新人”，其个人账户养老金都不存在隐性债务。

综上所述，构成我国养老金隐性债务的是“老人”养老金、“中人”基础养老金及“中人”过渡养老金这三部分。

3.2.2 养老保险隐性债务（IPD）精算模型

IPD 的测算模型主要有两种，分别是匡算模型和精算模型。匡算方法就是以隐性债务占国内生产总值的比例来推算 IPD 规模。外国学者 Schwart（1996）就 1994 年的经济数据推算过我国 1995—2075 年的 IPD 水平匡算值，并假设我国如继续实施现收现付的养老金制度，在养老金替代率 40%的退休金发放制度下，IPD 会逐步升至 GDP 的 100%～200%。房海燕（1998）对我国 1994 年的 IPD 进行匡算，她由当年离退休、退职费增长率为上个十年退休金的平均增长率，推算出 2000 年我国的 IPD 与同期 GDP 的比会达到 88%~133%，即 IPD 规模为 20 541 亿~30 771 亿元；这两位学者的结论是相对一致的。世界银行于 1996 年对我国养老保险制度改革进行研究，并发表了《中国养老金体制改革》报告。根据中国 1994 年离退休、退职费占当年的比例约等于 2.3%，并遵照 IPD 大概为同期养老金给付额的 20~30 倍的国际经验，报告匡算出当年中国的 IPD 与 GDP 的比值为 46%~69%，即 IPD 规模为 20 147 亿~30 221 亿元。王燕等（2001）进行模拟测算得出 IPD 到 2050 年可达到 371 390 亿元，占 GDP 的比例为 33.1%；王晓军（2002）匡算出我国如果持续现收现付制从 2000 年呈增加的隐性债务规模趋势，到 2030 年我国 IPD 会占到 GDP 的 56%，债务规模为 45 091 亿，2050 年会占到 GDP 的 153%，债务规模为 537 462 亿元，并得出如果改制时间每推迟一年，IPD 规模增加 3 千亿元的结论。谭湘渝（2003）在职工参保年龄 20 岁，平均退休年龄 58 岁等一系列前提下，测算了我国 2002 年年初的养老金隐性债务量为 93 921 亿元，占同期 GDP 的 98%。

IPD 的精算方法即为运用养老保险精算原理建立测算 IPD 的精算模型。东明等（2005）运用精算方法对随机利率下的 IPD 进行了统计模拟分析。柏满迎、雷黎（2008）利用精算方法对随机利率条件下的债务规模进行了分析，根据有关专家编制的生命表，采用统计分析软件，经计算得到中国养老保险隐性债务未来规模的期望值为 35 482 亿元。李丹（2009）利用精算方法得出 2013 年 IPD 为 229 883 亿元。李莉、梁明星、李超（2009）利用精算测算 2010 年我国 IPD 总规模在 30 亿~40 亿元之间。彭浩然等（2009）利用精算方法测算了当前参保人口债务和开放系统债务的规模。梁君林等（2010）利用系统动力学模型得出中国养老保险个人账户的空账规模为 27 461.12 亿元。

根据对参保职工养老金计发的新规定，作者采用学术界的普遍做法，将所有参保职工分为“老人”“过渡中人”“新中人”“新人”四类，见表 3-2。

表 3-2　参保职工分类

分类	定义	养老金计发标准
“老人”	《国务院关于建立统一的企业职工基本养老保险制度的决定》（国发〔1997〕26 号）实施前退休	按《国务院关于建立统一的企业职工基本养老保险制度的决定》（国发〔1997〕26 号）规定

表3-2(续)

分类		定义	养老金计发标准
"中人"	"过渡中人"	《国务院关于建立统一的企业职工基本养老保险制度的决定》(国发〔1997〕26号)实施前入职, 《国务院关于完善企业职工基本养老保险制度的决定》(国发〔2005〕38号)实施前退休	按《国务院关于建立统一的企业职工基本养老保险制度的决定》(国发〔1997〕26号)规定
	"新中人"	《国务院关于建立统一的企业职工基本养老保险制度的决定》(国发〔1997〕26号)实施前退休, 《国务院关于完善企业职工基本养老保险制度的决定》(国发〔2005〕38号)实施前退休	按《国务院关于完善企业职工基本养老保险制度的决定》(国发〔2005〕38号)规定
"新人"		《国务院关于建立统一的企业职工基本养老保险制度的决定》(国发〔1997〕26号)实施前退休	按《国务院关于完善企业职工基本养老保险制度的决定》(国发〔2005〕38号)规定

3.2.2.1 固定年龄退休IPD精算模型

1. 模型的假设

本精算模型建立基于以下四点假设:

①假设人口系统是封闭的,不考虑人员迁入或迁出的影响;

②假设参保时同龄的职工在退休后同一时刻的养老金水平相同;

③不考虑提前退休、伤残等因素对养老金支付的影响;

④假设养老金均为每年年初支付。

2. IPD精算模型

①"老人"养老保险隐性债务现值。

"老人"是指在《国务院关于建立统一的企业职工基本养老保险制度的决定》(国发〔1997〕26号)实施前已经退休的职工,其养老保险隐性债务精算现值:

$$IPD_1 = \sum_{x=r+t-n}^{\omega-1} LO_{x,\ t} \cdot M \cdot \sum_{k=1}^{\varpi-x} (1+\varphi \cdot g)^{k} \cdot v^{k} \cdot {}_{k}p_{x}$$

其中:

$LO_{x,t}$ 代表 t 年 x 岁“老人”的人数；

M 代表年养老金给付额；

φ 表示养老金按工资增长率的调整率；

g 为社会平均工资增长率；

v 为折现率；

${}_kp_x$ 为能活过 x 岁的概率；

ϖ 为极限年龄；

r 为退休年龄；

n 为新制度开始实施的年份数；

②“过渡中人”基础性养老金和过渡性养老金隐性债务精算模型。

“过渡中人”指在《国务院关于建立统一的企业职工基本养老保险制度的决定》（国发〔1997〕26 号）实施前入职，在《国务院关于完善企业职工基本养老保险制度的决定》（国发〔2005〕38 号）实施前退休的职工。按国家相关政策“过渡中人”在领取基础养老金和个人账户养老金的基础上，还要领取过渡养老金，而基础养老金和过渡养老金都要产生隐性负债，因此“过渡中人”的 IPD 可以分为基础养老金导致的负债和过渡养老金导致的负债两部分来测算。

x 岁“过渡中人”退休后领取的基础性养老金，在测算点的精算现值为

$$IPD_{21} = \lambda \cdot \overline{W} \cdot \sum_{x=r+t-2005}^{r+t-n-1} M_{x,t} \left\{ \sum_{k=0}^{w-x-1} [(1+\varphi \cdot g)^k \cdot v^k \cdot {}_kp_x] \cdot \frac{x-a-(t-n)}{\overline{H}} \right\}$$

其中：

$M_{x,t}$ 代表 t 年 x 岁“过渡中人”的人数；

λ 为养老金计发比率；

W 为职工退休时上年度的社会平均工资。

$\overline{H}$ 指职工的平均在职时间。

x 岁“过渡中人”退休后领取的过渡性养老金，在测算点的精算现值为

$$IPD_{22} = \varepsilon \cdot \beta \cdot \overline{W} \cdot TI_x \cdot \sum_{x=r+t-2005}^{r+t-n-1} M_{x,t} \cdot \left(\sum_{k=0}^{\varpi-x-1} {}_kp_x \cdot v^k \right)$$

其中：

ε 是过渡养老金计发比率；

β 是平均缴费指数；

$\overline{W}$ 是职工退休时上年度的社会平均工资；

TI_x 是加入个人账户制度时缴费和视同缴费年限。

“过渡中人”养老保险隐性债务精算现值模型：$IPD_2 = IPD_{21} + IPD_{22}$

③“在职中人”基础性养老金和过渡性养老金隐性债务精算模型。

“在职中人”《国务院关于建立统一的企业职工基本养老保险制度的决定》（国发〔1997〕26号）实施前入职，在测算时刻t仍在职的参保职工。“在职中人”的隐性债务也分为基础养老金隐性债务和过渡养老金隐性债务。

x岁“在职中人”退休后领取的基础性养老金，在测算点的精算现值为

$$IPD_{31} = \sum_{x=a+t-n}^{r-1} M_{x,\ t}[(\overline{W}_0 + \overline{W}_i/2) \cdot TI_x \cdot 1\% \cdot {}_{(r-x)}p_x \cdot v^{(r-x)} \cdot \sum_{k=0}^{w-r-1}(1+\varphi \cdot g)^k \cdot v^k \cdot {}_kp_x \cdot \frac{x-a-(t-n)}{\overline{H}}]$$

x岁“在职中人”退休后领取的过渡性养老金，在测算点的精算现值为

$$IPD_{32} = \varepsilon \cdot \beta \cdot \sum_{x=a+t-n}^{r-1} M_{x,\ t} \cdot TI_x \cdot [\overline{W}_{t-1} \cdot (1+g)^{(r-x-1)} \cdot {}_{(r-x)}p_x \cdot v^{(r-x)} \sum_{k=0}^{\varpi-r-1} {}_kp_x \cdot v^k]$$

其中，$\overline{W}_{t-1}$为$t-1$时刻的社会平均工资。

“在职中人”养老保险隐性债务精算现值模型：$IPD_3 = IPD_{31} + IPD_{32}$

④“退休中人”基础性养老金和过渡性养老金隐性债务精算模型。

“退休中人”是指在《国务院关于建立统一的企业职工基本养老保险制度的决定》（国发〔1997〕26号）实施前入职，t时刻前退休人员。“退休中人”退休后领取的基础性养老金，在测算点的精算现值为

$$IPD_{41} = \sum_{x=r}^{r+x-2006} M_{x,\ t} \cdot [(\overline{W}_0 + \overline{W}_i/2) \cdot (r-a) \cdot 1\% \cdot \sum_{k=0}^{w-x-1} {}_kp_x (1+\varphi \cdot g)^k \cdot v^k \cdot \frac{x-a-(t-n)}{\overline{H}}]$$

其中：$\overline{W}_0$是上年度在职职工平均工资；$\overline{W}_i$是指数化平均缴费工资。

“退休中人”退休后领取的过渡性养老金，在测算点的精算现值为

$$IPD_{42} = \varepsilon \cdot \beta \cdot \overline{W} \cdot \sum_{x=r}^{r+t-2006} M_{x,\ t} \cdot TI_x \cdot (\sum_{k=0}^{w-x-1} {}_kp_x \cdot v^k)$$

“退休中人”养老保险隐性债务精算现值模型：$IPD_4 = IPD_{41} + IPD_{42}$

总的养老保险隐性债务精算现值模型：$IPD = IPD_1 + IPD_2 + IPD_3 + IPD_4$

3.2.2.2 单随机过程下的养老保险隐性负债精算模型

1. 标准Wiener过程建模的精算模型

利息力积累函数

$$R_t = \delta t + \beta W_t$$

其中：W_t 为标准 Wiener 过程，β 为常数参数，δ 为常数利息力。

可得下列精算模型

$$E(e^{R_t}) = e^{-\delta t-\frac{1}{2}\beta^2 t}$$

①“老人”养老保险隐性债务精算现值。

$$\mathrm{IPD}_1 = \sum_{x=r+t-n}^{\omega-1} \mathrm{LO}_{x,\ t} \cdot M \cdot \sum_{k=1}^{\varpi-x} (1+\varphi\cdot g)^{k} \cdot e^{-\delta k-\frac{1}{2}\beta^2 k} \cdot {}_kp_x$$

②“过渡中人”基础性养老金和过渡性养老金隐性债务精算模型。

x 岁“过渡中人”退休后领取的基础性养老金，在测算点的精算现值为：

$$\mathrm{IPD}_{21}^{*} = \lambda \cdot \overline{W} \cdot \sum_{x=r+t-2005}^{r+t-n-1} M_{x,\ t} \left\{ \sum_{k=0}^{w-x-1} \left[(1+\varphi\cdot g)^{k} \cdot e^{-\delta k-\frac{1}{2}\beta^2 k} \cdot {}_kp_x \right] \cdot \frac{x-a-(t-n)}{\overline{H}} \right\}$$

x 岁“过渡中人”退休后领取的过渡性养老金，在测算点的现值为

$$\mathrm{IPD}_{22} = \varepsilon \cdot \beta \cdot \overline{W} \cdot \mathrm{TI}_x \cdot \sum_{x=r+t-2005}^{r+t-n-1} M_{x,\ t} \cdot \left(\sum_{k=0}^{\varpi-x-1} e^{-\delta k-\frac{1}{2}\beta^2 k} \cdot {}_kp_x \right)$$

“过渡中人”养老保险隐性债务精算现值模型：$\mathrm{IPD}_2 = \mathrm{IPD}_{21} + \mathrm{IPD}_{22}$

③“在职中人”基础性养老金和过渡性养老金隐性债务精算模型。

x 岁“在职中人”退休后领取的基础性养老金，在测算点的精算现值为

$$\mathrm{IPD}_{31} = \sum_{x=a+t-n}^{r-1} M_{x,\ t} \Big[(\overline{W}_0 + \overline{W}_i/2) \cdot \mathrm{TI}_x \cdot 1\% \cdot {}_{(r-x)}p_x \cdot e^{-\delta(r-x)-\frac{1}{2}\beta^2(r-x)} \cdot \sum_{k=0}^{w-r-1} (1+\varphi\cdot g)^{k} \cdot e^{-\delta k-\frac{1}{2}\beta^2 k} \cdot {}_kp_x \cdot \frac{x-a-(t-n)}{\overline{H}} \Big]$$

x 岁“在职中人”退休后领取的过渡性养老金，在测算点的精算现值为

$$\mathrm{IPD}_{32} = \varepsilon \cdot \beta \cdot \sum_{x=a+t-n}^{r-1} M_{x,\ t} \cdot \mathrm{TI}_x \cdot \Big[\overline{W}_{t-1} \cdot (1+g)^{(r-x-1)} \cdot {}_{(r-x)}p_x \cdot e^{-\delta(r-x)-\frac{1}{2}\beta^2(r-x)} \cdot \sum_{k=0}^{\varpi-r-1} {}_kp_x \cdot e^{-\delta k-\frac{1}{2}\beta^2 k} \Big]$$

“在职中人”养老保险隐性债务精算现值模型：$\mathrm{IPD}_3 = \mathrm{IPD}_{31} + \mathrm{IPD}_{32}$

④“退休中人”基础性养老金和过渡性养老金隐性债务精算模型。

“退休中人”退休后领取的基础性养老金，在测算点的精算现值为

$$\mathrm{IPD}_{41} = \sum_{x=r}^{r+x-2006} M_{x,\ t} \cdot \Big[(\overline{W}_0 + \overline{W}_i/2) \cdot (r-a) \cdot 1\% \cdot \sum_{k=0}^{w-x-1} {}_kp_x (1+\varphi\cdot g)^{k} \cdot e^{-\delta k-\frac{1}{2}\beta^2 k} \cdot \frac{x-a-(t-n)}{\overline{H}} \Big]$$

其中：$\overline{W}_0$ 是上年度在职职工平均工资；$\overline{W}_i$ 是指数化平均缴费工资。

“退休中人”退休后领取的过渡性养老金，在测算点的精算现值为

$$\mathrm{IPD}_{42} = \varepsilon \cdot \beta \cdot \overline{W} \cdot \sum_{x=r}^{r+t-2006} M_{x,\ t} \cdot \mathrm{TI}_x \cdot \left(\sum_{k=0}^{w-x-1} {}_kp_x \cdot e^{-\delta k-\frac{1}{2}\beta^2 k} \right)$$

"退休中人"养老保险隐性债务精算现值模型：$IPD_4 = IPD_{41} + IPD_{42}$

总的养老保险隐性债务精算现值模型：$IPD = IPD_1 + IPD_2 + IPD_3 + IPD_4$

2. 高斯过程建模的精算模型

利息力积累函数

$$R_t = \delta t + \beta G_t$$

其中：G_t 为高斯过程，β 为常数参数，δ 为常数利息力，

可得下列精算模型

$$E(e^{R_t}) = e^{-\delta t-\beta\mu(t)-\frac{1}{2}\beta^2\sigma^2(t)}$$

①"老人"养老保险隐性债务精算现值。

$$IPD_1 = \sum_{x=r+t-n}^{\omega-1} LO_{x,t} \cdot M \cdot \sum_{k=1}^{\varpi-x}(1+\varphi\cdot g)^k \cdot e^{-\delta k-\beta\mu(k)-\frac{1}{2}\beta^2\sigma^2(k)} \cdot {}_kp_x$$

②"过渡中人"基础性养老金和过渡性养老金隐性债务精算模型。

x 岁"过渡中人"退休后领取的基础性养老金，在测算点的精算现值为

$$IPD_{21} = \lambda \cdot \overline{W} \cdot \sum_{x=r+t-2005}^{r+t-n-1} M_{x,t}\left\{\sum_{k=0}^{w-x-1}\left[(1+\varphi\cdot g)^k \cdot e^{-\delta k-\beta\mu(k)-\frac{1}{2}\beta^2\sigma^2(k)} \cdot {}_kp_x\right] \cdot \frac{x-a-(t-n)}{\overline{H}}\right\}$$

x 岁"过渡中人"退休后领取的过渡性养老金，在测算点的现值为

$$IPD_{22} = \varepsilon \cdot \beta \cdot \overline{W} \cdot TI_x \cdot \sum_{x=r+t-2005}^{r+t-n-1} M_{x,t} \cdot \left(\sum_{k=0}^{\varpi-x-1} e^{-\delta k-\beta\mu(k)-\frac{1}{2}\beta^2\sigma^2(k)} \cdot {}_kp_x\right)$$

"过渡中人"养老保险隐性债务精算现值模型：$IPD_2 = IPD_{21} + IPD_{22}$

③"在职中人"基础性养老金和过渡性养老金隐性债务精算模型。

x 岁"在职中人"退休后领取的基础性养老金，在测算点的精算现值为

$$IPD_{31} = \sum_{x=a+t-n}^{r-1} M_{x,t}\left[(\overline{W}_0 + \overline{W}_i/2) \cdot TI_x \cdot 1\% \cdot {}_{(r-x)}p_x \cdot v^{(T_x^*-x)} \cdot \sum_{k=0}^{w-r-1}(1+\varphi\cdot g)^k \cdot e^{-\delta k-\beta\mu(k)-\frac{1}{2}\beta^2\sigma^2(k)} \cdot {}_kp_x \cdot \frac{x-a-(t-n)}{\overline{H}}\right]$$

x 岁"在职中人"退休后领取的过渡性养老金，在测算点的精算现值为

$$IPD_{32} = \varepsilon \cdot \beta \cdot \sum_{x=a+t-n}^{r-1} M_{x,t} \cdot TI_x \cdot \left[\overline{W}_{t-1} \cdot (1+g)^{(r-x-1)} \cdot {}_{(r-x)}p_x \cdot e^{-\delta(r-x)-\beta\mu(r-x)-\frac{1}{2}\beta^2\sigma^2(r-x)} \sum_{k=0}^{\varpi-r-1} {}_kp_x \cdot e^{-\delta k-\beta\mu(k)-\frac{1}{2}\beta^2\sigma^2(k)}\right]$$

"在职中人"养老保险隐性债务精算现值模型：$IPD_3 = IPD_{31} + IPD_{32}$

④"退休中人"基础性养老金和过渡性养老金隐性债务精算模型。

"退休中人"退休后领取的基础性养老金，在测算点的精算现值为

$$\mathrm{IPD}_{41} = \sum_{x=r}^{r+x-2006} M_{x,t} \cdot [(\overline{W}_0 + \overline{W}_i/2) \cdot {}_{(r-x)}p_x \cdot 1\% \cdot e^{-\delta(r-x)-\beta\mu(r-x)-\frac{1}{2}\beta^2\sigma^2(r-x)} \cdot \sum_{k=0}^{w-x-1} {}_kp_x (1+\varphi \cdot g)^k \cdot e^{-\delta k-\beta\mu(k)-\frac{1}{2}\beta^2\sigma^2(k)} \cdot \frac{x-a-(t-n)}{\overline{H}}]$$

"退休中人"退休后领取的过渡性养老金，在测算点的精算现值为

$$\mathrm{IPD}_{42} = \varepsilon \cdot \beta \cdot \overline{W} \cdot \sum_{x=r}^{r+t-2006} M_{x,t} \cdot \mathrm{TI}_x \cdot \left(\sum_{k=0}^{w-x-1} {}_kp_x \cdot e^{-\delta k-\beta\mu(k)-\frac{1}{2}\beta^2\sigma^2(k)}\right)$$

"退休中人"养老保险隐性债务精算现值模型：$\mathrm{IPD}_4 = \mathrm{IPD}_{41} + \mathrm{IPD}_{42}$

总的养老保险隐性债务精算现值模型：$\mathrm{IPD} = \mathrm{IPD}_1 + \mathrm{IPD}_2 + \mathrm{IPD}_3 + \mathrm{IPD}_4$

3.2.2.3 双随机过程下的养老保险隐性负债精算模型

(1) 反射布朗运动与泊松过程联合建模的精算模型

利息力积累函数

$$R_t = \delta t + \beta |W_t| + \gamma P_t$$

其中：W_t 为标准 Wiener 过程，$|W_t|$ 为发射布朗运动，P_t 为参数是 λ 的 Poisson 过程，W_t 与 P_t 相互独立，δ、β、$\gamma \geqslant 0$ 且均为常数。

可得下列精算模型

$$E(e^{R_t}) = 2e^{-\delta t-\frac{1}{2}\beta^2 t+\lambda t(e^{-\gamma}-1)}[1-\Phi(\beta\sqrt{t})]$$

①"老人"养老保险隐性债务精算现值。

$$\mathrm{IPD}_1 = 2\sum_{x=r+t-n}^{\omega-1} \mathrm{LO}_{x,t} \cdot M \cdot \sum_{k=1}^{\varpi-x}(1+\varphi \cdot g)^k \cdot e^{-\delta k-\frac{1}{2}\beta^2 k+\lambda k(e^{-\gamma}-1)}(1-\Phi(\beta\sqrt{k})) \cdot {}_kp_x$$

②"过渡中人"基础性养老金和过渡性养老金隐性债务精算模型。

x 岁"过渡中人"退休后领取的基础性养老金，在测算点的精算现值为

$$\mathrm{IPD}_{21} = 2\lambda \cdot \overline{W} \cdot \sum_{x=r+t-2005}^{r+t-n-1} M_{x,t}\left\{\sum_{k=0}^{w-x-1}[(1+\varphi \cdot g)^k \cdot e^{-\delta k-\frac{1}{2}\beta^2 k+\lambda k(e^{-\gamma}-1)}(1-\Phi(\beta\sqrt{k})) \cdot {}_kp_x] \cdot \frac{x-a-(t-n)}{\overline{H}}\right\}$$

x 岁"过渡中人"退休后领取的过渡性养老金，在测算点的现值为

$$\mathrm{IPD}_{22} = \varepsilon \cdot \beta \cdot \overline{W} \cdot \mathrm{TI}_x \cdot \sum_{x=r+t-2005}^{r+t-n-1} M_{x,t} \cdot \left(\sum_{k=0}^{\varpi-x-1} e^{-\delta k-\frac{1}{2}\beta^2 k+\lambda k(e^{-\gamma}-1)}(1-\Phi(\beta\sqrt{k})) \cdot {}_kp_x\right)$$

"过渡中人"养老保险隐性债务精算现值模型：$\mathrm{IPD}_2 = \mathrm{IPD}_{21} + \mathrm{IPD}_{22}$

③“在职中人”基础性养老金和过渡性养老金隐性债务精算模型。

x 岁“在职中人”退休后领取的基础性养老金，在测算点的精算现值为

$$IPD_{31} = \sum_{x=a+t-n}^{r-1} M_{x,t}[(\overline{W}_0 + \overline{W}_i/2) \cdot TI_x \cdot 1\% \cdot {}_{(r-x)}p_x \cdot e^{-\delta(r-x)-\frac{1}{2}\beta^2(r-x)+\lambda(r-x)(e^{-\gamma}-1)}(1-\Phi(\beta\sqrt{r-x})) \cdot \sum_{k=0}^{w-r-1}(1+\varphi \cdot g)^k \cdot e^{-\delta k-\frac{1}{2}\beta^2 k+\lambda k(e^{-\gamma}-1)}(1-\Phi(\beta\sqrt{k})) \cdot {}_kp_x \cdot \frac{x-a-(t-n)}{\overline{H}}]$$

x 岁“在职中人”退休后领取的过渡性养老金，在测算点的精算现值为

$$IPD_{32} = \varepsilon \cdot \beta \cdot \sum_{x=a+t-n}^{r-1} M_{x,t} \cdot TI_x \cdot [\overline{W}_{t-1} \cdot (1+g)^{(r-x-1)} \cdot {}_{(r-x)}p_x \cdot e^{-\delta(r-x)-\frac{1}{2}\beta^2(r-x)+\lambda(r-x)(e^{-\gamma}-1)}(1-\Phi(\beta\sqrt{r-x}))\sum_{k=0}^{\varpi-r-1}{}_kp_x \cdot e^{-\delta k-\frac{1}{2}\beta^2 k+\lambda k(e^{-\gamma}-1)}(1-\Phi(\beta\sqrt{k}))]$$

x 岁“在职中人”养老保险隐性债务精算现值模型：$IPD_3 = IPD_3 + IPD_{32}$

④“退休中人”基础性养老金和过渡性养老金隐性债务精算模型。

“退休中人”退休后领取的基础性养老金，在测算点的精算现值为

$$IPD_{41} = \sum_{x=r}^{r+x-2006} M_{x,t} \cdot [(\overline{W}_0 + \overline{W}_i/2) \cdot {}_{(r-x)}p_x \cdot 1\% \cdot e^{-\delta(r-x)-\frac{1}{2}\beta^2(r-x)+\lambda(r-x)(e^{-\gamma}-1)}(1-\Phi(\beta\sqrt{r-x})) \cdot \sum_{k=0}^{w-x-1}{}_kp_x(1+\varphi \cdot g)^k \cdot e^{-\delta k-\frac{1}{2}\beta^2 k+\lambda k(e^{-\gamma}-1)}(1-\Phi(\beta\sqrt{k})) \cdot \frac{x-a-(t-n)}{\overline{H}}]$$

“退休中人”退休后领取的过渡性养老金，在测算点的精算现值为

$$IPD_{42} = \varepsilon \cdot \beta \cdot \overline{W} \cdot \sum_{x=r}^{r+t-2006} M_{x,t} \cdot TI_x \cdot \{\sum_{k=0}^{w-x-1}{}_kp_x \cdot e^{-\delta k-\frac{1}{2}\beta^2 k+\lambda k(e^{-\gamma}-1)}[1-\Phi(\beta\sqrt{k})]\}$$

“退休中人”养老保险隐性债务精算现值模型：$IPD_4 = IPD_{41} + IPD_{42}$

总的养老保险隐性债务精算现值模型：$IPD = IPD_1 + IPD_2 + IPD_3 + IPD_4$

3.2.2.4 高斯过程与泊松过程联合建模的精算模型

利息力积累函数

$$R_t = \delta t + \beta G_t + \gamma P_t$$

其中：G_t 为高斯过程，P_t 为参数是 λ 的泊松过程，G_t 与 P_t 相互独立，δ、β、$\gamma \geqslant 0$ 且均为常数。

可得下列精算模型

$$E(e^{R_t}) = e^{-\delta t-\beta\mu(t)+\frac{1}{2}\beta^2\sigma^2(t)+\lambda t(e^{-\gamma}-1)}$$

①“老人”养老保险隐性债务精算现值。

$$\mathrm{IPD}_1 = \sum_{x=r+t-n}^{\omega-1} \mathrm{LO}_{x,t} \cdot M \cdot \sum_{k=1}^{\varpi-x} (1+\varphi\cdot g)^k \cdot e^{-\delta k-\beta\mu(k)+\frac{1}{2}\beta^2\sigma^2(k)+\lambda k(e^{-\gamma}-1)} \cdot {}_kp_x$$

②“过渡中人”基础性养老金和过渡性养老金隐性债务模型。

x 岁“过渡中人”退休后领取的基础性养老金，在测算点的精算现值为

$$\mathrm{IPD}_{21}^* = \lambda \cdot \overline{W} \cdot \sum_{x=r+t-2005}^{r+t-n-1} M_{x,t} \Big\{ \sum_{k=0}^{w-x-1} \big[(1+\varphi\cdot g)^k \cdot e^{-\delta k-\beta\mu(k)+\frac{1}{2}\beta^2\sigma^2(k)+\lambda k(e^{-\gamma}-1)} \cdot {}_kp_x \big] \cdot \frac{x-a-(t-n)}{\overline{H}} \Big\}$$

x 岁“过渡中人”退休后领取的过渡性养老金，在测算点的现值为

$$\mathrm{IPD}_{22} = \varepsilon \cdot \beta \cdot \overline{W} \cdot \mathrm{TI}_x \cdot \sum_{x=r+t-2005}^{r+t-n-1} M_{x,t} \cdot \Big[\sum_{k=0}^{\varpi-x-1} e^{-\delta k-\beta\mu(k)+\frac{1}{2}\beta^2\sigma^2(k)+\lambda k(e^{-\gamma}-1)} \cdot {}_kp_x \Big]$$

“过渡中人”养老保险隐性债务精算现值模型：$\mathrm{IPD}_2 = \mathrm{IPD}_{21} + \mathrm{IPD}_{22}$

③“在职中人”基础性养老金和过渡性养老金隐性债务精算模型。

x 岁“在职中人”退休后领取的基础性养老金，在测算点的精算现值为

$$\mathrm{IPD}_{31} = \sum_{x=a+t-n}^{r-1} M_{x,t} \Big[(\overline{W}_0 + \overline{W}_i/2) \cdot \mathrm{TI}_x \cdot 1\% \cdot {}_{(r-x)}p_x \cdot e^{-\delta(r-x)-\beta\mu(r-x)+\frac{1}{2}\beta^2\sigma^2(r-x)+\lambda(r-x)(e^{-\gamma}-1)} \cdot \sum_{k=0}^{w-r-1} (1+\varphi\cdot g)^k \cdot e^{-\delta k-\beta\mu(k)+\frac{1}{2}\beta^2\sigma^2(k)+\lambda k(e^{-\gamma}-1)} \cdot {}_kp_r \cdot \frac{x-a-(t-n)}{\overline{H}} \Big]$$

x 岁“在职中人”退休后领取的过渡性养老金，在测算点的精算现值为

$$\mathrm{IPD}_{32} = \varepsilon \cdot \beta \cdot \sum_{x=a+t-n}^{r-1} M_{x,t} \cdot \mathrm{TI}_x \cdot \Big[\overline{W}_{t-1} \cdot (1+g)^{(r-x-1)} \cdot {}_{(r-x)}p_x \cdot e^{-\delta(r-x)-\beta\mu(r-x)+\frac{1}{2}\beta^2\sigma^2(r-x)+\lambda(r-x)(e^{-\gamma}-1)} \sum_{k=0}^{\varpi-r-1} {}_kp_x \cdot e^{-\delta k-\beta\mu(k)+\frac{1}{2}\beta^2\sigma^2(k)+\lambda k(e^{-\gamma}-1)} \Big]$$

“在职中人”养老保险隐性债务精算现值模型：$\mathrm{IPD}_3 = \mathrm{IPD}_{31} + \mathrm{IPD}_{32}$

④“退休中人”基础性养老金和过渡性养老金隐性债务精算模型。

“退休中人”退休后领取的基础性养老金，在测算点的精算现值为

$$\mathrm{IPD}_{41} = \sum_{x=r}^{r+x-2006} M_{x,\ t} \cdot [\,(\overline{W}_0 + \overline{W}_i/2) \cdot {}_{(r-x)}p_x \cdot 1\% \cdot$$

$$e^{-\delta(r-x) - \beta\mu(r-x) + \frac{1}{2}\beta^2\sigma^2(r-x) + \lambda(r-x)(e^{-\gamma}-1)} \cdot$$

$$\sum_{k=0}^{w-x-1} {}_kp_x\,(1+\varphi\cdot g)^k \cdot e^{-\delta k - \beta\mu(k) + \frac{1}{2}\beta^2\sigma^2(k) + \lambda k(e^{-\gamma}-1)} \cdot$$

$$\frac{x-a-(t-n)}{\overline{H}}\,]$$

“退休中人”退休后领取的过渡性养老金，在测算点的精算现值为

$$\mathrm{IPD}_{42} = \varepsilon \cdot \beta \cdot \overline{W} \cdot \sum_{x=r}^{r+t-2006} M_{x,\ t} \cdot \mathrm{TI}_x \cdot [\,\sum_{k=0}^{w-x-1} {}_kp_x \cdot e^{-\delta k - \beta\mu(k) + \frac{1}{2}\beta^2\sigma^2(k) + \lambda k(e^{-\gamma}-1)}\,]$$

“退休中人”养老保险隐性债务精算现值模型：$\mathrm{IPD}_4 = \mathrm{IPD}_{41} + \mathrm{IPD}_{42}$

总的养老保险隐性债务精算现值模型：$\mathrm{IPD} = \mathrm{IPD}_1 + \mathrm{IPD}_2 + \mathrm{IPD}_3 + \mathrm{IPD}_4$

3.2.2.6 弹性退休多随机条件下养老保险隐性债务精算模型

（1）本精算模型建立基于以下四点假设

①假设人口系统是封闭的，不考虑人员迁入或迁出的影响；

②假设参保时同龄的职工在退休后同一时刻的养老金水平相同；

③不考虑提前退休、伤残等因素对养老金支付的影响；

④假设养老金均为每年年初支付。

（2）相关精算参数模型

①退休年龄模型。

设 T_x^*、T_y^* 分别为年龄为 x 岁男性、y 岁女性的退休年龄，根据制度设计，假设退休年龄男性为［60，65］，女性为［55，60］区间取整的随机变量，设 $0 < p < 1$。

当 $x < 60, y < 55$ 时，

$$P(T_x^* = k) = C_{k-60}^{6} p^{k-60}\,(1-p)^{6-(k-60)}, \quad k = 60, \cdots, 65$$

$$P(T_y^* = k) = C_{k-55}^{6} p^{k-55}\,(1-p)^{6-(k-55)}, \quad k = 55, \cdots, 60$$

当 $60 \leqslant x < 65, 55 \leqslant y < 60$ 时，

$P(T_x^* = x + k) = C_{k-1}^{64-x} p^{k-1}\,(1-p)^{(64-x-k)}$，$k$ 为正整数且：$x + k \leqslant 65$

$P(T_y^* = y + k) = C_{k-1}^{59-y} p^{k-1}\,(1-p)^{(59-y-k)}$，$k$ 为正整数且：$y + k \leqslant 60$

①利率模型。

无风险利率采用带跳的 Cox-Ingersoll-Ross 随机模型

$$dr(t) = b(c - r(t))dt + \sigma\sqrt{r(t)}\,dW_t + adN_t$$

其中 N_t 是一个泊松过程，强度为 λ，b、c、$\sigma > 0, 2bc \geqslant \sigma^2$，$a$ 为每次跳的幅度，W_t 为标准布朗运动。用 $v(t,\ T-t)$ 代表第 t 年到 T 年的折现系数，由利

息理论可知：

$$V(t,\ T-t)=Ev(t,\ T)=Ee^{-\int_t^T r(s)ds}=\exp(A(t,\ T)-B(t,\ T)r(t)$$

其中：$\begin{cases} A(t,\ T)=\int_t^T[\lambda(e^{aB(s)}-1)-bcB(s,\ T)]ds \\ B(t,\ T)=\dfrac{2(e^{\gamma(T-t)}-1)}{(e^{\gamma(T-t)}-1)(\gamma+b)+2\gamma} \\ \gamma=\sqrt{b^2+2\sigma^2} \end{cases}$

②生存概率模型。

死力强度采用带跳的 Feller 过程：

$$du(t)=a^* u(t)dt+\sigma^* \sqrt{u(t)}dW_t+dJ_t$$

其中 W_t 是标准布朗运动，J_t 是纯复合泊松过程，强度为 λ^*，均值为 μ，W_t 与 J_t 相互独立。生存概率可表示为

$$_tp_x=P(T_x>t)=E(\exp^{-\int_0^t\mu_x(s)ds})=\exp^{C_x+D_xu}$$

其中：T_x 代表年龄为 x 岁的剩余寿命

$$\begin{cases} C(t)=\dfrac{\lambda^*\mu D(t)}{c^*-\mu^t}-\dfrac{\lambda^*\mu(c^*+d)}{b^*(d+u)(c^*-\mu)}\cdot \\ [\ln(\mu-c^*-(d+u)e^{b^*t})-\ln(-c^*-d)] \\ D(t)=\dfrac{1-e^{b^*t}}{c^*+de^{b^*t}} \end{cases}$$

其中：$b^*=-\sqrt{a^{*2}+2\sigma^{*2}}$，$c^*=\dfrac{b^*+a^*}{2}$，$d=\dfrac{b^*-a^*}{2}$

（3）弹性退休养老保险隐性债务模型

①“老人”养老保险隐性债务现值：

$$\mathrm{IPD}_1^*=\sum_{x=T_{i,x}^*+t-z}^{\omega-1}\mathrm{LO}_{x,t}\cdot M\cdot\sum_{k=1}^{\varpi-x}(1+\varphi\cdot g)^k\cdot v^k$$

其中：$\mathrm{LO}_{x,t}$ 代表 t 年 x 岁“老人的人数”，M 代表年养老金给付额，φ 表示养老金按工资增长率的调整率；g 为社会平均工资增长率。

“老人”养老保险隐性债务精算现值模型：

男性为

$$\mathrm{IPD}_1=E(\mathrm{IPD}_1^*)=\sum_{j=60}^{65}[\sum_{x=j+t-z}^{\omega-1}\mathrm{LO}_{x,2012}\cdot M\cdot\sum_{k=1}^{\varpi-x}(1+\varphi\cdot g)^k\cdot v^k\cdot{}_kp_x]\cdot P(T_{i,x}^*=j)$$

女性为

$$\mathrm{IPD}_1=E(\mathrm{IPD}_1^*)=\sum_{j=55}^{60}[\sum_{x=j+t-z}^{\omega-1}\mathrm{LO}_{x,2012}\cdot M\cdot\sum_{k=1}^{\varpi-x}(1+\varphi\cdot g)^k\cdot v^k\cdot{}_kp_x]\cdot P(T_{i,x}^*=j)$$

②“过渡中人”基础性养老金和过渡性养老金隐性债务精算模型。

x 岁“过渡中人”退休后领取的基础性养老金，在测算点的现值为

$$\mathrm{IPD}_{21}^{*} = \lambda \cdot \overline{W} \cdot \sum_{x=T_x^*+t-2005}^{T_x^*+t-n-1} M_{x,\,t}\left\{\sum_{k=0}^{w-x-1}\left[(1+\varphi\cdot g)^k \cdot v^k\right]\cdot\frac{x-a-(t-n)}{(T_x^*-x)}\right\}$$

其中：$M_{x,\,t}$ 代表 t 年 x 岁“中人的人数”；λ 养老金计发比率；$\overline{W}$ 为职工退休时上年度的社会平均工资。

精算现值：

男性为

$$\mathrm{IPD}_{21} = E(\mathrm{IPD}_{21}^{*}) = \lambda \cdot \overline{W} \cdot \sum_{j=60}^{65}\left\{\sum_{x=T_x^*+t-2005}^{T_x^*+t-n-1} M_{x,\,t}\left[\sum_{k=0}^{w-x-1}\left[{}_kp_x \cdot (1+\varphi\cdot g)^k \cdot v^k\right]\cdot\left[\frac{x-a-(t-n)}{(T_x^*-x)}\right]\right]\right\}\cdot P(T_{i,\,x}^{*}=j)\,]$$

女性为

$$\mathrm{IPD}_{21} = E(\mathrm{IPD}_{21}^{*}) = \lambda \cdot \overline{W} \cdot \sum_{j=55}^{60}\left\{\sum_{x=T_x^*+t-2005}^{T_x^*+t-n-1} M_{x,\,t}\left[\sum_{k=0}^{w-x-1}\left[{}_kp_x \cdot (1+\varphi\cdot g)^k \cdot v^k\right]\cdot\left[\frac{x-a-(t-n)}{(T_x^*-x)}\right]\right]\right\}\cdot P(T_{i,\,x}^{*}=j)\,]$$

x 岁“过渡中人”退休后领取的过渡性养老金，在测算点的现值为

$$\mathrm{IPD}_{22}^{*} = \varepsilon \cdot \beta \cdot \overline{W} \cdot \sum_{j=60}^{65}\left[(T_x^*-a)\cdot \sum_{x=T_x^*+t-2005}^{T_x^*+t-n-1} M_{x,\,t}\left(\sum_{k=0}^{\varpi-x-1} {}_kp_x \cdot v^k\right)\right]\cdot P(T_{i,\,x}^{*}=j)$$

其中：ε 是过渡养老金计发比率；β 为平均缴费指数。

精算现值：

男性为

$$\mathrm{IPD}_{22} = E(\mathrm{IPD}_{22}^{*}) = \varepsilon \cdot \beta \cdot \overline{W} \cdot \sum_{j=60}^{65}\left[(T_x^*-a)\cdot \sum_{x=T_x^*+t-2005}^{T_x^*+t-n-1} M_{x,t}\cdot\left(\sum_{k=0}^{\varpi-x-1} {}_kp_x \cdot v^k\right)\right]\cdot P(T_{i,x}^{*}=j)$$

女性为 $\mathrm{IPD}_{22} = E(\mathrm{IPD}_{22}^{*})$

$$= \varepsilon \cdot \beta \cdot \overline{W} \cdot \sum_{j=55}^{60}\left[(T_x^*-a)\cdot \sum_{x=T_x^*+t-2005}^{T_x^*+t-n-1} M_{x,\,t}\cdot\left(\sum_{k=0}^{\varpi-x-1} {}_kp_x \cdot v^k\right)\right]\cdot P(T_{i,\,x}^{*}=j)$$

“过渡中人”养老保险隐性债务精算现值模型：$IPD_2 = IPD_{21} + IPD_{22}$

③“在职中人”基础性养老金和过渡性养老金隐性债务精算模型。

x 岁“在职中人”退休后领取的基础性养老金，在测算点的现值为

$$IPD_{31}^* = \sum_{x=a+t-n}^{T_x^*-1} M_{x,t}\{(\frac{\overline{W}_0 + \overline{W}_i}{2}) \cdot (T_x^* - a) \cdot 1\% \cdot v^{(T_x^*-x)}$$

$$[\sum_{k=0}^{w-T_x^*-1}[(1+\varphi \cdot g)^k \cdot v^k] \cdot [\frac{x-a-(t-n)}{(T_x^*-x)}]\}$$

精算现值：

男性为

$$IPD_{31} = E(IPD_{31})$$

$$= \sum_{j=60}^{65}\{\sum_{x=a+t-n}^{T_x^*-1} M_{x,t}[(\frac{\overline{W}_0 + \overline{W}_i}{2}) \cdot (T_x^* - a) \cdot 1\% \cdot {}_{(T_x^*-x)}p_x \cdot v^{(T_x^*-x)}]$$

$$\cdot [\sum_{k=0}^{w-T_x^*-1} {}_kp_{T_x^*}(1+\varphi \cdot g)^k \cdot v^k] \cdot [\frac{x-a-(t-n)}{(T_x^*-x)}] \cdot P(T_{i,x}^* = j)\}$$

女性为

$$IPD_{31} = E(IPD_{31}^*)$$

$$= \sum_{j=55}^{60}\{\sum_{x=a+t-n}^{T_x^*-1} M_{x,t}[(\frac{\overline{W}_0 + \overline{W}_i}{2}) \cdot (T_x^* - a) \cdot$$

$$1\% \cdot {}_{(T_x^*-x)}p_x \cdot v^{(T_x^*-x)}] \cdot [\sum_{k=0}^{w-T_x^*-1} {}_kp_{T_x^*}(1+\varphi \cdot g)^k \cdot v^k] \cdot$$

$$[\frac{x-a-(t-n)}{(T_x^*-x)}] \cdot P(T_{i,x}^* = j)\}$$

x 岁“在职中人”退休后领取的过渡性养老金，在测算点的现值为

$$IPD_{32}^* = \varepsilon \cdot \beta \cdot (T_x^* - a) \cdot W_{t-1} \cdot (1+g)^{(T_{i,x}^*-x-1)} \cdot v^{(T_{i,x}^*-x)} \cdot (\sum_{k=0}^{w-T_{i,x}^*-1} v^k)$$

精算现值：

男性为

$$IPD_{32} = E(IPD_{32}^*)$$

$$= \varepsilon \cdot \beta \cdot \sum_{j=60}^{65}[(T_x^* - a) \cdot W_{t-1} \cdot (1+g)^{(T_{i,x}^*-x-1)} \cdot v^{(T_{i,x}^*-x)} \cdot {}_{(T_x^*-x)}p_x \cdot$$

$$(\sum_{k=0}^{(w-T_{i,x}^*-1)} {}_kp_{T_{i,x}^*} \cdot v^k)] \cdot P(T_{i,x}^* = j)$$

女性为

$$\begin{aligned}\mathrm{IPD}_{32} &= E(\mathrm{IPD}_{32}^{*}) \\ &= \varepsilon \cdot \beta \cdot \sum_{j=55}^{60}[(T_x^* - a) \cdot W_{t-1} \cdot (1+g)^{(T_{i,x}^*-x-1)} \cdot v^{(T_{i,x}^*-x)} \cdot {}_{(T_x^*-x)}p_x \cdot \\ &\quad (\sum_{k=0}^{(w-T_{i,x}^*-1)} {}_kp_{T_{i,x}^*} \cdot v^k)] \cdot P(T_{i,x}^* = j)\end{aligned}$$

"在职中人"养老保险隐性债务精算现值模型：$\mathrm{IPD}_3 = \mathrm{IPD}_{31} + \mathrm{IPD}_{32}$

④"退休中人"基础性养老金和过渡性养老金隐性债务精算模型。

"退休中人"退休后领取的基础性养老金，在测算点的现值为：

$$\begin{aligned}\mathrm{IPD}_{41}^{*} = &\sum_{x=T_x^*}^{T_x^*+t-2006} M_{x,t} \cdot (\overline{W}_0 - \overline{W}_i/2) \cdot (T_x^* - a) \cdot 1\% \cdot \\ &\left\{\sum_{k=0}^{w-x-1}[(1+\phi \cdot g)^k \cdot v^k] \cdot [\frac{x-a-(t-n)}{(T_x^*-x)}]\right\}\end{aligned}$$

精算现值：

男性为

$$\begin{aligned}\mathrm{IPD}_{41} &= E(\mathrm{IPD}_{41}^{*}) \\ &= \sum_{j=60}^{65}\left\{\sum_{x=T_x^*}^{T_x^*+x-2006} M_{x,t} \cdot [(\overline{W}_0 - \overline{W}_i/2) \cdot (T_x^* - a) \cdot 1\%]\right. \\ &\quad \left.[\sum_{k=0}^{w-T_x^*-1}]\ {}_kp_x(1+\phi \cdot g)^k \cdot v^k] \cdot [\frac{x-a-(t-n)}{(T_x^*-x)}]\right\} \cdot \\ &\quad P(T_{i,x}^* = j)\end{aligned}$$

女性为

$$\begin{aligned}\mathrm{IPD}_{41} &= E(\mathrm{IPD}_{41}^{*}) \\ &= \sum_{j=55}^{60}\left\{\sum_{x=T_x^*}^{T_x^*+x-2006} M_{x,t} \cdot [(\overline{W}_0 - \overline{W}_i/2) \cdot (T_x^* - a) \cdot 1\%]\right. \\ &\quad \left.[\sum_{k=0}^{w-T_x^*-1}]\ {}_kp_x(1+\phi \cdot g)^k \cdot v^k] \cdot [\frac{x-a-(t-n)}{(T_x^*-x)}]\right\} \cdot \\ &\quad P(T_{i,x}^* = j)\end{aligned}$$

"退休中人"退休后领取的基础性养老金，在测算点的现值为

$$\begin{aligned}\mathrm{IPD}_{41}^{*} = &\sum_{x=T_x^*}^{T_x^*+t-2006} M_{x,t} \cdot (\frac{\overline{W}_0 + \overline{W}_i}{2}) \cdot (T_x^* - a) \cdot 1\% \cdot \\ &\left\{\sum_{k=0}^{w-x-1}[(1+\varphi \cdot g)^k \cdot v^k] \cdot [\frac{x-a-(t-n)}{(T_x^*-x)}]\right\}\end{aligned}$$

其中：$\overline{W}_0$ 是上年度在职职工平均工资；$\overline{W}$ 是指数化平均缴费工资。

精算现值：

男性为

$$\mathrm{IPD}_{41} = E(\mathrm{IPD}_{41}^{*})$$

$$= \sum_{j=60}^{65} \{ \sum_{x=T_x^*}^{T_x^*+x-2006} M_{x,t} \cdot [(\frac{\overline{W}_0 + \overline{W}_i}{2}) \cdot (T_x^* - a) \cdot 1\%] \cdot [\sum_{k=0}^{w-T_x^*-1} {}_k p_x (1+\varphi \cdot g)^k \cdot v^k] \cdot [\frac{x-a-(t-n)}{(T_x^* - x)}] \} \cdot P(T_{i,x}^* = j)$$

女性为

$$\mathrm{IPD}_{41} = E(\mathrm{IPD}_{41}^{*})$$

$$= \sum_{j=55}^{60} \left\{ \sum_{x=T_x^*}^{T_x^*+x-2006} M_{x,t} \cdot [(\frac{\overline{W}_0 + \overline{W}_i}{2}) \cdot (T_x^* - a) \cdot 1\%] \cdot [\sum_{k=0}^{w-T_x^*-1} {}_k p_x (1+\varphi \cdot g)^k \cdot v^k] \cdot [\frac{x-a-(t-n)}{(T_x^* - x)}] \right\} \cdot P(T_{i,x}^* = j)]$$

“退休中人”退休后领取的过渡性养老金，在测算点的现值为

$$\mathrm{IPD}_{42}^{*} = \varepsilon \cdot \beta \cdot \overline{W} \cdot (T_x^* - a) \cdot \sum_{x=T_x^*}^{T_x^*+t-2006} M_{x,t} \cdot (\sum_{k=0}^{w-x-1} v^k)$$

精算现值：

男性为

$$\mathrm{IPD}_{42} = E(\mathrm{IPD}_{42}^{*})$$

$$= \varepsilon \cdot \beta \cdot \overline{W} \cdot \sum_{j=60}^{65} [\sum_{x=T_x^*}^{T_x^*+t-2006} M_{x,t} \cdot (T_x^* - a) \cdot (\sum_{k=0}^{w-x-1} {}_k p_x \cdot v^k)] \cdot P(T_{i,x}^* = j)$$

女性为

$$\mathrm{IPD}_{42} = E(\mathrm{IPD}_{42}^{*})$$

$$= \varepsilon \cdot \beta \cdot \overline{W} \cdot \sum_{j=55}^{60} [\sum_{x=T_x^*}^{T_x^*+t-2006} M_{x,t} \cdot (T_x^* - a) \cdot (\sum_{k=0}^{w-x-1} {}_k p_x \cdot v^k)] \cdot P(T_{i,x}^* = j)$$

“退休中人”养老保险隐性债务精算现值模型：$\mathrm{IPD}_4 = \mathrm{IPD}_{41} + \mathrm{IPD}_{42}$

总的养老保险隐性债务精算现值模型：$\mathrm{IPD} = \mathrm{IPD}_1 + \mathrm{IPD}_2 + \mathrm{IPD}_3 + \mathrm{IPD}_4$

$$\mathrm{IPD}_{42}^{*} = \varepsilon \cdot \beta \cdot \overline{W} \cdot (T_x^* - a) \cdot \sum_{x=T_x^*}^{T_x^*+t-2006} M_{x,t} \cdot \sum_{k=0}^{w-x-1} v^k$$

精算现值：

男性为

$$\mathrm{IPD}_{42} = E(\mathrm{IPD}_{42}^{*}) = \varepsilon \cdot \beta \cdot \overline{W} \cdot \sum_{j=60}^{65}\left[\sum_{x=T_x^*}^{T_x^*+t-2006} M_{x,\,t} \cdot (T_x^* - a) \cdot \left(\sum_{k=0}^{w-x-1} kp_x \cdot v^k\right)\right] \cdot P(T_{i,\,x}^* = j)$$

女性为

$$\mathrm{IPD}_{42} = E(\mathrm{IPD}_{42}^{*}) = \varepsilon \cdot \beta \cdot \overline{W} \cdot \sum_{j=55}^{60}\left[\sum_{x=T_x^*}^{T_x^*+t-2006} M_{x,\,t} \cdot (T_x^* - a) \cdot \left(\sum_{k=0}^{w-x-1} kp_x \cdot v^k\right)\right] \cdot P(T_{i,\,x}^* = j)$$

“退休中人”养老保险隐性债务精算现值模型：$\mathrm{IPD}_4 = \mathrm{IPD}_{41} + \mathrm{IPD}_{42}$

总的养老保险隐性债务精算现值模型：$\mathrm{IPD} = \mathrm{IPD}_1 + \mathrm{IPD}_2 + \mathrm{IPD}_3 + \mathrm{IPD}_4$

（4）IPD 规模测算

参考相关文献及我国实际参数设定如下：

①假定弹性退休制的实施从 2014 年年初开始，因此模型中的 t 时刻为 2014 年 1 月 1 日。原有退休制度男性退休年龄为 60 岁，女性为 55 岁。

②职工的参保年龄 a 为 23 岁。

③生存极限年龄ϖ参考国内外大多数学者对生存极限年龄的设定——90 岁。

④参保职工死亡率本文采用的生命表为《全国城镇从业人口生命表（男性）》（1989—1990）和《全国城镇从业人口生命表（女性）》（1989—1990）。

⑤设定平均工资增长率 g 为 10%。

⑥养老金增长调整系数设定为 0.8。

⑦设定过渡养老金计发比例为 1.2%。

⑧平均缴费指数设定为 100%。

⑨假设在职人员平均工资与指数化平均缴费工资相等，即 $\overline{W}_t = \overline{W}$。

⑩根据相关政策规定设顶养老金发放比例 $\lambda = 20\%$。

⑪为符合实际情况，设定养老金替代率为 80%。

分年龄的在职职工人数与退休职工人数。根据《2013 年中国劳动和社会保障年鉴》及其相关文献数据，在 2000—2003 年中国经验生命表死亡率以及 5%失业率的假设下，近似估计出 2013 年养老金计划覆盖人口的年龄结构，见表 3-3～表 3-6。

表 3-3　2013 年我国“老人”人数表

年龄（岁）	男	女	年龄（岁）	男	女
71	/	2 800 756	81	862 011	1 039 467
72	/	2 697 643	82	751 128	831 608
73	/	2 396 135	83	613 422	838 761
74	/	2 478 524	84	554 405	652 767
75	/	2 000 113	85	438 159	561 558
76	1 769 248	1 781 232	86	389 871	482 868
77	1 740 843	1 741 905	87	307 606	393 449
78	1 160 674	1 434 300	88	177 052	270 049
79	1 276 920	1 393 166	89	109 091	228 916
80	1 085 561	1 334 149			

表 3-4　2013 年我国“过渡中人”人数表

年龄（岁）	男	女	年龄（岁）	男	女
63	/	3 514 215	70	2 886 483	2 980 236
64	/	3 322 085	71	2 721 950	/
65	/	3 209 987	72	2 501 977	/
66	/	3 283 510	73	2 155 027	/
67	/	3 347 891	74	2 335 655	/
68	2 659 989	2 782 756	75	1 802 710	/
69	2 960 214	3 127 919			

表 3-5　2013 年我国“在职中人”人数表

年龄（岁）	男	女	年龄（岁）	男	女
39	10 469 314	10 422 817	50	6 806 614	8 128 294
40	8 037 086	8 022 778	51	7 676 442	6 953 314
41	8 934 864	9 322 949	52	6 566 779	7 187 595
42	9 589 420	9 566 172	53	6 788 036	7 244 823
43	9 657 379	9 399 850	54	6 842 083	6 554 500

表3-5(续)

年龄（岁）	男	女	年龄（岁）	男	女
44	9 435 052	9 896 213	55	6 190 135	/
45	8 160 486	8 088 950	56	6 207 025	/
46	4 712 444	4 767 885	57	5 220 656	/
47	5 463 573	5 483 245	58	5 149 720	/
48	6 320 219	6 277 297	59	4 881 170	/
49	7 207 266	7 076 712			

表 3-6　2013 年我国“退休中人”人数表

年龄（岁）	男	女	年龄（岁）	男	女
55	/	5 722 891	62	3 397 966	3 508 849
56	/	5 431 382	63	3 254 895	/
57	/	5 277 579	64	3 131 495	/
58	/	4 615 870	65	3 061 747	/
59	/	4 456 701	66	3 161 898	/
60	4 059 676	4 007 812	67	2 662 933	/
61	3 619 729	3 830 761			

为了测算相关指标，需要对退休年金函数的相关参数进行设定，考虑到我国的实际利率水平，并参考尚勤、秦学志（2009）及其他相关文献的方法，本节中设定参数的结果见表 3-7。

表 3-7　退休年金精算函数参数设定表

$r(0)$	a	σ	λ	b	c
0. 05	0. 000 15	0. 017 5	0. 000 12	0. 005	0. 005 5
$u_x(0)$	a^*	σ^*	λ^*	μ	p
0. 000 50	0. 069	0. 000 2	0. 001 5	−0. 000 06	0. 7

根据参数设定表，对退休年金精算函数进行模拟测算，其结果见表 3-8。

表 3-8　退休年金精算函数模拟测算表

p	x	$\ddot{a}_{x:\overline{T^*-x}\rvert}$	$(T^*-x)\mid\ddot{a}_x$	P
0.4	$x=30$	16.244 9	2.986 8	0.183 8
	$x=35$	14.832 5	3.846 2	0.299 3
	$x=40$	12.895 6	4.798 1	0.372 1
0.7	$x=30$	16.928 7	2.764 8	0.163 2
	$x=35$	15.124 6	3.500 4	0.231 4
	$x=40$	13.284 5	4.247 9	0.319 8

从表 3-8 可以看出，在其他参数保持不变的情况下，$p=0.4$ 与 $p=0.7$ 的年金精算相比，$p=0.4$ 时各年龄 $\ddot{a}_{x:\overline{T^*-x}\rvert}$ 现值都低于 $p=0.7$ 时，变动幅度大约在 4 个百分点左右。相应地，均衡净保费 $p=0.4$ 时都高于 $p=0.7$ 时，这是由于 $p<0.5$ 为正偏分布，$p>0.5$ 为负偏分布。正偏分代表期望退休年龄变小，负偏分布代表期望退休年龄延迟。

为了比较退休年龄分布特征对 IPD 的影响，对年龄分布参数进行了比较设置，运用统计软件对 IPD 进行测算其相关结果见表 3-9。

表 3-9　隐性债务测算表　　单位：万亿

p	IPD_1	IPD_2	IPD_3	IPD_4	IPD
0.4	5.477 9	6.277 5	48.255 2	8.859 4	68.870 0
0.7	5.285 0	6.062 7	47.948 6	8.737 5	68.033 8

经测算，我国 2014 年年初养老金隐性债务总量，在 $p=0.4$ 约为 68.870 0 万亿元，在 $p=0.7$ 约为 68.033 8 万亿元，分别约占 2013 年 GDP 的 121.07%、119.60%。$p<0.5$ 为正偏分布，$p>0.5$ 为负偏分布。负偏分布下债务规模有所降低，而负偏分布意味着人们更趋向于延迟退休。该结果与国内相关学者如李莉（2009），李丹（2009），房海燕（2008、2010）等的结论较一致。

3.2.3　我国养老金隐性债务问题的对策研究

隐性债务会影响到在基金制养老保险制度下养老金支付的顺利进行，因此必须给予妥善解决。

3.2.3.1 我国养老金隐性债务偿付存在的困境

我国的养老金制度转轨导致我国将来要偿付大量的养老金债务，这些逐步显性化的隐性债务，不仅给各省市带来了巨大的财政压力，而且还给国家的经济带来了很大的负担。我国的养老金制度虽然在不断地改善，但是到目前为止仍然没有形成一个完善有效的偿付机制。完善的偿付机制并不是一时之举，它的建立要涉及和考虑到养老金的支付、增值、立法等方面。如果我国不为此采取相应的措施，它将会影响到我国养老金隐性债务的偿付问题，所以我们需要多管齐下、立体运作，这样才能逐渐地解决隐性债务的问题。从纵向上看，我们需要对养老金缴费的余额进行投资增值，这样可以提高目前的现有资金存量，从而为将来的偿付提供更多的资金支持；从横向上看，我们需要进行削减养老金支出和扩展筹资渠道，从而在一定资金存量的前提下解决如何偿还养老金债务的问题。但是从目前的角度看，我国的养老金偿付在支付、立法和筹资方面仍在存在很多的问题，这将严重影响我国养老金隐性债务的有效偿付。

我国主要是按照2005年的新规定进行养老金的发放，另外还制定了相关的调整机制。由于各地的经济情况不同，因此按照各地区在岗职工的平均工资年增长率的一定比例进行调整，具体的调整方式各地区按照各地区的物价和工资水平来进行，再报劳动保障部、财政部进行审批，审批通过后再执行。虽然已经有相对完善的措施保障养老金的支出，但是养老金的支付目前仍然存在着一定的困境。

（1）我国养老金的支付困境

地区之间管理不规范，存在的差异大。由于我国各地的物价和工资水平有高有低，各不相同，因此各个地区的养老金支付情况也不尽相同，从而造成了一定的差异，导致有的地区的养老金连年结余，有的地区的养老金却连年赤字。

此外，在进行省级统筹中，我们主要通过转移支付，并根据每个地区的标准去对养老金的支付余缺进行调节，但是高工资收入的企业、欠缴额度大的部门等，这些由于部分原因根本不属于当地养老金部门，因此也就不归他们进行控制，所以这样的调整转移支付只能加大养老金的管理成本，甚至还会发生拖欠以及挪用养老金等违法情况发生。

（2）我国养老金监管的困境

为了保证我国养老金的正常运营，国家也采取了一定的措施去进行正常的维护和管理养老金，虽然我国在养老金的监管上采取了很多的措施，但是仍然存在着一些监管的困境。

①养老金保值增值的效率低。

由于养老金关系到公民退休后的基本生活，加上我国股票市场的不稳定，所以我国主要采用买公债和银行存款两种稳定可靠的方式来对养老金的资产进行增值。但是近些年来，随着通货膨胀日益加剧，我国的银行存款利率在不断下调，从而导致一部分养老金的增值率下降，而国有资产的变现也基本上是一笔空账，加上目前国有资产的逐渐自由化，更加导致了空账的形成。养老金的保值增值额完全不够未来的支出。

②法律体系不完善，监管制度不健全。

由于我国国家立法滞后，地区立法分散，我国的保险制度被一律分割开来，而且我国到目前为止仍然没有一个适用范围广、统一的养老金保险制度，这就导致我国在养老金的缴费、支付等方面仍然在依靠规定和行政手段去推行，没了法律的保障，加上规定以及行政手段的薄弱约束力，一旦以后在养老金债务上发生争议，国家承担的责任将不言而喻。

目前，我国的社保基金是由当地的社保基金管理中心代为管理。由于制度的不完善导致这些管理中心承担着不同的行政职能，并没有一定的法人资产，甚至没有一定的独立性，因此在一定程度上就很难建立有效的信息披露制度、监管机制和风险防范机制，加上每年我国养老金都拥有大量的结余，而在利益的驱使下，地方政府在做任何建设工作缺乏资金的时候都会首先想要挪用社保资金，从而导致我们的养老金没有了保障。

（3）我国养老金筹资的困境

虽然在养老金筹资方面，我国已经采取了许多有效的措施，但是仍然存在着以下几种困境。

①各地区整体统筹层次不高，养老覆盖层面较窄。

虽然按照规定我国已经被划分为 2 000 多个统筹单位，但是各统筹单位之间政策等有很大差别。由于各级统筹层次不高，养老金的调剂和互济功能就很难发挥作用。我国的农民工大部分进行跨省的工作，但是由于我国跨地区的就业劳动者的缴费年限不能累计计算，所以农民工在养老金缴费上就出现了很大的问题，每年都有大量的农民工由于麻烦跨省缴费而进行退保。

我国养老金统筹层次低的主要原因有两种：一是我国目前的财税体制是中央和地方分开，各省养老金各省独自出资，所以资金跨省调剂很困难；二是发达省份担心对不发达地区进行统筹后会降低本省的养老金待遇水平。

此外，我国的养老金的覆盖范围主要集中在城镇国有企业和集体企业职工，大部分的农村人口由于传统观念而没有进行投保。这个问题产生的主要原因是我国城乡二元经济结构的差异性。由于我国工业化的发展，城镇经济的发展先于农村经济的发展，城镇的各项发展制度也走在前面，加上农村地区的宣传力度不广，尤其贫苦山区，在经济困难以及信息不流通的双层压力下，难以得知我国养老金的相关政策，从而导致了我国养老金覆盖范围的狭窄。

②养老金缴费欠缴现象严重。

我国保费欠缴的原因主要有两个方面：一是地方政府的责任，二是企业的责任。就地方政府来讲，有些县级政府机构并没有按照保险法的要求去确定以单位职工工资总额为缴费基数，这导致许多企业没有按照这个标准来进行养老金的收缴，从而导致养老金欠缴的现象。就企业来讲，在企业中，一方面由于有些省份并没有对全省实现缴费比例的统一，这就导致有的企业缴费比例高，有的企业缴费比例低，有可能造成缴费均值低于正常缴费值，从而导致养老金欠缴。另外，由于没有相关法律的保障，有一些企业主动逃避缴费，他们以生产效益低、收益水平低等理由不给职工进行养老金的缴付，或者把职工缴付的一部分养老金进行扣留而不再缴付，从而造成大量职工的养老金欠缴。

3.2.3.2 解决我国养老金隐性债务问题的可行性措施

通过对我国养老金隐性债务规模的测算，并且对我国养老金隐性债务偿付机制出现的问题进行分析，再结合国外经验的借鉴，可以从支付、监管和筹资三个方面对解决我国养老金隐性债务的问题提出了几点应对措施。

(1) 从支付角度解决我国养老金隐性债务问题

养老金的支付问题关系到公民退休后的生活保障，在总结经验的基础上我们主要提出了以下几点措施。

①控制退休年龄。

因为我们无法从根本上解决目前的人口数量，所以对于目前已有的人口，我们只能通过控制退休年龄来相应控制我国的养老金隐性债务规模。

我国目前的人均预期寿命正在逐年升高，根据国家 2017 年统计局的统计结果。中国人的人均寿命是：女性平均寿命为 76 岁；男性平均寿命为 74 岁。而像北京、上海这类发达城市的人均预期寿命已达 80 岁以上，这对各省市的养老金规模造成了很大的压力。据测算，如果我们每提高一岁的退休年龄，那么养老金可减少支出 160 亿元，增加收入 40 亿元，这样可以相应减缓 200 亿元的缺口。另外，我国公民目前接受的教育年限正在逐步上升，硕士和博士研究生的数量正在逐年增多，接受教育的人数增多就意味着越少的劳动力在进行工作，加上老人在长期的工作中，已经积累了大量的工作经验，具备了很高的技术水平，若重新培养新的经验职工需要大量的资金和技术的支持，所以提高公民的退休年龄不仅有利于减轻各省市的财政负担，而且还创造了更多的社会价值。

②适当提高居民的最低工资。

提高我国居民的最低工资有助于提高我国工资增长率，由于时滞的影响，工资增长率的增长明显快于养老金费用的增长，因此我国的城镇职工的平均工资的增长要快于退休人员工资的增长，这样相对变动的结果就是退休人员的人均养老金对在岗职工的平均工资替代率逐年下降。随着社会主义市场经济的建立，我国的养老金制度逐渐变得多元化和社会化，并且随着我国养老金覆盖面的扩大，层次的变多，养老金替代率势必会有所降低，这一降低也会造成在职居民和退休居民之间的矛盾，所以适当地提高居民的最低工资，让其增长率快于名义上导致替代率下降的增长率，可以缓解我国居民间的矛盾，也会相应减少我国的财政缺口。

（2）从监管角度解决我国养老金隐性债务问题

在养老金的监管方面，需要加强立法。保障养老金的正常发放必须有强大的立法支持，只有为其提供强大的法律后盾，才能增强政策实施的执行力。因此，在养老金政策的实施上，我们仍然需要一套完善的立法设施去支持，法律的固定以及强制性可以保证各省市顺利开展养老金发放以及征收。到目前为止，我国在立法保障方面已经取得了一定的进展，但是总体上来讲，我国的养老金立法制度仍然因为体系单薄和设定内容稀少而滞后。为此，下面提出了几点养老金法律体系建设的建议。

首先，需要加强社会保险信息系统的法律建设，促进跨省养老金的缴付。

公民缴付的养老金费用都是退休之后才能进行领取，如果我国对公民个人的保险信息记录得不准确或者造成遗失的话，就会对居民造成严重的损害。因此我们在建立信息系统的时候，要为其设定一套法律保障监督机制，并安排专员对其进行管理，这样还能避免挪用等非法现象的发生。而且通过每年的缴费情况以及支付的养老金情况，可以清晰地对当地的财政收入等方面进行观察和监督。另外，对信息平台进行联网，我们还可以对农民工等异地打工人士提供跨省缴费服务，从而扩大了居民的缴费范围，并减少因为麻烦而导致的农民工退保现象。此外，通过立法措施还限制了管理人员的权限，强制保障了我国的社会保障制度。

其次，必须建立完整的社会保障法律体系。

养老金属于社会保障中的关键部分，所以建设养老金法律体系要求我们从根本上建立一套完整的社会保障法律体系。下面我们从建立一个完整的法典式法律出发，提出设计一个合理的社会保障法律体系应该有的三个层次。

第一层次，应该制定一个完整的有人民代表大会通过的统一的法律，该法律应该像《宪法》一样管制和指导着社会保障的各项内容的《社会保险法》。第二层次，也就是与其配套的一些条例，这些条例应该涉及社会、养老、失业、工商以及医疗等各个角度，因为这几个角度每个都可以作为一个独立体，加上之前我国已有的立法体系，再由国务院重新统一修改或指定，这样在这个层次上的每个角度都有各自的保障。第三层次，该层次就涉及地方性的法律、法规和规章制度。第三层次是最需要关注的层次，因为该层次主要是面向广大农民，而农民本身属于弱势群体，他们不管从知识还是自我保护意识上，都存在着缺陷，所以该层次法律的设定必须详细，尽量地细化到农民能触及的各个方面。

我们要在《宪法》的基础上，配合着《劳动法》的现状，切实完善地建立好以《社会保险法》为主的社会保障法律体系，这样才能保证各项工作的顺利完成，也能保障我国养老金制度的各种贯彻实施。

最后，需要明确各级责任，督促落实地方养老金投入。

在养老金的投入上，地方政府的投入很少，缺位很大，中央政府虽然在整体上对养老金进行了大幅度的投入，但是还是缺少科学化和规范化的制度安排。此外，虽然我国对养老金等社会保障上进行了大幅度的投入，但是实际上与发达国家的平均水平相比，仍然有很大的差距，而且我国在社会保障上的投入仅占全部财政收入的百分之十左右，发达国家却占据了百分之三十左右的比例。为此，我们希望国家制定相关的立法措施，用法律明确中央和地方政府的责任，从而在促进国家投入的基础上，提高地方政府的重视，减少其依赖性。

（3）从筹资角度解决我国养老金隐性债务问题

养老金隐性债务是一个即将偿付的总数问题，为此，想要彻底解决隐性债务问题，就必须从各个角度出发，采用多种途径共同发挥作用。而我国为此也应该建立一个“三支柱一保障”的偿付机制，三支柱主要是指减少养老支出、拓宽筹资渠道以及余额投资增值，而一保障就是辅助保障措施。三大支柱是三个主要的必须路径，一保障为三支柱提供了重要的保障措施。此外，具备充实的资金也是未来偿还养老金隐性债务的重要措施，因此扩展资金道路也成为偿付债务的首要任务。

首先，需要调整财政支出结构。

目前只有调整养老保险补助支出在财政支出中的比重，才能逐步解决我国的养老金隐性债务问题。调整财政支出结构对于每一个国家来说，都是至关重要的，任何国家养老金的运转都离不开政府财政的支持，因此调整财政支出是解决养老金债务问题最简单、最直接的办法。

在我国财政支出中占比重比较大的支出是经济建设支出，高于百分之二十，我国仍然是以经济建设为中心，财政支出也主要为其服务，而不是以公共服务产品为主的民生财政。另外，在政府财政支出中，公务员公款消费的比例非常大，我们可以在这方面采取一定的措施，减少行政管理支出，尽可能地把这些支出投入到社会保障中去。为此提出两点建议：第一，对政府机构进行精简，并控制人员编排，从而提高政府的支出效率，人员的减少和机构的精简会直接减少行政支出费用，并且有利于政府对财政支出总量进行控制；第二，强化政府管理支出，对其严格监督并严格控制政府管理预算，并对管理范围进行设定，对超范围或者金额的项目和支出不予以补贴，从而达到净化支出的目的，地方政府每年据此设定最低范围的预算，并根据预算去设定和安排政府行政管理经费，避免公费出游等恶劣消费行为的出现。

总体来说，调整财政支出的主要方向是压缩管理支出，逐步建立以民生为主的财政支出转变，这些方面的调整将会给财政带来大量的余额，从而提供更多的资金去支持我国的养老金隐性债务。

其次，可以采取变现或划拨部分国有存量资产的方式。

变现或划拨部分国有存量资产早在 1993 年的时候就由周小川和王林提出过。他们认为，社会保障是企业的一部分，它的职能因此也可以从中划分出来，过去形成的养老和医疗基金，我们可以把其看作国有资产，也将其划分出来，因此可以将其按照一定的基金预筹积累制进行委托经营。随后通过变现货划拨部分国有存量资产来偿付养老金隐性债务问题也逐步地浮出了水面。

缩减国有资产来解决隐性债务的主要措施有：一是出售一部分国有资产，将政府原来承担的债务转移到个人或者企业上面；二是对国有资产进行股份制转化，将其转化为私有控股，以股利来维持企业的经营发展；三是尽量减少国家控股，这样可以逐步减轻国家的财政负担，此外，对于地方政府，也可以采用拍卖或者出售国有资产的方式来汇聚现金。国有资产的转变非一日即成，我们需要在维持我国现阶段国情的基础上再逐步地进行转变，当国家的资本发展完善的时候才可以顺利地进行。

最后，加快和完善养老金基金化进程，开发更多的投资产品。

养老金是公民在退休前几十年一直缴付，并在其退休时按照一定的比例进行发放，而在这几十年的期间，养老金的保值增值问题成为一个重点，如何将养老金金额进行增值，成了目前的一个关键问题，为此，寻找一个安全透明并且能够盈利的方式对养老金进行管理，也是目前我们需要解决的一个难题。2016 年 12 月 6 日由全国社会保证基金理事会发布公告，根据《基本养老基金投资管理办法》和全国社会保障基金理事会相关评审规定，评选 21 家基本养老保险基金证券投资管理机构，落实托管机构和投资管理机构、确定入市资金量、实际入市等流程。这意味着我国养老金入市已经渐渐拉开帷幕，而入市的资金规模、投资方向以及入市目标成了养老金入市一个关键问题。

养老金入市只是拓宽投资渠道的一种措施，另外在我国巨大的养老金债务的压力下，我们可以逐步放松我国对养老金的投资限制，并制定一系列的措施，比如政府可以发放有价债券、基金跟股票等对养老金进行保值增值，这些都可以逐步的缓解我国的养老金压力。

4 弹性退休社会养老保险账户偿付能力精算模型

基本养老保险是国家强制要求的，有法律法规约束的，在全社会范围内实施的一种保障职工退休后的生活水平的社会保险。在这种社会保险制度下，企业及其员工都必须依法缴纳养老保险费，在劳动者达到国家法定的退休年龄或是因其他法律允许的原因而退出劳动岗位后，基金管理部门依法向退休职工发放养老金。

我国现行的统账结合的部分积累制是对现收现付制和完全积累制的整合，兼容了近期横向平衡原则和远期纵向平衡原则的筹资模式。部分积累制相对于现收现付制，提高了缴费积极性；相对于完全积累制，减小了基金贬值风险。按照《国务院关于完善企业职工基本养老保险制度的决定》（国发〔2005〕38号）的规定，目前中国可用于部分积累制养老金支付的资金共有两部分：一是社会统筹现收现付部分的基础养老金，每年可以用于支付的规模是当期的养老金收入；二是个人账户基金规模每年用于支付的规模，按照文件规定，个人账户支出年限根据各地区实际情况确定。

城镇企业职工基本养老保险账户支付能力，是衡量城镇企业职工基本养老保险基金收支平衡状况和基本养老保险制度财务可持续性的重要指标。随着人口老龄化进程的加速，养老金账户的支付压力越来越大，已经对现有的养老保险制度提出了巨大的挑战。对于如何解决养老保险账户支付能力不足这一问题，越来越多的学者认为延长退休年龄能够改善养老保险制度的偿付能力。国外如 Roseveare 等（1996）、Fenge（2004）、Galasso（2008）、Shoven 和 Goda（2008）、Kalemli-Ozcan 和 Weil（2010）等分别从不同方面论证了延长退休年龄对维持公共养老金收支平衡、降低缴纳的费率水平等方面的好处。国内的学者对延迟退休问题有较大的分歧。支持者如郑功成（2007）认为受人均预期寿命延长、受教育年限延长以及人口老龄化等因素的影响，必须延迟退休年龄。汪涵（2013）通过对养老保险相关指标如：收益率、替代率及政府财政支出等方面的定量分析，提出了提高女性退休年龄的必要性。杨翠迎、冯广刚（2013）运用精算方法建立了养老保险基金的精算模型，分析了上海市采用延迟退休等政策对城镇基本养老保险基金的影响。而反对者的主要观点是认为延迟退休年龄可能对增加青壮年就业和提高经济效率产生影响，而后者是在当前经济社会环境中需要实现的首要任务。

关于养老保险基金偿付能力的研究，从国外来看，Boldrin 等（1999）以欧盟为研究对象，指出导致养老保险基金支付能力不足的三个主要原因；Casamatta（2000）、Galasso 和 Profeta（2004）相继论证了“制度参数调整”做法的脆弱性和不稳定性；Boado-Penas 等（2008）提出对现收现付制养老保险基金的偿付能力使用资产负债表来测算的观点；Haberman 等（2000）认为贡献率风险和偿付能力风险是影响养老保险基金收支及其安全性的主要风险的观点。从国内来看主要有：黄晓等（2006）基于精算原理运用终值法分析了养老金的收支平衡问题；张思峰（2007）对人口规模和结构对养老金收支的影响进行了分析；王鉴岗（2001）研究了影响养老保险基金收支平衡的风险因素；柳清瑞（2004）、朱楠（2009）、王增文（2010）、金刚（2010）根据寿险精算原理得到基金收入和支出的现值，最后比较现值的大小来分析分析了养老保险基金的支付能力。

4.1 固定延迟退休基本养老保险账户偿付能力精算模型

所谓固定延迟退休是指在人口老龄化背景下，为缓解账户支付压力对现有的法定退休年龄进行统一的延长。

模型设定的基本假设：

①城镇企业职工开始进入劳动力市场的年龄均为 23 岁，并且从进入劳动力市场时就参加城镇企业职工基本养老保险。

②城镇企业职工男性延迟后的退休年龄为 m 岁，女性延迟后的退休年龄为 b 岁。

③本节中养老金的缴纳、发放以及人口死亡均发生在各年度末，且先后顺序为养老金的缴纳、人口死亡和发放。此外养老金的缴纳和发放均以年数据进行计算。

④不考虑人员迁入或迁出的影响，假设人口系统是封闭的。

⑤假设参保时同龄的职工在退休后同一时刻的养老金水平相同。

⑥不存在提前退休、伤残等因素对养老金支付的影响。

在此采用熊俊顺等学者的观点，以当前养老保险基金的结余与当前面临的养老金支付水平的比值来衡量养老保险基金偿付能力，即社会统筹账户和个人账户不加区分地综合考虑。文中养老保险基金偿付能力测算模型以《国务院关于完善企业职工基本养老保险制度的决定》（国发〔2005〕38号）规定的收支计算办法为依据，以基金收入和支出测算模型为基础进行构建，而养老保险基金的累积结余为测算年以前各年度基金的收支余额在测算年的本息和。

城镇企业职工基本养老保险基金支出主要包括“老人”“过渡中人”“新中人”“新人”等养老金支出与死亡引起的个人账户支出。其中“老人”是指在《国务院关于建立统一的企业职工基本养老保险制度的决定》(国发〔1997〕26号）实施前已经退休的职工。“过渡中人”指在《国务院关于建立统一的企业职工基本养老保险制度的决定》（国发〔1997〕26号）实施前入职，在《国务院关于完善企业职工基本养老保险制度的决定》（国发〔2005〕38号）实施前退休的职工。“新中人”是指在《国务院关于建立统一的企业职工基本养老保险制度的决定》（国发〔1997〕26号）实施前入职，在《国务院关于完善企业职工基本养老保险制度的决定》（国发〔2005〕38号）实施后退休的职工。若n代表弹性退休制实施的年份，这部分人可分为n年前退休和n年后退休的人员，而n年后退休的“新中人”又分为n年至t年前退休和t年后退休两个阶段。按国家相关养老金支付政策，“中人”在领取基础养老金和个人账户养老金的基础上，还要领取过渡养老金，因此“中人”的养老金支出精算现值可以分为基础养老金、过渡养老金及个人账户养老金三个部分来测算。“新人”是指在《国务院关于建立统一的企业职工基本养老保险制度的决定》（国发〔1997〕26号）实施后入职的人员，按有关政策规定“新人”养老金支出包括基础养老金和个人账户养老金两个部分。死亡引起的个人账户支出设计为职工死亡将其个人账户余额一次性付给受益人，考虑到“老人”无个人账户，“过渡中人”在弹性退休制实施时，退休时间已经很长，而其个人账户积累时间很短，其账户余额可忽略，故本文对死亡所引起的个人账户支付主要考虑“新中人”与“新人”。

寿险精算方法有所谓的过去法、将来法。笔者在此提出不同于已有相关文献的研究方法即运用将来法的精算方法，对某一时刻的人群总体按年龄结构分别建立城镇企业职工基本养老保险账户未来收支的精算现值模型，从而评价账户的支付能力。

(1) 城镇企业职工基本养老保险账户收入精算模型

城镇企业职工基本养老保险基金收入由缴费收入和基金收益构成，由于基金投资增值部分比例较小，在模型构建中，主要考虑企业缴费收入和个人缴费收入。关于养老保险基金保费缴纳的规则，职工个人缴纳的基本养老保险金为本人缴费工资的8%；企业在为职工缴纳基本养老保险金时，金额为全企业职工总缴费工资的20%。由于不同行业、不同企业、不同职工的缴费工资的差异性很大，本节考虑全行业缴费工资的期望值，即每年的职工缴费工资参数统一设定为城镇企业职工社会平均工资。设 I_t 第 t 年末的养老保险基金收入，a 代表参工的起始年龄，$\overline{W}_t$ 代表第 t 年的社会平均工资，$L_{q,t}$ 代表第 t 年 q 岁参保职工人数，$L_{x,t}$、$L_{y,t}$ 分别 x 岁男性与 y 岁女性的参保职工人数，则 t 年后未来城镇企业职工基本养老保险基金收入现值为

$$I_t = \sum\left(\sum_{x=23}^{[b_m-1]} L_{x,t} + \sum_{x=23}^{[b_f-1]} L_{y,t}\right) \times \overline{W}_t \times 28\%$$

(2) 城镇企业职工基本养老保险账户支出精算模型

①“老人”支出精算现值。

按照文件规定，“老人”的养老金发放月标准是以退休前一年职工月平均工资为基数，按照社会平均工资增长率的一定比例调整。假设支付标准按现有政策不变。第 t 年基金支出精算现值：

男性为 $P_1^{lt} = \sum\limits_{x=60+t-1998}^{\omega} [L_{x,t} \cdot M \cdot \sum\limits_{k=1}^{\varpi-x} (1+\varphi \cdot g)^k \cdot V(k) \cdot {}_k p_x]$

女性为 $P_2^{lt} = \sum\limits_{y=50+t-1998}^{\omega} [L_{y,t} \cdot M \cdot \sum\limits_{k=1}^{\varpi-x} (1+\varphi \cdot g)^k \cdot V(k) \cdot {}_k p_y]$

其中：M 代表年养老金给付额；φ 表示养老金按工资增长率的调整率；g 为社会平均工资增长率。

②“过渡中人”支出精算现值。

“过渡中人”在第 t 年未来支出的基础性养老金现值为

$$AP_1^{gzt} = \lambda \cdot \overline{W}_{t-1} \cdot \sum_{q=60+t-2006}^{60+t-1998} L_{q,t} \cdot [\sum_{j=q}^{T_q} (1+g)^{(j-q)} \cdot v(j-q)]$$

精算现值：

男性为 $P_{11}^{gzt} = E(AP_1^{gzt})$

$$= \lambda \cdot \overline{W}_{t-1} \cdot \sum_{x=60+t-2006}^{60+t-1998} L_{x,t} \cdot [\sum_{j=x}^{\varpi} (1+g)^{(j-x)} \cdot {}_{j-x}p_x \cdot V(j-x)]$$

女性为 $P_{12}^{gzt} = E(AP_1^{gzt})$

$$= \lambda \cdot \overline{W}_{t-1} \cdot \sum_{y=50+t-2006}^{50+t-1998} L_{y,t} \cdot [\sum_{j=y}^{\varpi} (1+g)^{(j-y)} \cdot {}_{j-y}p_y \cdot V(j-y)]$$

其中：λ 为基础养老金计发比率。

"过渡中人"第 t 年未来领取的过渡性养老金现值为

$$AP_2^{gzt} = \varepsilon \cdot \beta \cdot \overline{W}_{t-1} \cdot \sum_{q=60+t-2006}^{60+t-1998} L_{q,t} \cdot (q - a - t + 1998) \cdot \left[\sum_{j=q}^{T_q} (1+g)^{(j-q)} \cdot v(j-q) \right]$$

其中：ε 是过渡养老金计发比率，β 表示在职职工平均工资缴费指数。为简化计算，假设所有"老中人"的视同缴费年限均满 15 年。

精算现值：

男性为

$$P_{21}^{gzt} = E(AP_2^{gzt})$$
$$= \varepsilon \cdot \beta \cdot \overline{W}_{t-1} \cdot \sum_{x=60+t-2006}^{60+t-1998} L_{x,t} \cdot (q - a - t + 1997) \cdot \left[\sum_{j=x}^{\varpi} (1+g)^{(j-x)} \cdot {}_{j-x}p_x \cdot V(j-x) \right]$$

女性为

$$P_{22}^{gzt} = E(AP_2^{gzt})$$
$$= \varepsilon \cdot \beta \cdot \overline{W}_{t-1} \cdot \sum_{y=50+t-2006}^{50+t-1998} L_{y,t} \cdot (q - a - t + 1997) \cdot \left[\sum_{j=y}^{\varpi} (1+g)^{(j-y)} \cdot {}_{j-y}p_y \cdot V(j-y) \right]$$

"过渡中人"第 t 年未来领取的个人账户养老金的现值为

$$AP_3^{gzt} = \frac{1}{N} \cdot 8\% \cdot \overline{W}_{1997} \cdot \sum_{q=60+t-2006}^{60+t-1998} L_{q,t} \cdot \left[\sum_{j=q-(t-1998)}^{T} (1+g)^{(j-q-(t-1998))} \cdot (1+r)^{(T-j)} \right) \cdot \left(\sum_{k=0}^{T_q - x} v(k) \right) \right]$$

精算现值：

男性为

$$P_{31}^{gzt} = E(AP_3^{gzt}) = \frac{1}{N} \cdot 8\% \cdot \overline{W}_{1997} \cdot \sum_{x=60+t-2006}^{60+t-1998} L_{x,t} \cdot \left\{ \sum_{j=x-(t-1998)}^{59} \left[(1+g)^{(j-x-(t-1998))} \cdot (1+r)^{(59-j)} \cdot \left(\sum_{k=0}^{\varpi - x} V(k) \cdot {}_kp_x \right) \right] \right\}$$

女性为

$$P_{32}^{gzt} = E(AP_3^{gzt})$$
$$= \frac{1}{N} \cdot 8\% \cdot \overline{W}_{1997} \cdot \sum_{y=50+t-2006}^{50+t-1998} L_{y,t} \cdot \left\{ \sum_{j=y-(t-1998)}^{49} \left[(1+g)^{(j-y-(t-1998))} \cdot (1+r)^{(49-j)} \cdot \left(\sum_{k=0}^{\varpi - x} V(k) \cdot {}_kp_y \right) \right] \right\}$$

其中：r 是养老保险基金个人账户增值率，N 表示个人账户计发年数。

③"新中人"支出精算现值。

n 年后退休的"新中人"在第 t 年未来支出的基础性养老金现值为

$$AP_1^{zzt} = \left(\frac{1+\beta}{2}\right) \cdot 1\% \cdot \left\{ \sum_{q=a+t-1998}^{T_1-1} (T_q^* - a) \cdot L_{q,t} \cdot \overline{W}_{t+T_q^*-q-1} \cdot v(T_q^* - q) \cdot \left[\sum_{k=0}^{T_q - T_q^*} (1+g)^k \cdot v(T_q^* - q, k) \right] + \sum_{q=T_1}^{T_1+t-2006} L_{q,t} \cdot \overline{W}_{t+T_q^*-q-1} \cdot (T_q^* - a) \cdot \left\{ v(T_q^* - q) I_{(T_q^* > q)} \cdot \left[\sum_{k=0}^{T_q - T_q^*} (1+g)^k \cdot v(T_q^* - q, k) \right] + (1+g)(q - T_q^*) I_{(T_q^* \leqslant q)} \cdot \left[\sum_{k=0}^{T_q - q} (1+g)^k \cdot v(k) \right] \right\}$$

精算现值：

男性为

$$\begin{aligned} P_{11}^{zzt} &= E(AP_1^{zzt}) \\ &= \left(\frac{1+\beta}{2}\right) \cdot 1\% \cdot \left\{ \sum_{x=a+t-1998}^{59} L_{x,t} \cdot \left\{ \sum_{j=60}^{65} (j-a) \cdot \overline{W}_{t+j-x-1} \cdot V(j-x) \cdot \left[\sum_{k=0}^{\varpi-j} (1+g)^k \cdot {}_kp_x \cdot V(j-x, k) \right] \right\} \cdot P(T_x^* = j) + \sum_{x=60}^{60+t-2006} L_{x,t} \cdot \right. \\ &\quad \left\{ \sum_{j=x+1}^{65} \overline{W}_{t+j-x-1}(j-a) \cdot V(j-x) \cdot \left[\sum_{k=0}^{w-j} (1+g)^k \cdot V(j-x, k) \right] + \sum_{j=60}^{x} (1+g)^{(x-j)} \cdot \left[\sum_{k=0}^{w-x} (1+g)^k \cdot {}_kp_x \cdot V(k) \right] \right\} \cdot P(T_x^* = j) \Big\} \end{aligned}$$

女性为

$$\begin{aligned} P_{12}^{zzt} &= E(AP_1^{zzt}) \\ &= \left(\frac{1+\beta}{2}\right) \cdot 1\% \cdot \left\{ \sum_{y=a+t-1998}^{54} L_{y,t} \cdot \left\{ \sum_{j=55}^{60} (j-a) \cdot \overline{W}_{t+j-y-1} \cdot V(j-y) \cdot \left[\sum_{k=0}^{\varpi-j} (1+g)^k \cdot {}_kp_y \cdot V(j-y, k) \right] \right\} \cdot P(T_y^* = j) + \sum_{y=55}^{55+t-2006} L_{y,t} \cdot \right. \\ &\quad \left\{ \sum_{j=y+1}^{60} \overline{W}_{t+j-y-1}(j-a) \cdot V(j-y) \cdot \left[\sum_{k=0}^{w-j} (1+g)^k \cdot {}_kp_y \cdot V(j-y, k) \right] + \sum_{j=55}^{y} (1+g)^{(y-j)} \cdot \left[\sum_{k=0}^{w-y} (1+g)^k \cdot {}_kp_y \cdot V(k) \right] \right\} \cdot P(T_y^* = j) \Big\} \end{aligned}$$

n 年后退休的"新中人"在第 t 年未来支出的过渡性养老金现值为

$$AP_2^{zzt} = \varepsilon \cdot \beta \cdot \left\{ \sum_{q=a+t-1998}^{T_1-1} (T_q^* - q + t - 1997) \cdot L_{q,t} \cdot \overline{W}_{t+T_q^*-q-1} \cdot v(T_q^* - q) \cdot \left[\sum_{k=0}^{T_q - T_q^*} (1+g)^k \cdot v(T_q^* - q, k) \right] + \right.$$

$$\sum_{q=T_1}^{T_1+t-2006} L_{q,t} \cdot \overline{W}_{t+T_q^*-q-1} \cdot (T_q^* - q + t - 1997) \cdot$$

$$\{v(T_q^* - q) I_{(T_q^* > q)} \cdot [\sum_{k=0}^{T_q - T_q^*} (1+g)^k \cdot v(T_q^* - q, k)]$$

$$+ (1+g)(q - T_q^*) I_{(T_q^* \leq q)} \cdot [\sum_{k=0}^{T_q - q} (1+g)^k \cdot v(k)]\}$$

精算现值：

男性为

$$P_{21}^{zzt} = E(AP_2^{zzt})$$

$$= \varepsilon \cdot \beta \cdot \{\sum_{x=a+t-1998}^{59} L_{x,t} \cdot \{\sum_{j=60}^{65} (j - x + t - 1997) \cdot$$

$$\overline{W}_{t+j-x-1} \cdot V(j-x) \cdot [\sum_{k=0}^{\varpi - j} (1+g)^k \cdot {}_k p_x \cdot V(j-x, k)]\}$$

$$\cdot P(T_x^* = j) + \sum_{x=60}^{60+t-2006} L_{x,t} \cdot \{\sum_{j=x+1}^{65} \overline{W}_{t+j-x-1} \cdot (j - x + t - 1997) \cdot$$

$$V(j-x) \cdot [\sum_{k=0}^{w-j} (1+g)^k \cdot V(j-x, k)]$$

$$+ \sum_{j=60}^{x} (1+g)^{(x-j)} \cdot [\sum_{k=0}^{w-x} (1+g)^k \cdot {}_k p_x \cdot V(k)]\} \cdot P(T_x^* = j)\}$$

女性为

$$P_{22}^{zzt} = E(AP_2^{zzt})$$

$$= \varepsilon \cdot \beta \cdot \{\sum_{y=a+t-1998}^{54} L_{y,t} \cdot \{\sum_{j=60}^{65} (j - y + t - 1997) \cdot \overline{W}_{t+j-y-1} \cdot V(j-y) \cdot [\sum_{k=0}^{\varpi - j}$$

$$(1+g)^k \cdot {}_k p_y \cdot V(j-y, k)]\} \cdot P(T_y^* = j) + \sum_{y=55}^{55+t-2006} L_{y,t} \cdot \{\sum_{j=y+1}^{60} \overline{W}_{t+j-y-1} \cdot$$

$$(j - y + t - 1997) \cdot V(j-y) \cdot [\sum_{k=0}^{w-j} (1+g)^k \cdot$$

$$V(j-y, k)] + \sum_{j=60}^{y} (1+g)^{(y-j)} \cdot [\sum_{k=0}^{w-x} (1+g)^k \cdot {}_k p_y \cdot V(k)]\} \cdot P(T_y^* =$$

$$j)\}$$

n 年后退休的“新中人”在第 t 年未来支出的个人账户养老金现值为

$$AP_3^{zzt} = \frac{1}{N} \cdot 8\% \cdot \overline{W}_{1997} \cdot \{\sum_{q=a+t-1998}^{T_1 - 1} L_{q,t} \cdot v(T_q^* - q) \cdot [\sum_{h=q+1998-t}^{T_q^*} (1+g)^{(h-q-1998+t)} \cdot$$

$$(1+r)^{(T_q^* - h)} \cdot (\sum_{k=0}^{T_q - T_q^*} v(T_q^* - q, k))] + \sum_{q=T_1}^{T_1+t-2006} L_{q,t} \cdot \{\sum_{h=q+1998-t}^{T_q^*}$$

$$(1+g)^{(h-q-1998+t)} \cdot (1+r)^{(T_q^* - h)} \cdot [I_{(T_q^* > q)} \cdot v(T_q^* - q) \cdot (\sum_{k=0}^{T_q - T_q^* - 1} v(T_q^* -$$

$$q,\ k))+I_{(T_q^*\leqslant q)}\cdot[\sum_{k=0}^{T_q-q}v(k)]\}$$

精算现值：

男性为

$$P_{31}^{zzt}=E(AP_3^{zzt})$$

$$=\frac{1}{N}\cdot 8\%\cdot \overline{W}_{1997}\cdot\{\sum_{x=a+t-1998}^{59}L_{x,\ t}\cdot\{\sum_{j=60}^{65}V(j-x)\cdot$$

$$[\sum_{h=x+1998-t}^{j}(1+g)^{(h-x-1998+t)}(1+r)^{(j-h)}\sum_{k=0}^{w-j}{}_kp_x\cdot V(j-x,\ k)]$$

$$\cdot P(T_x^*=j)\}+\sum_{x=60}^{60+t-2006}L_{x,\ t}\cdot\{\sum_{j=x+1}^{65}V(j-x)\cdot$$

$$[\sum_{h=x+1998-t}^{j}(1+g)^{(h-x-1998+t)}(1+r)^{(j-h)}(\sum_{k=0}^{w-j}{}_kp_x\cdot V(j-x,\ k))]+$$

$$\sum_{j=60}^{x}[\sum_{h=x+1998-t}^{j}(1+g)^{(h-x-1998+t)}(1+r)^{(j-h)}(\sum_{k=0}^{w-x}{}_kp_x\cdot V(k))]\}\cdot P(T_x^*=$$

$$j)\}$$

女性为

$$P_{32}^{zzt}=E(AP_3^{zzt})$$

$$=\frac{1}{N}\cdot 8\%\cdot \overline{W}_{1997}\cdot\{\sum_{y=a+t-1998}^{54}L_{y,\ t}\cdot\{\sum_{j=55}^{60}V(j-y)\cdot[\sum_{h=x+1998-t}^{j}(1+g)^{(h-y-1998+t)}$$

$$(1+r)^{(j-h)}\sum_{k=0}^{w-j}{}_kp_y\cdot V(j-y,\ k)]\cdot P(T_y^*=j)\}+\sum_{x=55}^{55+t-2006}L_{y,\ t}\cdot\{\sum_{j=x+1}^{60}V(j-$$

$$y)\cdot[\sum_{h=y+1998-t}^{j}(1+g)^{(h-y-1998+t)}(1+r)^{(j-h)}(\sum_{k=0}^{w-j}{}_kp_y\cdot V(j-y,\ k))]+$$

$$\sum_{j=55}^{y}[\sum_{h=y+1998-t}^{j}(1+g)^{(h-y-1998+t)}(1+r)^{(j-h)}(\sum_{k=0}^{w-x}{}_kp_y\cdot V(k))]\}\cdot P(T_y^*=$$

$$j)\}\}$$

n 年后退休的“新中人”在第 t 年后死亡未来支出的个人账户余额现值为

$$AP_4^{zzt}=8\%\cdot \overline{W}_{1997}\cdot\{\sum_{q=a+t-1998}^{T-1}L_{q,\ t}\cdot v(T_q-q)\cdot\{[\sum_{h=q+1998-t}^{T_q^*}(1+g)^{(h-q-1997+t)}\cdot$$

$$(1+r)^{(T_q^*-h)}]\cdot\max(1-\frac{T_q-T_q^*}{N},\ 0)\}+\sum_{q=T}^{T+t-2006}L_{q,\ t}\cdot v(T_q-q)\cdot$$

$$\{[\sum_{h=q+1998-t}^{T_q^*}(1+g)^{(h-q-1998+t)}\cdot({}^1+r)(T_q^*-h)]\cdot\max(1-\frac{T_q-T_q^*}{N},$$

$$0)\}$$

精算现值：

男性为

$$P_{41}^{zzt} = E(AP_4^{zzt})$$

$$= 8\% \cdot \overline{W}_{1997} \cdot \{ \sum_{x=a+t-1998}^{59} L_{x,t} \cdot \{ \sum_{k=66}^{w} V(k-q) \cdot {}_{k-1|}q_x \cdot \{ \sum_{j=60}^{65} [\sum_{h=x+1998-t}^{j} (1+g)^{(h-x-1998+t)} (1+r)^{(j-h)}] \cdot P(T_x^* = j) \} \cdot \max(1 - \frac{k-j}{N}, 0) \} + \{ \sum_{x=60}^{60+t-2006} L_{x,t} \cdot \{ \sum_{k=66}^{w} V(k-q) \cdot {}_{k-1|}q_x \cdot \{ \sum_{j=x+1}^{65} [\sum_{h=x+1998-t}^{j} (1+g)^{(h-x-1998+t)} (^1 + r)(j-h) + \sum_{j=60}^{x} [\sum_{h=x+1998-t}^{j} (1+g)^{(h-x-1998+t)} (1+r)^{(j-h)}] \} \cdot P(T_x^* = j) \} \cdot \max(1 - \frac{k-j}{N}, 0) \}$$

女性为

$$P_{42}^{zzt} = E(AP_4^{zzt})$$

$$= 8\% \cdot \overline{W}_{1997} \cdot \{ \sum_{y=a+t-1998}^{54} L_{y,t} \cdot \{ \sum_{k=61}^{w} V(k-q) \cdot {}_{k-1|}q_y \cdot \{ \sum_{j=55}^{60} [\sum_{h=y+1998-t}^{j} (1+g)^{(h-y-1998+t)} (1+r)^{(j-h)}] \cdot P(T_y^* = j) \} \cdot \max(1 - \frac{k-j}{N}, 0) \} + \{ \sum_{y=55}^{55+t-2006} L_{y,t} \cdot \{ \sum_{k=61}^{w} V(k-q) \cdot {}_{k-1|}q_x \cdot \{ \sum_{j=x+1}^{60} [\sum_{h=y+1998-t}^{j} (1+g)^{(h-y-1998+t)} (^1 + r)(j-h) + \sum_{j=60}^{y} [\sum_{h=y+1998-t}^{j} (1+g)^{(h-y-1998+t)} (1+r)^{(j-h)}] \} \cdot P(T_y^* - j) \} \cdot \max(1 - \frac{k-j}{N}, 0) \} \}$$

n 年前退休的“新中人”在第 t 年未来支出的基础性养老金现值为

$$AP_1^{Tzt} = (\frac{1+\beta}{2}) \cdot (T_1 - a) \cdot 1\% \cdot \overline{W}_{t-1} \cdot \sum_{q=T_1+t-n}^{T_1+t-2006} L_{q,t} \cdot [\sum_{k=0}^{T_q-q} (1+g)^k \cdot v(k)]$$

精算现值：

男性为

$$P_{11}^{Tzt} = E(AP_1^{Tzt})$$

$$= (\frac{1+\beta}{2}) \cdot (60 - a) \cdot 1\% \cdot \overline{W}_{t-1} \cdot \sum_{x=60+t-n}^{60+t-2006} L_{x,t} \cdot [\sum_{k=0}^{w-x} (1+g)^k \cdot {}_kp_x \cdot V(k)]$$

女性为

$$P_{12}^{Tzt}=E(AP_1^{Tzt})$$

$$=\cdot(\frac{1+\beta}{2})\cdot(50-a)\cdot 1\%\cdot\overline{W}_{t-1}\sum_{y=50+t-n}^{50+t-2006}L_{y,t}\cdot[\sum_{k=0}^{w-y}(1+g)^k\cdot{}_kp_y\cdot V(k)]$$

n 年前退休的“新中人”在第 t 年未来支出的过渡性养老金的现值为

$$AP_2^{Tzt}=(T_1-a)\cdot\varepsilon\cdot\beta\cdot\overline{W}_{t-1}\cdot\sum_{q=T_1+t-n}^{T_1+t-2006}L_{q,t}\cdot[\sum_{k=0}^{T_q-q}(1+g)^k\cdot v(k)]$$

精算现值：

男性为

$$P_{21}^{Tzt}=E(AP_2^{Tzt})=(60-a)\cdot\varepsilon\cdot\beta\cdot\overline{W}_{t-1}\cdot\sum_{x=60+t-n}^{60+t-2006}L_{x,t}\cdot[\sum_{k=0}^{w-x}(1+g)^k\cdot{}_kp_x\cdot V(k)]$$

女性为

$$P_{22}^{Tzt}=E(AP_2^{Tzt})=(50-a)\cdot\varepsilon\cdot\beta\cdot\overline{W}_{t-1}\cdot\sum_{y=50+t-n}^{50+t-2006}L_{y,t}\cdot[\sum_{k=0}^{w-y}(1+g)^k\cdot{}_kp_y\cdot V(k)]$$

n 年前退休的“新中人”在第 t 年未来支出的个人账户养老金现值为

$$AP_3^{Tzt}=\frac{1}{N}\cdot 8\%\cdot\overline{W}_{1997}\cdot\sum_{q=T_1+t-n}^{T_1+t-2006}L_{q,t}\cdot\sum_{h=q+1998-t}^{T_1}(1+g)^{(h-q-1998+t)}(1+r)^{(T_1-h)}\cdot$$

$$[\sum_{k=0}^{T_q-q}v(k)]$$

精算现值：

男性为

$$P_{31}^{nt}=E(AP_3^{Tzt})$$

$$=\frac{1}{N}\cdot 8\%\cdot\overline{W}_{1997}\cdot\sum_{x=60+t-n}^{60+t-2006}L_{x,t}\cdot\sum_{h=x+1998-t}^{60}(1+g)^{(h-x-1998+t)}(1+r)^{(60-h)}\cdot$$

$$[\sum_{k=0}^{w-x}{}_kp_x\cdot V(k)]$$

女性为

$$P_{32}^{nt}=E(AP_3^{Tzt})$$

$$=\frac{1}{N}\cdot 8\%\cdot\overline{W}_{1997}\cdot\sum_{y=50+t-n}^{50+t-2006}L_{x,t}\cdot\sum_{h=x+1998-t}^{50}(1+g)^{(h-y-1998+t)}(1+r)^{(50-h)}\cdot$$

$$[\sum_{k=0}^{w-y}{}_kp_y\cdot V(k)]$$

n 年前退休的“新中人”在第 t 年后死亡未来支出的个人账户余额现值为

$$AP_4^{Tzt}=8\%\cdot\overline{W}_{1997}\cdot\sum_{q=T_1+t-n}^{T_1+t-2006}L_{q,t}\cdot v(T_q-q)\cdot[\sum_{h=1998}^{T+t-q-1998}(1+g)^{(h-1998)}$$

$$(1+r)^{(T+t-q-1998-h)}] \cdot \max(1-\frac{T_q - T}{N}, 0)$$

精算现值：

男性为

$$P_{41}^{Tzt} = E(AP_4^{Tzt})$$

$$= 8\% \cdot \overline{W}_{1997} \cdot \sum_{x=60+t-n}^{60+t-2006} L_{x,t} \cdot$$

$$\{\sum_{k=x+1}^{w} {}_{k-1|}q_x \cdot V(k-q) \cdot [\sum_{h=1998}^{60+t-x-1998} (1+g)^{(h-1998)}(1+r)^{(60+t-x-1998-h)}] \cdot$$

$$\max(1-\frac{k-60}{N}, 0)\}$$

女性为

$$P_{42}^{Tzt} = E(AP_4^{Tzt})$$

$$= 8\% \cdot \overline{W}_{1997} \cdot \sum_{y=50+t-n}^{50+t-2006} L_{y,t} \cdot \{\sum_{k=y+1}^{w} {}_{k-1|}q_y \cdot V(k-q) \cdot [\sum_{h=1997}^{50+t-y-1997} (1+g)^{(h-1997)}$$

$$(1+r)^{(50+t-y-1997-h)}] \cdot \max(1-\frac{k-50}{N}, 0)\}$$

④“新人”支出精算现值

养老金支出包括基础养老金和个人账户养老金。

“新人”退休后领取的基础性养老金，在测算点的现值为

$$AP_1^{nt} = 1\% \cdot (\frac{1+\beta}{2}) \cdot \sum_{q=0}^{t-1998+a} \{L_{q,t} \cdot (T_q^* - a) \cdot v(T_q^* - q) \cdot \overline{W}_{t+T_q^*-q-1} \cdot$$

$$\sum_{k=0}^{T_x - T_q^*} [(1+g)^k \cdot v(T_q^* - q, k)]\}$$

精算现值：

男性为

$$P_{11}^{nt} = E(AP_1^{nt}) = 1\% \cdot (\frac{1+\beta}{2}) \cdot$$

$$\sum_{j=60}^{65} \{ \sum_{x=0}^{t-1998+a-1} L_{x,t} \cdot (j-a) \cdot V(j-x) \cdot \overline{W}_{t+j-x-1}] \cdot$$

$$[\sum_{k=0}^{w-j} {}_kp_x \cdot (1+g)^k \cdot V(j-x, k)]\} \cdot P(T_x^* = j)$$

女性为

$$P_{12}^{nt} = E(AP_1^{nt}) = 1\% \cdot (\frac{1+\beta}{2}) \cdot$$

$$\sum_{j=55}^{60}\{\sum_{y=0}^{t-1998+a-1}L_{y,t}\cdot(j-a)\cdot V(j-y)\cdot\overline{W}_{t+j-y-1}]\cdot$$

$$[\sum_{k=0}^{w-j}{}_{k}p_{y}\cdot(1+g)^{k}\cdot V(j-y,k)]\}\cdot P(T_{y}^{*}=j)$$

“新人”退休后领取的个人账户养老金，在测算点的现值为

$$AP_{2}^{nt}=8\%\cdot\frac{1}{N}\cdot\sum_{q=0}^{t-1998+a}L_{q,t}\cdot v(T_{q}^{*}-q)\cdot\overline{W}_{a-q+t-1}\cdot[\sum_{h=a}^{T_{q}^{*}}(1+g)^{(h-a)}\cdot$$

$$(1+r)^{(T_{q}^{*}-h)}\cdot(\sum_{k=0}^{T_{q}-T_{q}^{*}}v(T_{q}^{*}-q,k))]$$

精算现值：

男性为

$$P_{21}^{nt}=E(AP_{2}^{nt})=8\%\cdot\frac{1}{N}\cdot$$

$$\{\sum_{x=0}^{t-1998+a}L_{x,t}\cdot\overline{W}_{a-x+t-1}\cdot\{\sum_{j=60}^{65}V(j-x)\cdot[\sum_{h=a}^{j}(1+g)^{(h-a)}\cdot$$

$$(1+r)(j-h)\cdot(\sum_{k=0}^{w-x}{}_{k}p_{x}\cdot V(j-x,k))]\cdot P(T_{x}^{*}=j)\}\}$$

女性为

$$P_{22}^{nt}=E(AP_{2}^{nt})=8\%\cdot\frac{1}{N}\cdot\{\sum_{y=0}^{t-1998+a}L_{y,t}\cdot\overline{W}_{a-y+t-1}\cdot\{\sum_{j=55}^{60}V(j-y)\cdot[\sum_{h=a}^{j}$$

$$(1+g)^{(h-a)}\cdot(^{1}+r)(j-h)\cdot(\sum_{k=0}^{w-y}{}_{k}p_{y}\cdot V(j-y,k))]\cdot P(T_{y}^{*}=j)\}\}$$

“新人”在第 t 年后死亡未来支出的个人账户余额现值为

$$AP_{3}^{nt}=8\%\cdot\{\sum_{q=0}^{t-1998+a-1}L_{q,t}\cdot v(T_{q}-q)\cdot\overline{W}_{t+a-q-1}\cdot\{\sum_{h=a}^{T_{q}^{*}}[(1+g)^{h-a}$$

$$(1+r)^{(T_{q}^{*}-h)}]\cdot\max(1-\frac{T_{q}-T_{q}^{*}}{N},0)\}$$

精算现值：

男性为

$$P_{31}^{nt}=E(AP_{3}^{nt})=8\%\cdot\{\sum_{x=0}^{t-1998+a-1}L_{x,t}\cdot\overline{W}_{t+a-q-1}\cdot\{\sum_{k=66}^{w}{}_{k-1|}q_{x}\cdot V(k-q)\cdot$$

$$\{\sum_{j=60}^{65}\sum_{h=a}^{j}[(1+g)^{h-a}(1+r)^{(j-h)}]\cdot P(T_{x}^{*}=j)\}\cdot\max(1-\frac{k-j}{N},0)\}$$

女性为

$$P_{32}^{nt}=E(AP_{3}^{nt})=8\%\cdot\{\sum_{y=0}^{t-1998+a-1}L_{y,t}\cdot\overline{W}_{t+a-y-1}\cdot\{\sum_{k=61}^{w}{}_{k-1|}q_{y}\cdot V(k-q)\cdot$$

$$\left\{\sum_{j=55}^{60}\sum_{h=a}^{j}\left[(1+g)^{h-a}(1+r)^{(j-h)}\right]\cdot P(T_y^*=j)\right\}\cdot \max\left(1-\frac{k-j}{N},0\right)\}$$

则 t 年后未来城镇企业职工基本养老保险基金支出精算现值：

统筹账户为

$$P_1^t=\sum_{i=1}^{2}P_i^{lt}+\sum_{i=1}^{2}\sum_{j=1}^{2}P_{ij}^{gzt}+\sum_{i=1}^{2}\sum_{j=1}^{2}P_{ij}^{zzt}+\sum_{i=1}^{2}\sum_{j=1}^{2}P_{ij}^{Tzt}+\sum_{i=1}^{2}P_{1i}^{nt}$$

个人账户为

$$P_2^t=\sum_{i=1}^{2}P_{3i}^{gzt}+\sum_{i=1}^{2}P_{3i}^{zzt}+\sum_{i=1}^{2}P_{3i}^{Tzt}+\sum_{i=1}^{2}P_{4i}^{Tzt}+\sum_{i=1}^{2}P_{2i}^{nt}+\sum_{i=1}^{2}P_{3i}^{nt}$$

如果 $CM^t<P_1^t+P_2^t$，表明账户支付能力具有支付能力，反之，表明支付能力不足。

4.2 弹性退休基本养老保险账户偿付能力精算模型

对弹性退休基本养老保险账户偿付能力的精算分析，是为了建立弹性退休制在中国的可行性以及财务上的可持续性的理论基础，而理论界对这一领域的研究几乎是空白体现出了该研究的现实紧迫性。弹性退休不同于固定延迟退休，每个人的退休年龄是由本人在一定的制度框架内做出决定的，所以从精算技术的角度讲，需要对退休年龄做随机化处理，难度更大。

本精算模型建立基于以下四点假设：

①不考虑人员迁入或迁出的影响，假设人口系统是封闭的；

②假设养老金的缴纳、发放以及人口死亡引起的支付均发生在各年度末；

③假设参保时同龄的职工在退休后同一时刻的养老金水平相同；

④不存在提前退休、伤残等因素对养老金支付的影响。

（1）城镇企业职工基本养老保险账户收入精算模型

城镇企业职工基本养老保险基金收入由缴费收入和基金收益构成，由于基金投资增值部分比例较小，本模型构建中，主要考虑企业缴费收入和个人缴费收入。关于养老保险基金保费缴纳的规则，职工个人缴纳的基本养老保险金为本人缴费工资的8%；企业在为职工缴纳基本养老保险金时，金额为全企业职工总缴费工资的20%。由于不同行业、不同企业、不同职工的缴费工资的差异性很大，本模型考虑全行业缴费工资的期望值，即每年的职工缴费工资参数统一设定为城镇企业职工社会平均工资。设 I_t 第 t 年末的养老保险基金收入，a 代表参工的起始年龄，$\overline{W}_t$ 代表第 t 年的社会平均工资，$L_{q,t}$ 代表第 t 年 q 岁参保职工人数，$L_{x,t}$、$L_{y,t}$分别x岁男性与y岁女性的参保职工人数，T表示现有职工退休年龄，w代表极限寿命，假定利率过程、死力过程与退休时间相互独立，则t年后未来城镇企业职工基本养老保险基金收入现值为

$$I_t = \{ \sum_{q=0}^{a-1} L_{q,t} \cdot v(a-q) \cdot [\sum_{h=a}^{T_q^*} (1+g)^{(h-x)} \cdot v(a-q, h-x)] + \sum_{q=a}^{T_1-1} L_{q,t} \cdot [\sum_{h=q}^{T_q^*} (1+g)^{(h-y)} \cdot v(h-y)] \} \cdot \overline{W}_{t-1} \cdot 28\%$$

其精算现值为

$$CM^t = EI_t = (A_{1t} + A_{2t} + A_{3t} + A_{4t} + A_{5t} + A_{6t}) \cdot \overline{W}_{t-1} \cdot 28\%$$

其中：$v(t) = v(0, t)$ $V(t) = V(0, t)$

$$A_{1t} = \sum_{x=0}^{a-1} L_{x,t} \cdot V(a-x) \cdot \left\{ \sum_{k=60}^{65} [\sum_{h=x}^{k} (1+g)^{(h-x)} \cdot V(a-x, h-x)] \cdot P(T_x^* = k) \right\}$$

$$A_{2t} = \sum_{y=0}^{a-1} L_{y,t} \cdot V(a-y) \cdot \left\{ \sum_{k=55}^{60} [\sum_{h=y}^{k} (1+g)^{(h-y)} \cdot V(a-y, h-y)] \cdot P(T_y^* = k) \right\}$$

$$A_{3t} = \sum_{x=a}^{59} L_{x,t} \cdot \left\{ \sum_{k=60}^{65} [\sum_{h=x}^{k} (1+g)^{(h-x)} \cdot V(h-x)] \cdot P(T_x^* = k) \right\}$$

$$A_{4t} = \sum_{x=60}^{65} L_{x,t} \cdot \left\{ \sum_{j=x+1}^{65} [\sum_{h=x}^{j} (1+g)^{(j-x)} \cdot V(j-x)] \cdot P(T_x^* = j) \right\}$$

$$A_{5t} = \sum_{y=a}^{54} L_{y,t} \cdot \left\{ \sum_{k=55}^{60} [\sum_{h=y}^{k-1} (1+g)^{(h-x)} \cdot V(h-x)] \cdot P(T_y^* = k) \right\}$$

$$A_{6t} = \sum_{x=55}^{60} L_{y,t} \cdot \left\{ \sum_{j=y+1}^{60} [\sum_{h=y}^{j} (1+g)^{(j-y)} \cdot V(j-y)] \cdot P(T_y^* = j) \right\}$$

（2）城镇企业职工基本养老保险账户支出精算模型

①“老人”支出精算现值。

假设支付标准按现有政策不变。第t年基金支出精算现值：

男性为 $P_1^{lt} = \sum_{x=60+t-1998}^{\omega} [L_{x,t} \cdot M \cdot \sum_{k=1}^{\varpi-x} (1+\varphi \cdot g)^k \cdot V(k) \cdot {}_kp_x]$

女性为 $P_2^{lt} = \sum_{y=50+t-1998}^{\omega} [L_{y,t} \cdot M \cdot \sum_{k=1}^{\varpi-x} (1+\varphi \cdot g)^k \cdot V(k) \cdot {}_kp_y]$

其中：M代表年养老金给付额；φ表示养老金按工资增长率的调整率；g为社会平均工资增长率。

②“过渡中人”支出精算现值。

“过渡中人”在第t年未来支出的基础性养老金现值为

$$AP_1^{gzt} = \lambda \cdot \overline{W}_{t-1} \cdot \sum_{q=60+t-2006}^{60+t-1998} L_{q,t} \cdot [\sum_{j=q}^{T_q} (1+g)^{(j-q)} \cdot v(j-q)]$$

精算现值：

男性为 $P_{11}^{gzt} = E(AP_1^{gzt})$

$$= \lambda \cdot \overline{W}_{t-1} \cdot \sum_{x=60+t-2006}^{60+t-1998} L_{x,t} \cdot [\sum_{j=x}^{\varpi} (1+g)^{(j-x)} \cdot {}_{j-x}p_x \cdot V(j-x)]$$

女性为 $P_{12}^{gzt} = E(AP_1^{gzt})$

$$= \lambda \cdot \overline{W}_{t-1} \cdot \sum_{y=50+t-2006}^{50+t-1998} L_{y,t} \cdot [\sum_{j=y}^{\varpi} (1+g)^{(j-y)} \cdot {}_{j-y}p_y \cdot V(j-y)]$$

其中：λ 为基础养老金计发比率。

“过渡中人”第 t 年未来领取的过渡性养老金现值为

$$AP_2^{gzt} = \varepsilon \cdot \beta \cdot \overline{W}_{t-1} \cdot \sum_{q=60+t-2006}^{60+t-1998} L_{q,t} \cdot (q-a-t+1998) \cdot [\sum_{j=q}^{T_q} (1+g)^{(j-q)} \cdot v(j-q)]$$

其中：ε 是过渡养老金计发比率，β 表示在职职工平均工资缴费指数。为简化计算，假设所有“老中人”的视同缴费年限均满 15 年。

精算现值：

男性为 $P_{21}^{gzt} = E(AP_2^{gzt})$

$$= \varepsilon \cdot \beta \cdot \overline{W}_{t-1} \cdot \sum_{x=60+t-2006}^{60+t-1998} L_{x,t} \cdot (q-a-t+1997) \cdot [\sum_{j=x}^{\varpi} (1+g)^{(j-x)} \cdot {}_{j-x}p_x \cdot V(j-x)]$$

女性为 $P_{22}^{gzt} = E(AP_2^{gzt})$

$$= \varepsilon \cdot \beta \cdot \overline{W}_{t-1} \cdot \sum_{y=50+t-2006}^{50+t-1998} L_{y,t} \cdot (q-a-t+1997) \cdot [\sum_{j=y}^{\varpi} (1+g)^{(j-y)} \cdot {}_{j-y}p_y \cdot V(j-y)]$$

“过渡中人”第 t 年未来领取的个人账户养老金的现值为

$$AP_3^{gzt} = \frac{1}{N} \cdot 8\% \cdot \overline{W}_{1997} \cdot \sum_{q=60+t-2006}^{60+t-1998} L_{q,t} \cdot \{\sum_{j=q-(t-1998)}^{T} (1+g)^{[j-q-(t-1998)]} \cdot (1+r)^{(T-j)} \cdot [\sum_{k=0}^{T_q-x} v(k)]\}$$

精算现值：

男性为

$$P_{31}^{gzt} = E(AP_3^{gzt})$$

$$= \frac{1}{N} \cdot 8\% \cdot \overline{W}_{1997} \cdot \sum_{x=60+t-2006}^{60+t-1998} L_{x,t} \cdot \{\sum_{j=x-(t-1998)}^{59} [(1+g)^{[j-x-(t-1998)]} \cdot$$

$$(1+r)^{(59-j)}\cdot(\sum_{k=0}^{\varpi-x}V(k)\cdot{}_{k}p_{x})]\}$$

女性为

$$P_{32}^{gzt}=E(AP_{3}^{gzt})$$

$$=\frac{1}{N}\cdot 8\%\cdot\overline{W}_{1997}\cdot\sum_{y=50+t-2006}^{50+t-1998}L_{y,t}\cdot\{\sum_{j=y-(t-1998)}^{49}[(1+g)^{(j-y-(t-1998))}\cdot$$

$$(1+r)^{(49-j)}\cdot(\sum_{k=0}^{\varpi-x}V(k)\cdot{}_{k}p_{y})]\}$$

其中：r 是养老保险基金个人账户增值率，N 表示个人账户计发年数。

③“新中人” 支出精算现值。

n 年后退休的“新中人”在第 t 年未来支出的基础性养老金现值为

$$AP_{1}^{zzt}=(\frac{1+\beta}{2})\cdot 1\%\cdot\{\sum_{q=a+t-1998}^{T_{1}-1}(T_{q}^{*}-a)\cdot L_{q,t}\cdot\overline{W}_{t+T_{q}^{*}-q-1}\cdot v(T_{q}^{*}-q)\cdot[\sum_{k=0}^{T_{q}-T_{q}^{*}}$$

$$(1+g)^{k}\cdot v(T_{q}^{*}-q,k)]+\sum_{q=T_{1}}^{T_{1}+t-2006}L_{q,t}\cdot\overline{W}_{t+T_{q}^{*}-q-1}\cdot(T_{q}^{*}-a)\cdot\{v(T_{q}^{*}$$

$$-q)I_{(T_{q}^{*}>q)}\cdot[\sum_{k=0}^{T_{q}-T_{q}^{*}}(1+g)^{k}\cdot v(T_{q}^{*}-q,k)]+(1+g)^{(q-T_{q}^{*})}I_{(T_{q}^{*}\leqslant q)}\cdot$$

$$[\sum_{k=0}^{T_{q}-q}(1+g)^{k}\cdot v(k)]\}\}$$

精算现值：

男性为

$$P_{11}^{zzt}=E(AP_{1}^{zzt})$$

$$=(\frac{1+\beta}{2})\cdot 1\%\cdot\{\sum_{x=a+t-1998}^{59}L_{x,t}\cdot\{\sum_{j=60}^{65}(j-a)\cdot\overline{W}_{t+j-x-1}\cdot V(j-x)\cdot[\sum_{k=0}^{\varpi-j}$$

$$(1+g)^{k}\cdot{}_{k}p_{x}\cdot V(j-x,k)]\}\cdot P(T_{x}^{*}=j)+\sum_{x=60}^{60+t-2006}L_{x,t}\cdot\{\sum_{j=x+1}^{65}\overline{W}_{t+j-x-1}(j$$

$$-a)\cdot V(j-x)\cdot[\sum_{k=0}^{w-j}(1+g)^{k}\cdot V(j-x,k)]+\sum_{j=60}^{x}(1+g)^{(x-j)}\cdot[\sum_{k=0}^{w-x}$$

$$(1+g)^{k}\cdot{}_{k}p_{x}\cdot V(k)]\}\cdot P(T_{x}^{*}=j)\}$$

女性为

$$P_{12}^{zzt}=E(AP_{1}^{zzt})$$

$$=(\frac{1+\beta}{2})\cdot 1\%\cdot\{\sum_{y=a+t-1998}^{54}L_{y,t}\cdot\{\sum_{j=55}^{60}(j-a)\cdot\overline{W}_{t+j-y-1}\cdot V(j-y)\cdot[\sum_{k=0}^{\varpi-j}$$

$$(1+g)^{k}\cdot{}_{k}p_{y}\cdot V(j-y,k)]\}\cdot P(T_{y}^{*}=j)+\sum_{y=55}^{55+t-2006}L_{y,t}\cdot\{\sum_{j=y+1}^{60}\overline{W}_{t+j-y-1}(j$$

$$- a) \cdot V(j-y) \cdot [\sum_{k=0}^{w-j}(1+g)^k \cdot {}_kp_y \cdot V(j-y,\ k)] + \sum_{j=55}^{y}(1+g)^{(y-j)} \cdot [\sum_{k=0}^{w-y}(1+g)^k \cdot {}_kp_y \cdot V(k)]\} \cdot P(T_y^* = j)\}$$

n 年后退休的“新中人”在第 t 年未来支出的过渡性养老金现值为

$$AP_2^{zzt} = \varepsilon \cdot \beta \cdot \{\sum_{q=a+t-1998}^{T_1-1}(T_q^* - q + t - 1997) \cdot L_{q,\ t} \cdot \overline{W}_{t+T_q^*-q-1} \cdot v(T_q^* - q) \cdot [\sum_{k=0}^{T_q-T_q^*}(1+g)^k \cdot v(T_q^* - q,\ k)] + \sum_{q=T_1}^{T_1+t-2006} L_{q,\ t} \cdot \overline{W}_{t+T_q^*-q-1} \cdot (T_q^* - q + t - 1997) \cdot \{v(T_q^* - q) I_{(T_q^* > q)} \cdot [\sum_{k=0}^{T_q-T_q^*}(1+g)^k \cdot v(T_q^* - q,\ k)] + (1+g)^{(q-T_q^*)} I_{(T_q^* \leq q)} \cdot [\sum_{k=0}^{T_q-q}(1+g)^k \cdot v(k)]\}\}$$

精算现值：

男性为

$$P_{21}^{zzt} = E(AP_2^{zzt})$$

$$= \varepsilon \cdot \beta \cdot \{\sum_{x=a+t-1998}^{59} L_{x,\ t} \cdot \{\sum_{j=60}^{65}(j - x + t - 1997) \cdot \overline{W}_{t+j-x-1} \cdot V(j-x) \cdot [\sum_{k=0}^{\varpi-j}(1+g)^k \cdot {}_kp_x \cdot V(j-x,\ k)]\} \cdot P(T_x^* = j) + \sum_{x=60}^{60+t-2006} L_{x,\ t} \cdot \{\sum_{j=x+1}^{65}\overline{W}_{t+j-x-1} \cdot (j - x + t - 1997) \cdot V(j-x) \cdot [\sum_{k=0}^{w-j}(1+g)^k \cdot V(j-x,\ k)] + \sum_{j=60}^{x}(1+g)^{(x-j)} \cdot [\sum_{k=0}^{w-x}(1+g)^k \cdot {}_kp_x \cdot V(k)]\} \cdot P(T_x^* = j)\}$$

女性为

$$P_{22}^{zzt} = E(AP_2^{zzt})$$

$$= \varepsilon \cdot \beta \cdot \{\sum_{y=a+t-1998}^{54} L_{y,\ t} \cdot \{\sum_{j=60}^{65}(j - y + t - 1997) \cdot \overline{W}_{t+j-y-1} \cdot V(j-y) \cdot [\sum_{k=0}^{\varpi-j}(1+g)^k \cdot {}_kp_y \cdot V(j-y,\ k)]\} \cdot P(T_y^* = j) + \sum_{y=55}^{55+t-2006} L_{y,\ t} \cdot \{\sum_{j=y+1}^{60}\overline{W}_{t+j-y-1} \cdot (j - y + t - 1997) \cdot V(j-y) \cdot [\sum_{k=0}^{w-j}(1+g)^k \cdot V(j-y,\ k)] + \sum_{j=60}^{y}(1+g)^{(y-j)} \cdot [\sum_{k=0}^{w-x}(1+g)^k \cdot {}_kp_y \cdot V(k)]\} \cdot P(T_y^* = j)\}$$

n 年后退休的“新中人”在第 t 年未来支出的个人账户养老金现值为：

$$AP_3^{zzt} = \frac{1}{N} \cdot 8\% \cdot \overline{W}_{1997} \cdot \{\sum_{q=a+t-1998}^{T_1-1} L_{q,\ t} \cdot v(T_q^* - q) \cdot [\sum_{h=q+1998-t}^{T_q^*}(1+g)^{(h-q-1998+t)} \cdot$$

$$(1+r)^{(T_q^*-h)} \cdot (\sum_{k=0}^{T_q-T_q^*} v(T_q^* - q,\ k))] + \sum_{q=T_1}^{T_1+t-2006} L_{q,\ t} \cdot \{ \sum_{h=q+1998-t}^{T_q^*} (1+g)^{(h-q-1998+t)} \cdot (1+r)^{(T_q^*-h)} \cdot [I_{(T_q^*>q)} \cdot v(T_q^* - q) \cdot [\sum_{k=0}^{T_q-T_q^*-1} v(T_q^* - q,\ k)] + I_{(T_q^* \leq q)} \cdot [\sum_{k=0}^{T_q-q} v(k)]\}\}$$

精算现值:

男性为

$$P_{31}^{zzt} = E(AP_3^{zzt})$$

$$= \frac{1}{N} \cdot 8\% \cdot \overline{W}_{1997} \cdot \{ \sum_{x=a+t-1998}^{59} L_{x,\ t} \cdot \{ \sum_{j=60}^{65} V(j-x) \cdot [\sum_{h=x+1998-t}^{j} (1+g)^{(h-x-1998+t)} (1+r)^{(j-h)} \sum_{k=0}^{w-j} {}_kp_x \cdot V(j-x,\ k)] \cdot P(T_x^* = j)\} + \sum_{x=60}^{60+t-2006} L_{x,\ t} \cdot \{ \sum_{j=x+1}^{65} V(j-x) \cdot [\sum_{h=x+1998-t}^{j} (1+g)^{(h-x-1998+t)} (1+r)^{(j-h)} (\sum_{k=0}^{w-j} {}_kp_x \cdot V(j-x,\ k))] + \sum_{j=60}^{x} [\sum_{h=x+1998-t}^{j} (1+g)^{(h-x-1998+t)} (1+r)^{(j-h)} (\sum_{k=0}^{w-x} {}_kp_x \cdot V(k))]\} \cdot P(T_x^* = j)\}\}$$

女性为

$$P_{32}^{zzt} = E(AP_3^{zzt})$$

$$= \frac{1}{N} \cdot 8\% \cdot \overline{W}_{1997} \cdot \{ \sum_{y=a+t-1998}^{54} L_{y,\ t} \cdot \{ \sum_{j=55}^{60} V(j-y) \cdot [\sum_{h=x+1998-t}^{j} (1+g)^{(h-y-1998+t)} (1+r)^{(j-h)} \sum_{k=0}^{w-j} {}_kp_y \cdot V(j-y,\ k)] \cdot P(T_y^* = j)\} + \sum_{x=55}^{55+t-2006} L_{y,\ t} \cdot \{ \sum_{j=x+1}^{60} V(j-y) \cdot [\sum_{h=y+1998-t}^{j} (1+g)^{(h-y-1998+t)} (1+r)^{(j-h)} (\sum_{k=0}^{w-j} {}_kp_y \cdot V(j-y,\ k))] + \sum_{j=55}^{y} [\sum_{h=y+1998-t}^{j} (1+g)^{(h-y-1998+t)} (1+r)^{(j-h)} (\sum_{k=0}^{w-x} {}_kp_y \cdot V(k))]\} \cdot P(T_y^* = j)\}\}$$

n 年后退休的“新中人”在第 t 年后死亡未来支出的个人账户余额现值为

$$AP_4^{zzt} = 8\% \cdot \overline{W}_{1997} \cdot \{ \sum_{q=a+t-1998}^{T-1} L_{q,\ t} \cdot v(T_q - q) \cdot \{[\sum_{h=q+1998-t}^{T_q^*} (1+g)^{(h-q-1997+t)} \cdot (1+r)^{(T_q^*-h)}] \cdot \max(1 - \frac{T_q - T_q^*}{N},\ 0)\} + \sum_{q=T}^{T+t-2006} L_{q,\ t} \cdot v(T_q - q) \cdot \{[\sum_{h=q+1998-t}^{T_q^*} (1+g)^{(h-q-1998+t)} \cdot (1+r)^{(T_q^*-h)}] \cdot \max(1 - \frac{T_q - T_q^*}{N},\ 0)\}$$

精算现值：

男性为

$$P_{41}^{zzt} = E(AP_4^{zzt})$$

$$= 8\% \cdot \overline{W}_{1997} \cdot \{ \sum_{x=a+t-1998}^{59} L_{x,t} \cdot \{ \sum_{k=66}^{w} V(k-q) \cdot {}_{k-1|}q_x \cdot \{ \sum_{j=60}^{65} [\sum_{h=x+1998-t}^{j} (1+g)^{(h-x-1998+t)} (1+r)^{(j-h)}] \cdot P(T_x^* = j) \} \cdot \max(1 - \frac{k-j}{N}, 0) \} + \{ \sum_{x=60}^{60+t-2006} L_{x,t} \cdot \{ \sum_{k=66}^{w} V(k-q) \cdot {}_{k-1|}q_x \cdot \{ \sum_{j=x+1}^{65} [\sum_{h=x+1998-t}^{j} (1+g)^{(h-x-1998+t)} (1+r)^{(j-h)} + \sum_{j=60}^{x} [\sum_{h=x+1998-t}^{j} (1+g)^{(h-x-1998+t)} (1+r)^{(j-h)}] \} \cdot P(T_x^* = j) \} \cdot \max(1 - \frac{k-j}{N}, 0) \} \}$$

女性为

$$P_{42}^{zzt} = E(AP_4^{zzt})$$

$$= 8\% \cdot \overline{W}_{1997} \cdot \{ \sum_{y=a+t-1998}^{54} L_{y,t} \cdot \{ \sum_{k=61}^{w} V(k-q) \cdot {}_{k-1|}q_y \cdot \{ \sum_{j=55}^{60} [\sum_{h=y+1998-t}^{j} (1+g)^{(h-y-1998+t)} (1+r)^{(j-h)}] \cdot P(T_y^* = j) \} \cdot \max(1 - \frac{k-j}{N}, 0) \} + \{ \sum_{y=55}^{55+t-2006} L_{y,t} \cdot \{ \sum_{k=61}^{w} V(k-q) \cdot {}_{k-1|}q_x \cdot \{ \sum_{j=x+1}^{60} [\sum_{h=y+1998-t}^{j} (1+g)^{(h-y-1998+t)} (1+r)^{(j-h)} + \sum_{j=60}^{y} [\sum_{h=y+1998-t}^{j} (1+g)^{(h-y-1998+t)} (1+r)^{(j-h)}] \} \cdot P(T_y^* = j) \} \cdot \max(1 - \frac{k-j}{N}, 0) \} \}$$

n 年前退休的“新中人”在第 t 年未来支出的基础性养老金现值为

$$AP_1^{Tzt} = (\frac{1+\beta}{2}) \cdot (T_1 - a) \cdot 1\% \cdot \overline{W}_{t-1} \cdot \sum_{q=T_1+t-n}^{T_1+t-2006} L_{q,t} \cdot [\sum_{k=0}^{T_q-q} (1+g)^k \cdot v(k)]$$

精算现值：

男性为

$$P_{11}^{Tzt} = E(AP_1^{Tzt})$$

$$= (\frac{1+\beta}{2}) \cdot (60-a) \cdot 1\% \cdot \overline{W}_{t-1} \cdot \sum_{x=60+t-n}^{60+t-2006} L_{x,t} \cdot [\sum_{k=0}^{w-x} (1+g)^k \cdot {}_kp_x \cdot V(k)]$$

女性为

$$P_{12}^{Tzt} = E(AP_1^{Tzt})$$

$$=\cdot\left(\frac{1+\beta}{2}\right)\cdot(50-a)\cdot 1\%\cdot\overline{W}_{t-1}\sum_{y=50+t-n}^{50+t-2006}L_{y,\ t}\cdot\left[\sum_{k=0}^{w-y}(1+g)^{k}\cdot{}_{k}p_{y}\cdot V(k)\right]$$

n 年前退休的“新中人”在第 t 年未来支出的过渡性养老金的现值为

$$AP_{2}^{Tzt}=(T_{1}-a)\cdot\varepsilon\cdot\beta\cdot\overline{W}_{t-1}\cdot\sum_{q=T_{1}+t-n}^{T_{1}+t-2006}L_{q,\ t}\cdot\left[\sum_{k=0}^{T_{q}-q}(1+g)^{k}\cdot v(k)\right]$$

精算现值:

男性为

$$P_{21}^{Tzt}=E(AP_{2}^{Tzt})=(60-a)\cdot\varepsilon\cdot\beta\cdot\overline{W}_{t-1}\cdot\sum_{x=60+t-n}^{60+t-2006}L_{x,\ t}\cdot\left[\sum_{k=0}^{w-x}(1+g)^{k}\cdot{}_{k}p_{x}\cdot V(k)\right]$$

女性为

$$P_{22}^{Tzt}=E(AP_{2}^{Tzt})=(50-a)\cdot\varepsilon\cdot\beta\cdot\overline{W}_{t-1}\cdot\sum_{y=50+t-n}^{50+t-2006}L_{y,\ t}\cdot\left[\sum_{k=0}^{w-y}(1+g)^{k}\cdot{}_{k}p_{y}\cdot V(k)\right]$$

n 年前退休的“新中人”在第 t 年未来支出的个人账户养老金现值为

$$AP_{3}^{Tzt}=\frac{1}{N}\cdot 8\%\cdot\overline{W}_{1997}\cdot\sum_{q=T_{1}+t-n}^{T_{1}+t-2006}L_{q,\ t}\cdot\sum_{h=q+1998-t}^{T_{1}}(1+g)^{(h-q-1998+t)}(1+r)^{(T_{1}-h)}\cdot\left[\sum_{k=0}^{T_{q}-q}v(k)\right]$$

精算现值:

男性为

$$\begin{aligned}P_{31}^{nt}&=E(AP_{3}^{Tzt})\\&=\frac{1}{N}\cdot 8\%\cdot\overline{W}_{1997}\cdot\sum_{x=60+t-n}^{60+t-2006}L_{x,\ t}\cdot\sum_{h=x+1998-t}^{60}(1+g)^{(h-x-1998+t)}(1+r)^{(60-h)}\cdot\left[\sum_{k=0}^{w-x}{}_{k}p_{x}\cdot V(k)\right]\end{aligned}$$

女性为

$$\begin{aligned}P_{32}^{nt}&=E(AP_{3}^{Tzt})\\&=\frac{1}{N}\cdot 8\%\cdot\overline{W}_{1997}\cdot\sum_{y=50+t-n}^{50+t-2006}L_{x,\ t}\cdot\sum_{h=x+1998-t}^{50}(1+g)^{(h-y-1998+t)}(1+r)^{(50-h)}\cdot\left[\sum_{k=0}^{w-y}{}_{k}p_{y}\cdot V(k)\right]\end{aligned}$$

n 年前退休的“新中人”在第 t 年后死亡未来支出的个人账户余额现值为

$$AP_4^{Tzt} = 8\% \cdot \overline{W}_{1997} \cdot \sum_{q=T_1+t-n}^{T_1+t-2006} L_{q,t} \cdot v(T_q - q) \cdot [\sum_{h=1998}^{T+t-q-1998} (1+g)^{(h-1998)} (1+r)^{(T+t-q-1998-h)}] \cdot \max(1 - \frac{T_q - T}{N}, 0)$$

精算现值:

男性为

$$P_{41}^{Tzt} = E(AP_4^{Tzt})$$

$$= 8\% \cdot \overline{W}_{1997} \cdot \sum_{x=60+t-n}^{60+t-2006} L_{x,t} \cdot \{\sum_{k=x+1}^{w} {}_{k-1|}q_x \cdot V(k-q) \cdot [\sum_{h=1998}^{60+t-x-1998} (1+g)^{(h-1998)} (1+r)^{(60+t-x-1998-h)}] \cdot \max(1 - \frac{k-60}{N}, 0)\}$$

女性为

$$P_{42}^{Tzt} = E(AP_4^{Tzt})$$

$$= 8\% \cdot \overline{W}_{1997} \cdot \sum_{y=50+t-n}^{50+t-2006} L_{y,t} \cdot \{\sum_{k=y+1}^{w} {}_{k-1|}q_y \cdot V(k-q) \cdot [\sum_{h=1997}^{50+t-y-1997} (1+g)^{(h-1997)} (1+r)^{(50+t-y-1997-h)}] \cdot \max(1 - \frac{k-50}{N}, 0)\}$$

④“新人”支出精算现值。

“新人”退休后领取的基础性养老金，在测算点的现值为

$$AP_1^{nt} = 1\% \cdot (\frac{1+\beta}{2}) \cdot \sum_{q=0}^{t-1998+a} \{L_{q,t} \cdot (T_q^* - a) \cdot v(T_q^* - q) \cdot \overline{W}_{t+T_q^*-q-1} \cdot \sum_{k=0}^{T_s-T_q^*} [(1+g)^k \cdot v(T_q^* - q, k)]\}$$

精算现值:

男性为

$$P_{11}^{nt} = E(AP_1^{nt})$$

$$= 1\% \cdot (\frac{1+\beta}{2}) \cdot \sum_{j=60}^{65} \{\sum_{x=0}^{t-1998+a-1} L_{x,t} \cdot (j-a) \cdot V(j-x) \cdot \overline{W}_{t+j-x-1}] \cdot [\sum_{k=0}^{w-j} {}_kp_x \cdot (1+g)^k \cdot V(j-x, k)]\} \cdot P(T_x^* = j)$$

女性为

$$P_{12}^{nt} = E(AP_1^{nt}) = 1\% \cdot (\frac{1+\beta}{2}) \cdot \sum_{j=55}^{60} \{\sum_{y=0}^{t-1998+a-1} L_{y,t} \cdot (j-a) \cdot V(j-y) \cdot \overline{W}_{t+j-y-1}] \cdot [\sum_{k=0}^{w-j} {}_kp_y \cdot (1+g)^k \cdot V(j-y, k)]\} \cdot P(T_y^* = j)$$

“新人”退休后领取的个人账户养老金，在测算点的现值为

$$AP_2^{nt} = 8\% \cdot \frac{1}{N} \cdot \sum_{q=0}^{t-1998+a} L_{q,t} \cdot v(T_q^* - q) \cdot \overline{W}_{a-q+t-1} \cdot [\sum_{h=a}^{T_q^*} (1+g)^{(h-a)} \cdot (1+r)^{(T_q^*-h)} \cdot (\sum_{k=0}^{T_q-T_q^*} v(T_q^* - q, k))]$$

精算现值:

男性为

$$P_{21}^{nt} = E(AP_2^{nt})$$
$$= 8\% \cdot \frac{1}{N} \cdot \{\sum_{x=0}^{t-1998+a} L_{x,t} \cdot \overline{W}_{a-x+t-1} \cdot \{\sum_{j=60}^{65} V(j-x) \cdot [\sum_{h=a}^{j} (1+g)^{(h-a)} \cdot (1+r)^{(j-h)} \cdot (\sum_{k=0}^{w-x} {}_kp_x \cdot V(j-x, k))] \cdot P(T_x^* = j)\}\}$$

女性为

$$P_{22}^{nt} = E(AP_2^{nt})$$
$$= 8\% \cdot \frac{1}{N} \cdot \{\sum_{y=0}^{t-1998+a} L_{y,t} \cdot \overline{W}_{a-y+t-1} \cdot \{\sum_{j=55}^{60} V(j-y) \cdot [\sum_{h=a}^{j} (1+g)^{(h-a)} \cdot (1+r)^{(j-h)} \cdot (\sum_{k=0}^{w-y} {}_kp_y \cdot V(j-y, k))] \cdot P(T_x^* = j)\}\}$$

“新人”在第 t 年后死亡未来支出的个人账户余额现值为

$$AP_3^{nt} = 8\% \cdot \{\sum_{q=0}^{t-1998+a-1} L_{q,t} \cdot v(T_q - q) \cdot \overline{W}_{t+a-q-1} \cdot \{\sum_{h=a}^{T_q^*} [(1+g)^{h-a} (1+r)^{(T_q^*-h)}] \cdot \max(1 - \frac{T_q - T_q^*}{N}, 0)\}$$

精算现值:

男性为

$$P_{31}^{nt} = E(AP_3^{nt})$$
$$= 8\% \cdot \{\sum_{x=0}^{t-1998+a-1} L_{x,t} \cdot \overline{W}_{t+a-q-1} \cdot \{\sum_{k=66}^{w} {}_{k-1|}q_x \cdot V(k-q) \cdot \{\sum_{j=60}^{65} \sum_{h=a}^{j} [(1+g)^{h-a} (1+r)^{(j-h)}] \cdot P(T_x^* = j)\} \cdot \max(1 - \frac{k-j}{N}, 0)\}$$

女性为

$$P_{32}^{nt} = E(AP_3^{nt})$$
$$= 8\% \cdot \{\sum_{y=0}^{t-1998+a-1} L_{y,t} \cdot \overline{W}_{t+a-y-1} \cdot \{\sum_{k=61}^{w} {}_{k-1|}q_y \cdot V(k-q) \cdot \{\sum_{j=55}^{60} \sum_{h=a}^{j} [(1+g)^{h-a} (1+r)^{(j-h)}] \cdot P(T_y^* = j)\} \cdot \max(1 - \frac{k-j}{N}, 0)\}$$

则 t 年后未来城镇企业职工基本养老保险基金支出精算现值：

统筹账户为 $P_1^t = \sum_{i=1}^{2} P_i^{lt} + \sum_{i=1}^{2}\sum_{j=1}^{2} P_{ij}^{gzt} + \sum_{i=1}^{2}\sum_{j=1}^{2} P_{ij}^{zzt} + \sum_{i=1}^{2}\sum_{j=1}^{2} P_{ij}^{Tzt} + \sum_{i=1}^{2} P_{1i}^{nt}$

个人账户为 $P_2^t = \sum_{i=1}^{2} P_{3i}^{gzt} + \sum_{i=1}^{2} P_{3i}^{zzt} + \sum_{i=1}^{2} P_{3i}^{Tzt} + \sum_{i=1}^{2} P_{4i}^{Tzt} + \sum_{i=1}^{2} P_{2i}^{nt} + \sum_{i=1}^{2} P_{3i}^{nt}$

如果 $CM^t < P_1^t + P_2^t$，表明账户具有支付能力，反之，表明支付能力不足。

4.2.2 模拟测算

假定弹性退休制的实施从2025年年初开始，因此模型中的 n 时刻为2025年1月1日。考虑我国的实际经济状况及相关文献，相关主要参数设定如下：

①职工的参保年龄 a 为22岁。

②生存极限年龄ϖ参考国内外大多数学者对生存极限年龄的设定为90岁。

③设定平均工资增长率 g 为6%。

④养老金收益率 r 设定为4%。

⑤养老金增长调整系数设定为0.8。

⑥设定过渡养老金计发比例为1.2%。

⑦平均缴费指数设定为100%。

⑧假设在职人员平均工资与指数化平均缴费工资相等。

⑨根据相关政策规定设定养老金发放比例 $\lambda = 20\%$ 。

⑩设定养老金替代率为80%，计发年数假定 $N = 15$。

根据《2019年中国劳动统计年鉴》及其相关文献数据的基础上，在5%失业率的假设下，近似估计出各测算年度年城镇企业职工分年龄，分性别的养老金计划覆盖人口数。为了比较退休年龄分布特征对养老保险账户的影响，对退休年龄分布参数进行了比较设置，分别设置为 $P = 0.4$ 和 $P = 0.7$，统筹账户与个人账户收支水平的模拟测算相关结果见表4-1～表4-4。

表4-1 弹性退休制下统筹账户测算表（$P = 0.4$） 单位：亿元

年份	账户收入	支出					收支差
		“老人”	“过渡中人”	“在职中人”	“新人”	合计	
2025	66.536 7	0.987 9	10.794 6	48.329 4	7.934 2	68.046 1	−1.508 5
2035	80.208 73	0.199 8	9.057 7	64.217 3	8.032 1	81.506 9	−1.219 6
2040	90.382 4	0.028 92	8.257 6	74.978 6	8.210 4	91.475 5	−1.093 1

表 4-2　弹性退休制下个人账户测算表（$P=0.4$）　单位：亿元

年份	账户收入	支出					收支差
		"老人"	"过渡中人"*	"在职中人"	"新人"	合计	
2025	20.432 5	0	0	19.032 4	1.302 4	19.773 2	0.097 7
2035	23.972 3	0	0	20.867	1.310 1	22.177 6	1.794 7
2040	24.657 2	0	0	21.221 3	1.345 2	22.566 5	2.090 7

*"过渡中人"个人账户因缴费水平低，缴费年限短，其支出规模较小，在此表中忽略不计，表 4-4 同

表 4-3　弹性退休制下统筹账户测算表（$P=0.7$）

单位：万亿元

年份	账户收入	支出					收支差
		"老人"	"过渡中人"	"在职中人"	"新人"	合计	
2025	66.049 7	1.197 5	11.794 2	43.876 6	5.594 7	62.463 0	3.586 7
2035	80.082 4	0.208 9	9.201 4	57.462 4	6.824 2	73.698 0	6.385 5
2040	91.142 5	0.038 2	8.356 4	68.672 8	7.298 6	84.366 0	6.765 0

表 4-4　弹性退休制下个人账户测算表（$P=0.7$）　单位：亿元

年份	账户收入	支出					收支差
		"老人"	"过渡中人"	"在职中人"	"新人"	合计	
2025	22.062 4	0	0	17.864 3	1.242 3	19.106 6	2.955 8
2035	25.878 5	0	0	19.049 9	1.239 5	20.289 4	5.589 1
2040	26.158 6	0	0	19.876 4	1.264 4	21.140 8	5.017 8

当 $p<0.5$ 为正偏分布，$p>0.5$ 为负偏分布。正偏分布意味着职工在可选择的退休年龄趋向于早退休，而负偏分布意味着人们更趋向于延迟退休。从表 4-1 与表 4-2 可以看出：当 $P=0.4$ 时，统筹账户基金会出现亏空问题，但收支逆差逐年减小，而个人账户收支顺差，结合个人账户，在 2035 年后统筹账户与个人账户总的收入精算现值会大于账户支出的精算现值，可实现收支的基本平衡；从表 4-3 与表 4-4 可以看出：在 $P=0.7$ 时，统筹账户与个人账户收支都会是顺差，具有足够的支付能力，说明职工延迟退休意愿越强烈，账户的

偿付能力越强。相关测算结果也说明，弹性退休制这种养老保险制度具有财务上的可持续性，在中国具有可行性。

结合社会养老保险中公平、效率原则，运用将来法的精算原理给出非连续随机条件下的“老人”“中人”和“新人”的基本养老保险收支精算模型，进而评价弹性退休制下企业职工基本养老保险账户的偿付能力，这为评估弹性退休制在中国的可行性、保证养老保险制度财务可持续性提供了重要的精算理论基础，具有重要的理论意义。

从实证结果来看，账户的支付能力与职工的退休意愿有很大关系，且退休年龄在负偏分布条件下更有力于增强账户的支付能力，故政府应该在顶层制度设计方面出台更多鼓励职工延迟退休的举措，这方面西方发达国家有很多成功的经验值得借鉴。

5 主要研究结论与政策建议

5.1 主要研究结论

本书首先从中国人口发展变化规律的角度说明了实行延迟退休的必要性。综合世界较早进入老龄化发达国家的退休制度实践以及我国人口预期寿命延长等因素说明了弹性退休具有实行的人口条件。从居民延长退休方式选择意愿的社会调研结果来看个人因素中，年龄对居民延迟退休意愿有显著影响，年龄越大的居民，越愿意弹性年龄延迟退休。同时，文化程度对居民的延迟退休意愿也有显著影响，文化程度越高，越愿意弹性年龄延迟退休；家庭因素中，有赡养压力的人更倾向于弹性年龄延迟退休；工作因素中，企业工作人员这些体制外的居民更愿意弹性年龄延迟退休，原因在于体制外的就业安全保障、工资福利等待遇不确定因素高，弹性退休具有灵活性；其他因素中的工资调整政策和养老金调整政策对居民延迟退休也显著影响，原因在于这些政策的调整对他们在未来在岗在预期收入及退休以后的养老保障有影响。这些结论对相关部门进行养老保险改革的顶层制度设计提供了民意基础。

本书的主要目标是从精算角度分析弹性退休制度下我国的城镇职工社会基本养老保险账户的财务可持续性，分析了两个方面：一是隐形债务问题；二是偿付能力问题。为实现这一目标，本书对弹性退休社会基本养老保险精算模型进行了研究，提出了在利率与死亡率均为带跳的非连续随机过程条件下的一些的相关精算函数，这些精算函数包括弹性退休退休年金函数、弹性退休制下“老人”“中人”“新中人”及“新人”社会基本养老保险收入与支出账户精算模型等，这些精算函数为弹性退休养老保险精算提供了理论基础，同时也是对社会养老保险精算理论的发展，具有重要的理论价值。

从实证研究结论来看：假设弹性退休制度设计为男性在［60，65］，女性在［55，60］区间弹性选择退休年龄，职工的参保年龄为23岁，生存极限年龄参考国内外大多数学者对生存极限年龄的设定为90岁，根据《2013年中国劳动和社会保障年鉴》及其相关文献数据的基础上，在2000—2003年中国经验生命表死亡率以及5%失业率的假设下，运用作者所提出的弹性退休城镇职工基本养老保险账户隐形债务模型，经测算我国2014年年初养老金隐性债务总量在 $P=0.4$ 时约为68.8700万亿元，在 $P=0.7$ 时约为68.0338万亿元，分别约占2013年GDP的121.07%、119.60%。$p<0.5$ 为正偏分布，$p<0.5$ 为负偏分布。负偏分布下债务规模有所降低，而负偏分布意味着人们更趋向于延迟退休。该结果与国内相关学者如李莉等（2009）、李丹（2009）、房海燕（2008，2010）等的结论较一致。

在假定弹性退休制的实施从2025年年初开始，职工的参保年龄为23岁，生存极限年龄参考国内外大多数学者对生存极限年龄的设定为90岁。运用作者所提出的弹性退休制下城镇职工基本养老保险账户偿付能力模型得出：当 $p=0.4$ 时，统筹账户基金会出现亏空问题，但收支逆差逐年减小，而个人账户收支顺差，结合个人账户，在2035年后统筹账户与个人账户总的收入精算现值会大于账户支出的精算现值，可实现收支的基本平衡；在 $p=0.7$ 时，统筹账户与个人账户收支都会是顺差，具有足够的支付能力，说明职工延迟退休意愿越强烈，账户的偿付能力越强，参保居民的延迟退休意愿的程度对基本养老保险账户的隐形债务及偿付那里都有较大的影响。相关测算结果也说明，弹性退休制这种养老保险制度具有财务上的可持续性，在中国具有可行性。这些实证结论为保证弹性退休制度是否具有可行性提供了严谨的精算基础。

5.2 政策建议

（1）增强弹性退休制下我国城镇职工基本养老保险账户财务可持续性的可行性措施

通过对弹性退休制下我国城镇职工基本养老金账户的隐性债务规模及偿付能力的测算，再结合国外的经验，我们可以从支付、监管和筹资三个方面我国养老金隐性债务。

①从支付角度解我们可以从提高参保居民的延迟退休意愿和适当提高居民的最低工资等方面入手。

从实证结论来看，提高参保居民的延迟退休意愿可以有效地降低我国基本养老保险账户的隐形债务及提高其偿付能力，因此提高参保居民的延迟退休意愿可以增强我国社会基本养老保险账户的财务可持续性。

随着我国养老金覆盖面的扩大，层次的变多，而养老金替代率势必会有所降低，这一降低也会造成在职居民和退休居民之间的矛盾，所以相对于提高居民的最低工资，让其增长率快于名义上导致替代率下降的增长率，这些都会缓解我国居民间的矛盾，也会相应地减少我国的财政缺口。

②从监管角度首先需要加强社会保险信息系统的法律建设，促进跨省养老金的缴付；其次必须建立完整的社会保障法律体系，建立具有层次性的完善的社会保障法律体系；最后需要明确各级责任，督促落实地方养老金投入。

③从筹资角度我们首先需要完善财政支出结构，减少不必要的行政开支，增加社会保障方面的投入，让尽可能多的人分享到国家经济发展的成果。加快和完善养老金基金化进程，开发更多的投资产品，使我国养老金在投资运营中稳中求进，真正为老百姓谋福利，从容应对人口老龄化。

(2) 弹性退休制的有效推进措施

从对弹性退休制下我国城镇职工基本养老保险账户财务持续性的模拟测算来看，弹性退休制在我国具有实施的可行性，当然，在具体实施中推行弹性退休政策不能操之过急，要经过全面的理论研究和实证分析，借鉴发达国家经验，采用渐进策略，在中长期内逐步调整，出台一系列的配套措施。具体而言，可以从以下几个方面来推进弹性退休：

①从硬性法定退休年龄逐步向弹性化过度。

国家应出台各个行业弹性退休政策指引。由企业根据劳动者所从事的岗位以及身的情况，在一定的年龄范围内决定退休时间。要因人、因事、因岗位、因区域来定，如医生、法官、检察官、教师、蓝领高级技工、一些高精尖领域的特殊人才，应本着双方自愿原则，放宽退休年龄限制；而对体力劳动者特别是从事重体力工作的劳动者，由于其本身工作性质对身体健康有一定的损伤，可以由企业根据劳动者的整体情况小范围地调整，从而保障这部分劳动者的合法权益，进一步完善退休机制，逐步由退休年龄法定化向弹性化过渡。

②选择有代表性的地区试点。

企业离退休人员基本养老金按时足额发放和完善养老保险制度是 20 年来社会保障体系建设的重点，也是我国老年保障制度发展的方向。从养老与就业的博弈来看，目前采取全面延长退休年龄政策还不合时宜，实施的政策阻力比较大，而弹性退休具有充分的自主性，实施的难度相对小一些，所以可以选择个别有代表性的地区进行试点。实行弹性退休政策，就是一种人性化的管理，这种不搞“一刀切”的退休政策具有更积极的现实意义，是延长退休年龄的一种有效尝试。

③试行弹性退休的激励机制。

为了更好地试行这个制度，鼓励一部分人延长退休年龄，可以采取相应的激励机制。比如延迟退休一年，养老金就相应增加5%，以便鼓励更多的人参与到这个制度中来，还可以抑制提前退休。

参考文献

A. H. 罗伯逊，1995. 美国社会保障［M］. 北京：中国人民大学出版社.

D. 伦敦，1998. 生存模型［M］. 上海：上海科学技术出版社.

N. L. 鲍尔斯，等，1996. 精算数学［M］. 余跃年，郑楹瑜，译. 上海：上海科学技术出版社.

N. L. 鲍尔斯，等，1998. 风险理论［M］. 上海：上海科学技术出版社.

R. L. 布朗，1998. 人口数学［M］. 上海：上海科学技术出版社.

S. G. 凯利森，等，1998. 利息理论［M］. 上海：上海科学技术出版社.

柏满迎，雷黎，2008. 中国养老保险隐性债务未来规模的预测［J］. 数理统计与管理，27（2）：354-361.

蔡新中，2001. 随机利率下的联合寿险［J］. 苏州大学学报，17（1）：12-19.

曾益，任超然，刘倩，2013. 延长退休年龄有助于改善养老保险的偿付能力吗？——基于精算模型的模拟分析［J］. 经济管理，（5）：108-117.

东明，郭亚军，杨怀东，2005. 随机利率下社会养老保险隐性债务的精算分析［J］. 系统工程，23（5）：55-60.

董克用，王燕，2000. 养老保险［M］. 北京：中国人民大学出版社.

范克新，2000. 保险精算学教程［M］. 南京：南京大学出版社.

方兆本，缪柏其，1993. 随机过程［M］. 合肥：中国科学技术大学出版社.

房海燕，1998. 我国社会养老保险精算债务问题［D］. 北京：中国人民大学.

封铁英，刘芳，2010. 城镇企业职工基本养老保险基金支付能力预测研究［J］. 西北人口（2）：10-17.

高建伟，丁克诠，2005. 社会养老保险中个人账户养老金给付标准精算模型及模拟分析［J］. 南方金融，3：52-55.

高建伟，丁克诠，2006. MA(q)利率下企业生存年金精算现值模型［J］. 系统工程，21（2）：131-134.

高建伟，李春杰，2004. 随机利率下缴费预定型企业年金保险中生存年金精算现值模型［J］. 系统工程，22（5）：53-56.

高建伟，张兴平，高明，2006. 缴费预定型企业年金保险中基于滑动平均利率的生存年金精算现值模型［J］. 系统工程理论与实践，8：27-32.

何文炯，2000. 保险学［M］. 杭州：浙江大学出版社.

何文炯，蒋庆荣，1998. 随机利率下的增额寿险［J］. 高校应用数学学报，13A（2）：145-151.

黄晓，赵辉，施莉，2006. 我国养老保险基金收支测算模型［J］. 统计与决策（22）：27-28.

江红莉，姚洪兴，2016. 延迟退休对养老保险收支平衡的影响［J］. 保险研究，12：104-113.

金刚，2010. 中国退休年龄的现状、问题及实施延迟退休的必要性研究［J］. 社会保障研究（2）：32-38.

郎艳怀，冯恩民，2001. 随机利率下的综合人寿保险［J］. 大连理工大学学报，41（5），511-513.

李丹，2009. 中国养老金隐性债务偿付机制研究［D］. 上海：复旦大学.

李莉，梁明星，李超，2009. 我国 2010 年隐性公共养老基金债务的测算［J］. 统计与决策，21：46-48.

李晓林，1999. 复利数学［M］. 北京：中国财政经济出版社.

李晓林，1999. 精算学原理——利息理论［M］. 北京：经济科学出版社.

梁君林，蔡慧，宋言奇，2010. 中国养老保险隐性债务显性化研究［J］. 中国人口科学，5：36-48.

刘晗，辛怡，李腾，等，2014. 天津市居民延迟退休意愿的影响因素分析——以南开区为例［J］. 科技创业月刊，11：83-85.

刘凌云，汪荣明，2001. 一类随机利率下的增额寿险模型［J］. 应用概率统计（3）：283-290.

柳瑞清，苗红军，2004. 人口老龄化背景下的推迟退休年龄策略研究［J］. 人口学刊（4）：3-7.

骆正清，陈周燕，陆安，2010. 人口因素对我国基本养老保险基金收支平衡的影响研究［J］. 预测，2：42-46.

吕志勇，2009. 新政策下养老保险基金收支平衡精算模型的相关因素分析——以山东省为例［J］. 山东大学学报（哲社版），1：19-26.

彭浩然，申曙光，宋世斌，2009. 中国养老保险隐性债务问题研究——基于封闭与开放系统的测算 [J]. 统计研究, 26 (3): 44-51.

钱文浩, 黄洁纲, 1995. 企业养老金计划的精算模型 [J]. 系统工程理论方法应用, 3: 35-39.

邱菀华, 高建伟, 2002. 个人账户中养老金给付精算模型及其应用 [J]. 北京航空航天大学学报 (社会科学版), 3: 22-26.

尚勤, 秦学志, 2009. 随机死亡率和利率下退休年金的长寿风险分析 [J]. 系统工程, 27 (11): 56-61

孙荣, 2008. 关于半连续终生寿险的精算比较 [J]. 统计与决策, 24: 29-30.

孙荣, 2010. 基于随机利率的养老金计划多重衰减模型与精算 [J]. 统计与决策, 22: 16-17.

孙荣, 2012. 一种利率双随机条件下的有序状态寿险精算模型 [J]. 工程数学学报, 29 (1): 35-39.

孙荣, 2015. 弹性退休制下中国基本养老保险隐性债务的测算 [J]. 经济与管理研究, 36 (10): 80-87.

孙荣, 2016. 弹性退休制下退休年金的随机精算模型与模拟测算 [J]. 工程数学学报, 33 (2): 111-119.

孙荣, 2018. 城镇企业职工基本养老保险账户支付能力精算分析 [J]. 统计与决策, 10: 36-41.

孙荣, 2018. 基于 Logistic 回归的重庆市居民延迟退休方式意愿调查 [J]. 调研世界, 12: 14-18.

孙荣, 张天永, 2012. 随机右截尾保险寿命数据的非参数回归估计 [J]. 统计与决策, 11: 75-77.

谭湘渝, 2003. 中国养老保险制度转轨隐形债务的精算测评 [J]. 统计与决策, 7: 18-19

田立法, 梁学平, 强福荣, 等, 2017. 渐进式延迟退休年龄政策的接受意愿影响因素研究——以天津市为例 [J]. 科学决策, 1: 18-35.

汪涵, 2013. 提高女性退休年龄的必要性分析 [J]. 华中师范大学学报, (2): 21-25.

王茶香, 2005. 养老保险金中的精算分析 [J]. 统计与决策, 10: 96-97.

王鉴岗, 1999. 社会养老保险平衡测算 [M]. 北京: 经济管理出版社.

王鉴岗, 2001. 养老保险平衡风险因素分析 [J]. 市场与人口分析 (1): 12-20.

王鉴岗，尚新力，张勇进，1999. 稳定态与非稳定态人口养老保险基金平衡分析 [J]. 中国青年政治学院学报，1：94-100.

王丽燕，赵晶，杨德礼，2007. 随机利率下的联合保险 [J]. 大连理工大学学报，47 (6)：920-924.

王启华. 生存数据统计分析 [M]. 北京：科学出版社，2006.

王寿仁，2000. 概率论基础和随机过程 [M]. 北京：科学出版社.

王晓军，1996. 企业养老金计划精算模型 [J]. 统计研究，2：63-66.

王晓军，2001. 对城镇职工养老保险制度长期精算平衡状况的分析 [J]. 人口与经济，10：39-41.

王晓军，2000. 社会保险精算原理 [M]. 北京：中国人民大学出版社.

王晓军，2002. 对我国养老金制度债务水平的估计与预测 [J]. 预测，2：29-33.

王燕，徐滇庆，王直，等，2001. 中国养老金隐性债务、转轨成本、改革方式及其影响——可计算一般均衡分析 [J]. 经济研究，5：3-13.

王增文，2010. 城镇居民基本养老保险基金的财政支出与退休年龄的敏感分析 [J]. 保险研究 (1)：57-64.

魏润泉，1991. 国际保险通论 [M]. 北京：中国金融出版社.

魏征宇，2009. 城镇居民延长退休年龄意愿与影响因素的调查研究——基于浙江省 5 座城市的调研 [J]. 现代经济信息，11：269-271.

徐露琴，2015. 基层公务员延迟退休意愿及其影响因素研究——以江西省某县为例 [D]. 南昌：江西农业大学.

杨翠迎，冯广刚，2013. 上海市基本养老保险制度三大改革的基金精算评估 [J]. 湖南工程学院学报，15 (3)：66-73.

扬良初，2003. 中国社会保障制度 [M]. 北京：经济科学出版社.

杨静平，吴岚，1997. 关于 n 年期寿险的极限分布 [J]. 北京大学学报 (自然科学版)，33 (5)：561-566.

殷俊，黄蓉，2013. 人口老龄化视角下的基础养老金长期精算平衡研究 [J]. 统计与决策，13：163-167.

张乐川，2013. 上海地区延长退休年龄意愿研究——基于 Logistic 回归分析 [J]. 人口与经济，1：61-67.

张乐川，2012. 中国城镇基本养老保险金“年龄缺口”分析——基于延长退休年龄的假设 [J]. 南方人口，27 (4)：32-38.

张思峰，2007. 引入省际人口迁移因素的基本养老保险基金收支测算——

以陕西为例［J］. 西安交通大学学报（社会科学版）(2)：43-50.

张文慧，吴君民，2007. 缴费确定制下个人账户养老金精算平衡模型分析［J］. 山西财经大学学报，2：37-41.

张熠，2011. 延迟退休年龄与养老保险收支余额：作用机制及政策效应［J］. 财经研究（7）：4-16.

张志强，付世栋，2000. 寿险精算导论［M］. 北京：中国经济出版社.

赵彦英，姚俭，2005. 利率模型为 Vasicek 模型的企业补充养老金保险计划精算模型［J］. 上海理工大学学报，27（3）：268-270.

郑功成，2007. 中国社会保障制度改革的新思考［J］. 山东社会科学(6)：5-10.

周旭，2014. 我国实施弹性退休制度的可行性及难点研究［D］. 成都：西南财经大学.

朱楠，2009. 中国延长退休年龄的财务平衡预算及其方案设计［J］. 中央财经大学学报（8）：10-14.

ALBINA O，2017. Pension funds risk analysis：Stochastic solvency in a management perspective［J］. Problems & perspectives in management，8（3）：160-164.

BOLDRIN M，DOLADO J J，JIMENO J F，PERACCHI F，1999. The future of pensions in Europe［J］. Economic policy，14（29）：287-320

BOYLE P P，1976. Rates of Return as Random Variables［J］. Journal of risk and insurance，43：693-713.

BUHLMANN H，1992. Stochastic discounting［J］. Insurance：mathematics and economics，11：113-127.

CAIRNS A J G，BLAKE D，DOWD K，2006. Pricing death：frameworks for the valuation and securitization of mortality risk［J］. Astin bulletin，36（1）：79-120.

CASAMATTA G，CREMER H，PESTIEAU P，2000. The political economyof social security［J］. Scandinavian journal of economics，102（3）：503-522.

COLIN M R，1993. Annuity distributions：A new class of compound Poisson distributions［J］Insurance：mathematics and economics，13（1）：15-22.

COX J C，INGERSOLL J E，ROSS S A，1985. A theory of the term structure of interest rates.［J］. Econometrica，53（2）：385-407.

DE SCHEPPER A，DE VYLDER F，GOOVAERTS M，et al.，1992. Interest

randomness in annuities certain [J] Insurance: mathematics and economics, 11 (4): 271-281.

DE SCHEPPER A, GOOVAERTS M, 1992. Some further results on annuities cerain with random interest [J] Insurance: mathematics and economics, 11 (4): 283-290.

DE SCHEPPER A, GOOVAERTS M, DELBAEN F, 1992. The Laplace transform of annuities certain with exponential time distribution [J]. Insurance: mathematics and economics, 11: 291-294.

DE SEHEPPER A, TUNEN M, GOOVAERTS M, 1994. An analytical inversion of a Laplace transform related to annuities certain [J]. Insurance: mathematics and eonomics, 14: 33-37.

DHAENE J, 1989. On approximating distribution by their depril transforms [J]. Scandinavian Actuarial Journal, 5: 1-23.

FENGE R, WERDING M, 2004. Ageing and the tax implied in public pension schemes: Simulations for selected OECD countrries [J]. Fiscal studies, 25 (2): 159-200.

FREES E W, 1990. Stochastic life contingencies with solvency considerations [J]. Transaction of societies of actuaries, 42: 91-148.

GALASSO V, 2008. Postponing retirement: the political effect of aging [J]. Journal of public economics, 92: 2157-2169.

GALASSO V, PROFETA P, 2004. Lessons for an ageing society: the political sustainability of social security systems [J]. Economic policy, 19 (38): 63-115.

GARY P, 1994. Limiting distribution of the persent value of a portfolio [J]. Astin bulletin, 24 (1): 47-60.

GARY P, 1994. Moments of the present value of the future of a portfolio of policies [J]. Scandinavian actuarial journal, 1: 53-67.

GERBER H U, 1997. Life Insurance Mathematic (3rd) [M]. London: Springer-Verlag.

GREG T, 2002. Stochastic control of funding systems [J]. Insuranee: mathematies and economies, 30: 32 (3): 322-350.

HABERMAN S, 1997. Stochastic investment return and contribution rate risk in a defined benefit pension scheme [J]. Insurance: mathematics and economics, 19: 127-139.

HABERMAN S, BUTT Z, MEGALOUDI C, 2000. Contribution and solvency risk in a defined benefit pension scheme [J]. Insurance: mathematics and economics, 27 (2): 237-259.

HAGEMANN R P, NICOLETTI G, 1989. Population ageing: economic effects and some policy implication for financing public pension [R]. OECD economic studies, No. 12.

JETTON M F, 1988. Interest rates scenarios [J]. Transcations of the soeiety of actuaries, 40 (5): 423-437.

JOHN A B, CLINTON P F, 1993. One approach to dual rarndomness in life insurance [J]. Scandinavian actuarial journal, 2: 173-182.

JOHN A B, CLINTON P F, 1990. Interest and mortarliy rarndomness in some annuities [J]. Insurance: mathematics and eeonomics, 9: 185-196.

JOHN A B, CLINTON P F, 1991. Extar randomness in certain annuity models [J]. Insurance: mathematics and eeonomics, 10: 275-287.

KALEMLI-OZCAN S, WEIL D, 2010. Mortality change, the uncertainty effect, and retirement [J]. Journal of economic growth, 5: 65-91.

KEYFITZL N, 1985. Technology, employment and succession of generation [J]. Insurance: mathematics and economics, 3 (4): 219-230.

MACCIONI A F, 2011. A stochastic model for the analysis of demographic risk in Pay-As-You-Go pension funds [J]. Revista de anólisis económico, 9 (1): 237-249.

MARC Y, 1993. From planar Brownian windings to Asian options [J]. Insurance: mathematics and economics, 13 (1): 23-34.

NIGGEMEYER B, RADTKE M, REICH A, 2013. Applications of risk theory and multivariateanalysis in insurance practice [J]. Applied stochastic models and data analysis, 11 (3): 231-244.

NOEL B, 1995. Early warning to insolvency in the pension fund: the french case [J]. Risks, 1 (1): 1-13.

PANIER H H, BELLHOUSE D R, 1980. Modeling of interest rates wth applieation to lifeconting geneies [J]. Journal of risk and insuarnce, 47: 91-110.

PERRY D, WOLFGANG S, 2001. Function space integration for annuities [J]. Insurance: mathematies and economics, 29 (1): 73-82.

PERRY D, STADJE W, YOSEF R, 2003. Annuities with controlled random interest rates [J]. Insurance: mathematics and eeonomies, 32: 245-253.

RENSHAW A E, HABERMAN S, 2003. Lee-Carter mortality forecasting with age-specific enhancement [J]. Insurance: mathematics and economics, 33 (2): 255-272.

ROBERTA M, ALESSANDRO T, 2012. Mathematical and statistical methods for actuarial sciences and finance [M]. Springer: Berlin.

ROSEVEARE D, LEIBFRITZ W, FORE D, Et Al., 1996. Ageing populations, pension systemsand government budgets: simulations for 20 OECD countries [R]. OECD economics department working paper.

SHOVEN J B, GODA G S, 2008. Adjusting government policies for age inflation [R]. NBER working papers.

VANNESTE M, GOOVAERTS M J, DESCHEPPR A, et al., 1997. A straight forward analytical calculation of the distribution of an annuity certain with stoehastic interest rate [J]. Insuarnce: mathematies and economics, 20: 35-41.

YANG J, WU L, 1997. On the limit distribution of n-yeare term life insuraneet [J]. Acta seientiarum naturalium universitatis pekinensis, 33 (5): 561-566.

ZAKS A, 2001. Annuities under random rates of interest [J]. Insurance: mathematics and economics, 28: 1-11.